U0634665

公共管理
教学案例辑集

吴江　欧书阳　主编

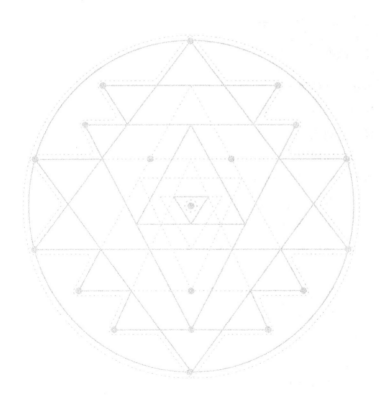

西南大学出版社
国家一级出版社　全国百佳图书出版单位

图书在版编目(CIP)数据

公共管理教学案例辑集 / 吴江, 欧书阳主编. -- 重庆 : 西南大学出版社, 2024.1
ISBN 978-7-5697-2115-7

Ⅰ. ①公… Ⅱ. ①吴… ②欧… Ⅲ. ①公共管理 – 教案(教育) Ⅳ. ①D035-0

中国国家版本馆 CIP 数据核字(2023)第 240494 号

公共管理教学案例辑集
GONGGONG GUANLI JIAOXUE ANLI JIJI
吴 江 欧书阳 主编

责任编辑：文佳馨

责任校对：杜珍辉

装帧设计：观止堂_ 未 氓

排　　版：杨建华

出版发行：西南大学出版社

　　　　　网址 : http://www.xdcbs.com/

　　　　　地址 : 重庆市北碚区天生路 2 号

　　　　　市场营销部 : 023-68868624

　　　　　邮编 : 400715

印　　刷：重庆市圣立印刷有限公司

成品尺寸：160 mm×235 mm

印　　张：18

字　　数：283 千字

版　　次：2024 年 1 月 第 1 版

印　　次：2024 年 1 月 第 1 次印刷

书　　号：ISBN 978-7-5697-2115-7

定　　价：68.00 元

本书为重庆市教育委员会"公共管理(MPA)专业学位研究生教学案例库建设"项目的建设成果(项目编号:JXAL06)

编委会

目　录

第一辑

综合教学案例

案例一:C市两次医改结果差别为什么如此大? ①②

第一部分:案例正文

案例摘要:本案例描述了C市两次医改的结果。2015年3月25日,《C市医疗服务项目价格(2014年版)》正式实施,对医疗服务项目的价格进行结构性调整。C市医改新政开始落地实施,主要内容有"大型设备检查、检验类项目价格均降价25%,诊查、护理、治疗和手术类项目价格分别提高30%、30%、13%和13%"。但该政策仅仅施行7天,因反对之声太大,这一改革被迫中止。

2018年印发的《C市深化医药卫生体制改革2018年下半年重点工作任务》,积极完善116项新增医疗服务项目价格政策,加快推进新增医疗服务项目审批。实际上,此次医改是2015年医改的完善版。此次医改方案,从当年9月起施行,推行非常顺利。

关键词:医疗服务价格改革;价格调整;民生政策

一、引言

党的十九大报告提出实施健康中国战略。调整医疗服务价格,建立

---

①案例根据媒体有关公开报道整理撰写,对案例涉及的某些人名、地名及事件发展做了必要的掩饰性处理;为了增强案例可读性,对案例中的某些事实的描述语句做了一定的文学性修饰处理,后同。

②本案例只供课堂教学讨论之用,案例中人物的基本政治观点及评价不代表作者的思想观点,后同。

科学合理的医疗服务价格机制是我国深化医疗卫生体制改革的重要内容之一,长期以来备受政府和社会的高度关注。本案例通过对比C市在2015年和2018年实施的两次医疗服务价格改革,分析第一次医疗服务价格调整失败的原因和第二次成功推行的经验,为医疗服务价格调整决策提供参考。

二、C市的两次医改

(一)C市第一次医改

2015年3月24日,C市卫计委官网发布《C市物价局C市卫生和计划生育委员会关于增补C市医疗服务项目价格的通知》(下称《通知》)称,为贯彻落实国家有关规定,加快推进《C市医疗服务项目价格(2014年版)》在C市的实施,经C市物价局、C市卫计委研究决定,增补一批C市医疗服务项目价格。《通知》详细列出了新增补的C市医疗服务项目价格。3月25日,各级公立医疗机构开始施行《C市医疗服务项目价格(2014年版)》,对六大类7886项医疗服务项目价格进行结构性调整。

作为全国第二批医改试点城市,C市从2012年起就开始了医疗服务价格改革。2014年7月,C市出台了《完善医疗服务体系改革实施方案》,其中要求"理顺医疗服务价格",按照"总量平衡、结构调整、有升有降"的原则,制定出台新的医疗服务项目价格标准。

此次C市医疗服务价格改革的内容是:依据《C市医疗服务项目价格(2014年版)》政策,在对接9128项医疗服务项目实行价格平移的基础上,对涉及大型设备检查、检验、诊查、护理、治疗、手术等六大类的7886项医疗服务项目做出价格结构调整,其中大型设备检查、检验类项目价格都降低25%,诊查、护理、治疗和手术类项目价格分别提高30%、30%、13%和13%。调增总额7.07亿元,调减总额7.09亿元,增减额-200万元,总量基本平衡。

政策刚出台,C市便上演了一场闹剧:3月31日14时在C市市委办公区附近,上百名尿毒症患者抗议肾脏透析费上涨,并举出横幅"患了尿毒症,进了火葬场""坚决拥护医改政策,坚决反对透析涨价",这一事件后经网络曝光,引发了公众广泛关注。

4月1日下午,相关部门召开全市电视电话会议,宣布本次医改价格调整停止,恢复到改革前的标准,并要求医院将新标准执行以来多收取的费用在两周内及时退还给患者,低于原标准部分做记账处理。

(二)C市第二次医改

为全面贯彻党的十九大和十九届二中、三中全会精神,认真落实2018年全国医改工作电视电话会议精神,根据《国务院办公厅关于印发深化医药卫生体制改革2018年下半年重点工作任务的通知》(国办发〔2018〕83号)和《C市"十三五"深化医药卫生体制改革规划》要求,C市人民政府办公厅印发《C市深化医药卫生体制改革2018年下半年重点工作任务》(下称《任务》)。

继续推进医疗服务价格改革。根据全国统一部署,按照"腾空间、调结构、保衔接"的思路,加快建立以成本和收入结构变化为基础、及时灵活的价格动态调整机制,通过规范诊疗行为,降低药品、医用耗材等的费用,优化调整医疗服务价格,重点优化调整体现医务人员技术劳务价值的项目的价格,降低大型医用设备检查治疗和检验等的价格。放开一批市场竞争充分、个性化需求比较突出的医疗服务价格,由医院自主定价、物价部门备案管理。积极完善116项新增医疗服务项目价格政策,加快推进新增医疗服务项目审批。

推进医联体建设。完善医联体建设和分级诊疗考核,落实牵头医院责任,调动牵头医院积极性,加强行业监管。加强紧密型医联体建设,重点探索区县域紧密型医联体建设,实现"医通、财通、人通",促进医联体内部业务整合、财务统一管理、人才上下流动。完善医联体内部双向转诊机制,鼓励群众基层就医,确保县域内就诊率保持在90%以上,基层医疗机构就诊比例保持在65%以上,其中乡镇卫生院、社区医疗卫生服务机构就诊比例高于全国平均水平。鼓励社会办医疗机构及康复、护理等机构参与医联体建设。

稳定基本医保保障水平。提高基本医保和大病保险保障水平,居民基本医保人均财政补助标准再增加40元,其中一半用于大病保险,同步提高个人缴费标准。在药品采购方面,依托C市药品交易平台,采取"平台交易+带量采购"方式,探索带量采购、跨区域联合采购等多种药品采购新模式。结合抗癌药降税政策的实施,开展医保目录内抗癌药集中采购,减轻癌症患者用药经济负担。

在规范诊疗行为方面,规范处方点评,加强合理用药和不良反应监测,对辅助性、营养性等高价药品列出具体清单,实施重点监控。譬如C市中医院会定期组织专家开展处方点评,一位医学博士就因为违规开出"超60味大处方"被严惩,不但从临床一线调离到非临床部门工作,还被暂停处方权。为了让群众有更多获得感,C市还将全市二级以上医疗机构全部纳入国家第三方满意度调查范围。

三、第一次医改失败的教训

(一)政策仓促推行

第一,医务人员对医改的准备不充分。3月12日,离《C市医疗服务项目价格(2014年版)》正式实施不到半个月,C市卫计委才对医院管理层进行培训,而多所医院对医务人员的培训都安排在3月20日之后。

C市某卫生行政部门的一位员工称,3月12日,C市卫计委举办了针对《C市医疗服务项目价格(2014年版)》的培训会,要求C市各大医院医务、财务、信息、总务等相关科室负责人及护士长参加该培训。

C市一位参加培训的医务人员说,培训涉及新价格使用说明、综合医疗服务、康复医学、中医医疗、病理学诊断、实验室诊断、影像学诊断、临床物理治疗、临床类项目以及信息化管理等内容,但培训时间仅有1天。C市物价局针对各区县发展改革委、医疗服务项目价格管理及医药价格监督检查相关负责人员的培训会更是仓促,直到新价格实施前两天的3月23日才召开。

第二,各医院对医务人员的培训明显不足。赵多(化名)是C市某县某医院的外科医生,他形容《C市医疗服务项目价格(2014年版)》像是"从天而降""快得没有反应时间"。3月20日上午,医院领导召集医务人员开会,通知施行《C市医疗服务项目价格(2014年版)》。3月25日凌晨,新的价格系统上线。从医院下发通知到落实到医务人员层面,只有5天时间。赵多说,开会回来的医院领导给医务人员传达会议精神的方式极其简单,只是通知马上要执行新价格,要求医生及护士对患者及其家属做好解释工作。"领导都没有给我们解释清楚,我们怎么给患者解释?"

(二)政府部门横向沟通不足

早在2015年3月12日,C市物价局就在政府官网上发布新闻,宣布《C市医疗服务项目价格(2014年版)》将于3月25日正式实施。新闻称,此次价格调整是由C市物价局牵头启动,"会同相关部门先后完成项目对接、成本测算、向国家申报保留项目、材料价格调查、拟定调整方案等工作,充分吸收专家论证会、风险评估会的意见建议"。

C市人力资源和社会保障局(下称"人力社保局")某位领导曾向记者透露,在此次调价开展的协调沟通中,相关部门意见并不一致。"对现在这个方案,作为参与部门,我们局里和财政局都曾表示反对,但在牵头的物价局、卫计委的主推下过了会,我们有意见也只有保留。"

某位全国人大代表也曾告诉记者,按照国家相关政策规定,出台事关民生的重大价格调整政策,须举行听证会,至少也必须举行利益相关者座谈会。事实上,在此政策正式出台之前,相关部门也曾经举行过座谈会,但与会人士,包括专家和代表,"许多来自医院,都是一些利益一致的人"。2014年底,C市相关部门曾就医改新政向他征询意见,他当面表示反对,认为新方案太过草率,不符合大多数人利益。"他们没有充分听取群众意见,也根本没举行过听证会。"

3月23日下午,离方案正式实施仅剩2天,C市物价局才组织全市各区县发展改革委、价格监督部门负责人开会,向他们详解政策。一位与会人士称,当时现场就有许多人提出质疑,认为这次调价实际上会加重大多数患者的负担。

　　然而在当时官方口径中,此次医改是"经过两年多大量艰苦细致的工作"后出台实施的,"作为深化医疗体制改革的重大措施,对规范医疗服务项目、理顺医疗服务比价关系具有重要的意义"。

　　医改中止后,物价局与卫计委两方却对此政策仓促出台互相推卸责任,均表示不是自己主导的。C市卫计委某位领导称,卫计委此前对调价方案也持反对意见,但物价局方面坚持要推。而物价局某位领导则表示,"物价局没有主导权,只是此次医改涉及定价才参与的。主导的是卫计委"。

(三)未充分听取民众意见

　　民生政策的科学化和民主化,离不开公众特别是利益相关者的参与。我国民生政策制定与实施的经验和教训也验证了这一点。C市医改政策在出台前未做好宣传工作,C市市民对即将实施的医疗服务价格改革一无所知,更毫无心理准备;在改革实施过程中,无政府部门出面详细解读政策实施的法律依据、介绍价格改革的数据来源和回应公众对医改的反馈。医疗服务是具有一定福利性的公益事业,C市新医改旨在解决医疗领域"重检查、轻治疗"的问题,降低医用设备检查和检验类服务项目对患者造成的费用负担,提高诊断治疗服务费用以体现医护人员的专业价值。这原本是一项福利性、公益性的惠民政策,但令决策者始料不及的是,政策一经实施便引发了广泛争议、遭到了各方质疑。争议和质疑由医疗服务项目定价是否合理、定价依据何在等表层直观问题开始,一直上升到某些偏激的网友和病患质疑整个政策形成过程是"有钱人在操作",认为医改政策应尊重民意、考虑病患家庭的经济承受能力,主张医院回归公益性质,实行医疗服务公共定价等深层问题。

(四)患者维权缺乏理性意识

　　价格的"结构性调整",用俗话讲就是价格有升有降。对新医改政策感受最直接、最深刻的是病患家庭。如张云天(化名)夫妇都是C市退休工人,夫妻两人每个月退休工资加起来不到4000元,张妻是有6年病史的尿毒症患者,一直靠透析维持生命,全部医疗费用靠儿子提供。张妻每个月透析12次,透析费用1000元左右,加上药费、住院费等,每个月治病要花4000多元。而按照新的价格标准,一个月仅透析费就增加1000多元。张妻哭诉:治疗费用猛增,想要活下去,只有再向经济并不宽裕的儿子求助。按照这样的改革,不光是尿毒症病人,90%以上的重病病人都会因为支付不起巨额医疗费用而成为家庭的无法承受之痛。

3月29日,有人在C市网络问政平台发帖咨询:"胚胎移植术、卵母细胞胞浆内单精子注射术、宫腔内人工授精术……的价格分别是原来的496%、385%和760%……这些价格制定的依据是什么?"类似的抱怨和质疑频频出现,几乎都是对新医改的声讨。有一段时间,患者维权走进了一个误区,并不是通过司法、行政途径合理解决问题,社会对患者同情的扩大效应多数也不是依法维权的结果,这种依靠私人等力量解决医患纠纷的行为导致医患冲突不断加剧,甚至畸形发展。C市上百名尿毒症患者上街抗议后,C市有关部门回应了社会所关切的问题,及时纠正并撤回医改方案,患者对这一结果非常满意。我们不反对患者维权,但患者应以合理的方法、手段来维权。一旦患者在维权道路上大肆效仿错误的维权方法,大规模的无组织群体性事件极有可能影响社会治安,增加行政成本,甚至破坏社会的稳定。

(五)大众传媒报道失真

C市医改事件,大众传媒先声夺人,对其进行全程的跟踪报道。首先,媒体追求新闻的爆炸性,使用博人眼球的语言本身无可厚非,但新闻报道的公众效应是不满者发声的主要手段,更是反对者造势的有效渠道,他们在事实并不明朗的情况下下结论,影响了政府行政行为的公信力。其次,媒体的"声援"放大了社会对C市医改的关注,当地媒体在医改推行的第二天就报道说"价格调整后,C市市民都说能感受到变化,对调价也多为理解",这种对改革举措的过早定性在一定程度上为患者之后的愤懑埋下了伏笔。C市医改结束后数月内,媒体未深入C市市民当中调查了解民情,未跟踪C市卫生部门对医改调整事由做出的政策考虑以及政府后期工作动态,在不了解C市医改背景的情况下,增加负面报道,起到了推波助澜的作用,忽视了理性处理原则,破坏了大众传媒客观公立的媒介形象。

四、第二次医改成功的经验

(一)培训充分

C市急救医疗中心内一科护士长刘梅(化名)和创伤科副主任护师徐国(化名)在查完房后,到护士站碰头,对接各自了解的患者情况。医改准备工作启动以来,两人分别负责了该院大内科和大外科的患者政策宣讲工作。像这样在护士站对接工作,成为两人每天要做的常规事项之一。"在我们科室,一个人每天大概要负责100人次的患者政策宣讲工作。"刘梅说,要想做好患者服务,就得对医改政策熟悉,"这段时间,除了本职工作外,可以说最重要的就是自己先学好医改政策知识"。

在刘梅看来,医改不仅仅是医院的事,也需要患者理解并弄懂。"这也是我们每天7点到医院,投入时间和精力,一遍又一遍提醒患者注意的原因之一。"刘梅说。9月9日0时42分,C市急救医疗中心来了一例外伤病人,患者26岁,头部、胸部多处被人打伤,疼痛3小时后入院,医生为其进行了头部CT平扫,检查费用402.4元,较医改前节省了8%。该院院长马林(化名)表示,早在医改之前,医院就将新医疗收费价目表、药品价格对照表等进行了公示,确保整个医疗工作正常运转、病人得到及时诊治。

(二)充分调动医务人员积极性

在C市急救医疗中心急诊ICU,紧张的气氛时刻围绕着医生。9月9日0时30分,救护车送来一个急需抢救的病人,医生罗真春(化名)来不及喝口水,又急匆匆地跑进抢救室。就在此前的三个小时里,除普通急诊病人外,他还抢救了1名车祸病人、2名心搏骤停病人、2名心绞痛病人。按此频率计算,该科室一个晚上平均接诊120人次,一个急诊医生大约要接诊30人次。

此次改革后,医务人员的技术劳务价值将得以体现。三级医院急诊诊察费统一改为20元,医保报销15元,患者自付5元。"医改实施前的医疗服务价格是2004年制定的。"该院院长说,随着社会发展,部分体现医务人员技术劳务价值的医疗服务价格确实需要适度调整,才能保障医务人员的积极性。

（三）提前演练

9月8日夜间,在市卫计委的全市公立医院综合改革指挥部,工作人员正参加医改医院的日报、周报指标的填报。市卫计委相关负责人介绍,医改正式启动前,已全部完成对237家改革医院管理信息系统、医保信息系统的改造,并提前反复调试演练。系统切换工作人员、技术人员全部到位,确保从0时起,所有改革医院启动信息系统切换工作,开始执行新的药品价格、医疗服务价格和医保报销政策。为保障患者及时就医,梳理出全市29万未参保人员名单,逐户上门动员;对建卡贫困户等困难群体,特事特办,实行资助参保、"即参即享受待遇"等优惠政策。控制药品费用方面,市卫计委制定了医保药品首次集中带量采购实施细则,保障药品供应方面,出台"两票制"执行情况监管办法和"两票制"负面清单政策,开展联合巡查,确保药品及时配送。采取短缺药品监测、实施三级储备等措施,确保短缺、低价药品供应。药品价格总体稳定、供应充足。

（四）配套政策、温馨提醒齐上阵

医改实施以后,不管你使用哪个运营商的手机,都会收到一条来自C市人力社保局的温馨提醒,就医时一定要记得带上社保卡,这样才能刷卡享受医保待遇。这是市人力社保局配合医改启动推出的相关配套措施之一。市人力社保局相关负责人表示,医改工作动员以来,该局分级分类组织培训近120场次,培训人员1.8万多人次,发送持医保卡就医的温馨提示短信2轮共6000多万条,在各级社保服务大厅和参改医院前台摆放宣传资料30多万份。

凡是价格调升的项目,医保均纳入报销范围;将原医保不报销的普通门诊挂号费、诊察费合并为诊察费并纳入医保报销范围;将过去按比例报销的诊察费、床位费改为定额报销,其中床位费在原医保结算标准上增加的费用,主要由医保基金承担;将原项目属于医保甲类和乙类混合属性的53个项目全部升级为甲类;将新生儿床位费、输液泵辅助静脉输液两个原自费项目升级为甲类报销。对全市建卡贫困户和民政医疗救助对象等困难群体,实行资助参保,参保后当年内取消医保待遇等待期,提供"即参即享受"的优待政策;配合民政、扶贫部门,引导困难群体通过民政医疗救助、政府资助购买商业保险等方式,多渠道减轻医疗费用负担。

五、小结

2015年医改新政因引发广泛关注和争议而被叫停,直接原因是多方面的:政策仓促推行、政府部门横向沟通不足、未充分听取民众意见、患者缺乏理性维权意识、大众传媒报道失真等。2018年医改政策推行成功的经验在于培训充分、充分调动医务人员积极性、提前演练、配套政策和温馨提醒"齐上阵",这成功背后的关键原因是政策内容获得利益相关者的认同并被社会公众普遍接受。公众的政策认同感和合作程度又取决于政策本身是否充分考虑到民众的实际需要和利益诉求。"每个人或任何人的权利和利益,只有当有关的人能够并习惯于捍卫它们时,才可免于被忽视。"因此,让民众尤其是利益相关主体参与政策制定过程才是最佳的解决办法。

思考题

(1)结合公共政策相关理论,分析C市前后两次医改结果完全不同的深层次原因。

(2)在深入推进医改的进程中,如何保障和改善民生?

(3)我国民生政策决策过程中,利益相关者如何有序参与?

(4)如何做好"后医改"时代的危机公关?

第二部分:案例教学使用说明

一、教学步骤

(1)结合案例提出3—5个符合教学需要的启发性思考题,要求学生在课前完成案例阅读并进行初步思考;

(2)准备10分钟左右的课堂前言,简明扼要地概括案例的主要内容并介绍案例教学课的流程和安排;

(3)按6—8人/组对学生进行分组,为每组准备若干打印纸,以归纳讨论意见;

(4)各小组推选发言人,回答思考题,陈述小组观点,并以简要PPT为辅助;

(5)教师总结案例及各组发言情况,对案例涉及的理论进行简要阐释;

(6)布置作业:搜集案例有关信息,并以课后小论文的形式,自选角度提出更具体、完善的解决方案。

二、适用对象

本案例是针对参加“公共管理学”“地方政府管理”“公共政策”等课程学习的公共管理硕士(Master of Public Administration,以下简称“MPA”)学生,公共管理学学术型研究生、本科生,政府在职人员短期培训学习设计的。本案例也适宜于政治学、社会学等学科专业方向的研究生学习使用,本案例还适宜于具有一定的公共管理知识,对政府治理感兴趣的非专业人士、政府管理工作者自主学习使用。

三、教学目标

本案例教学主要有以下4个教学目标。

（一）增进学生对我国医改背景、进程及必要性的了解与把握

本案例通过对 C 市两次医改的描述，反映了我国医改的必要性和必然性。虽然医改客观上对公众尤其是患者的生活有较大的影响，且医改过程中出现的医患纠纷也屡见报端，但深入推进医改是保障和改善民生的迫切需要，是加快转变经济发展方式的重大举措，是我国经济社会领域的重要变革。本案例的学习讨论需要学生理解在全面深化改革的背景下，医改具有一定的必然性，政府、公共部门、公众都应予以正确认识，客观分析其利弊。

（二）帮助学生通过本案例的学习，掌握包括民生政策、政策制定、政策评估、政策终止等内容在内的公共管理理论知识，提高理论修养

民生政策、政策制定、政策评估以及政策终止等理论是公共管理学科重要的理论内容。民生问题关乎每个人的切身利益，同时也关系到国家长治久安和整个社会的公平正义。因此本案例对学生提出了更高的要求，要求学生尽量透彻理解案例所涉及的焦点问题，同时还需把握案例所涉及的一系列理论知识，并由此得出结论，加深理论学习、提高理论修养。

（三）提高学生透过现象看本质的分析能力

本案例在描述 C 市两次医改差距之大的过程中揭示了政策制定中存在的诸多问题。本案例需要学生通过深入细致的综合分析，发现案例所反映的深层次问题，学会综合运用所学知识主动发现问题、分析问题，提高透过现象看本质的分析能力。

（四）提高学生实际操作技能

学习本案例的学生中的一部分是具有政府部门工作经验的 MPA 学生。此案例的最大特点就是贴近其工作实际、涉及当前公共管理中的热点问题，对实际工作中的真实情景加以典型化处理，形成供学生思考分析的案例。本案例的教学要求学生通过独立研究和相互讨论，提高自身分析问题和解决问题的能力，以便在工作中针对具体问题，正确识别政策制

定、执行过程中可能出现的风险,进而更好地控制风险、化解风险。

四、要点分析

本案例反映了当下我国医改面临的现实问题,这既是历届政府的改革重点,也是社会关注的热点问题之一,包含和反映了诸多值得深入分析和探讨的问题。为达到本案例的教学目标,在此特拟出本案例值得分析讨论的问题要点。

(一)如何使良法善策真正成为利民惠民的政策?

本案例值得讨论的第一个问题是公共政策制定中如何让利民惠民的政策真正落到实处。以人为本作为良法善治的终极关怀,是指一切从人民利益出发,以人民为中心,把人民的利益和诉求作为政府制定政策、制度的最重要依据。案例中,C市医改以医疗服务项目价格调整为内容是符合中央政策精神的,中央已把深化公立医院改革定为保障和改善民生的重要举措,而医疗服务价格改革就是深化公立医院改革的重要内容。但是政府在第一次医改政策制定的过程中由于缺少听证和科学论证,没有考虑到特殊人群的利益诉求,未能体现出服务型政府和法治型政府的特征。公共治理作为良法善治的核心要义,强调以对话、沟通、协商等方式最大限度地吸收公众参与治理,扩大利益相关者的话语权和决定权,使其平等自由地表达利益诉求和政策主张,并在尊重权利与妥善协调利益关系的基础上最大程度地形成共识,消解或缩小利益分歧,实现公共利益最大化。民生问题无小事,民生政策就是对人民群众的就业权、受教育权、劳动权、社会保障权、环境权等基本生存和发展利益的国家关怀和公正分配,公众民生权益的实现需要国家通过依法治理和公共治理的善治途径予以保障。

(二)如何从"管理"走向"治理"?

案例中令人深思的第二个问题是如何从"管理"走向"治理",确保医改工作顺利开展。民生问题是新时代治国理政的核心领域,因而保障和改善民生是公共事务治理的目标取向和价值理性。C市前后两次医改政策的不同结果表明,民生政策的形成是一个需要多元参与、多方权衡、慎思明辨的艰难过程,一旦缺乏公众与决策者之间的互动和协商对话,决策容易陷入合法性危机,甚至激起民愤。合法的决策并不意味着符合所有人的意愿,而应是所有人参与讨论、共同协商、相互妥协的结果。推进民生政策形成中的多元参与,保障相关利益主体充分、有效、有序地参与政策制定过程,必须注重政策参与的制度建设:一是保障公众的参与权利;二是完善参与机制、扩大参与渠道;三是完善信息公开制度,保障公众知情权;四是加强决策责任制度建设,实行决策终身负责制。

(三)我国民生政策形成中,利益相关者如何有序参与?

推进社会主义协商民主,保证利益相关群体和相关个体充分、有效地参与民生政策的形成和实施,必须注重公众参与的制度建设,如何更好地保障公众参与政府民生决策是本案例值得探讨的第三个问题。案例中,C市第一次医改方案在出台过程中没有开过一场听证会,缺少召开听证会的法定流程,缺失了公众在方案制定中的参与过程,医改方案没有和受众商量就直接出台。因此,要建立完善利益相关者参与民生决策的权利制度,通过参与权利的制度构建,把公众参与纳入法治轨道,一方面可以使公众参与具有合法性和正当性,另一方面为各级政府设定尊重公众的主体地位和保证公众参与权利的法律义务,政府必须依法组织、吸收、保障公民参与政府民生决策。

(四)如何做到使任何一项民生改革政策兼顾市场法则和公共利益?

本案例涉及的公共管理的第四个相关问题是如何做到使任何一项民生改革政策既遵循市场法则,又兼顾公共利益。政府在民生政策的制定施行中到底扮演什么角色?譬如,案例中推行医改政策,政府能不能兼顾医院、医生和患者三方?C市医改的经验告诉我们,政府职能部门在遵循市场法则的同时,必须兼顾公共利益,而非用行政手段去强行施行政策,否则就如C市第一次医改一样,只能"短命夭折"。后一次医改政策的顺利推行,正是既尊重市场规律,又兼顾了公共利益的结果。

(五)如何做好"后医改"时代的危机公关?

本案例中值得讨论学习的第五个问题是如何做好"后医改"时代的危机公关,扭转公众对政府医改政策的不信任,挽回政府形象。案例中C市第一次医改遭遇"七日夭折",严重影响了政府的公信力。政府须认真应对此类危机事件,通过恰当的政府公关,消除负面影响,重获公众信任,重塑政府形象。具体措施包括:一是进一步调整医改方案,完善医疗服务价格的动态定价机制;二是医改政策的调整,要注重平衡各方利益,更要注重对特殊群体利益的倾斜,强调公共价值取向;三是医改政策出台必须做到程序合法、公正。党的十八届四中全会,强调要健全依法决策机制,把公众参与、专家论证、风险评估、合法性审查、集体讨论确定为重大行政决策法定程序,确保决策制度科学、程序正当、过程公开、责任明确。

五、课堂安排

本案例描述的事件分别发生于2015年和2018年,两个事件对比参照,相对复杂,包含了不少值得讨论的主题,因此建议本案例教学的时间安排在3个课时左右。

在本案例教学中,学生是主角,教师是辅助,因此教师在课前需要将准备好的案例告知学生,让学生了解案例内容,并要求学生查找必要的资料,做好讨论学习准备。

在本案例课堂教学的流程上,建议安排以下4个环节。

(一)课堂前言

教师准备10分钟左右的课堂前言,简明扼要概括案例的主要内容并介绍案例教学课的流程,还可结合案例提出3—5个符合教学需要的互动启发式问题,以了解学生对此次案例教学的准备程度和初步认识。

(二)讨论案例

讨论案例是案例教学的中心环节,教师应设法调动学生的主动性,引导学生紧紧围绕案例展开讨论,方式可以是全班一起讨论,也可分小组讨论。本案例教学建议采取分组讨论的形式,按6—8人/组对班级学生进行分组,引导其围绕教师提出的思考题展开讨论。讨论中要鼓励学生充分表达自己的观点,每名学生都要发言,发言时间控制在5分钟内。此外还需各小组进行分工协作,将该组主要的观点做好记录并归纳为简要的PPT,推选小组发言人。案例讨论过程中,教师要尽量关注每组学生的进展,对讨论中出现的跑题或发言不活跃等情况,要及时介入,促使讨论顺利进行。此外,还可鼓励学生搜集生活中的相关案例,在课堂上分享,一方面加深学生对案例的体会和理解,一方面使得案例教学更贴近生活实际,以提高教学效果。

(三)观点陈述及互动

第三个环节为观点陈述及互动,每组各分配10分钟左右的时间,其中小组发言人有5分钟左右的时间陈述本组观点,另外5分钟供其他成员补充及与其他小组问答互动。教师在这一环节中要鼓励学生充分表述自己的观点,组与组之间增强互动、沟通和交流。

(四)总结案例及作业布置

在学生对案例进行分析、讨论,并得出结论之后,教师应总结案例及各组发言情况,做出恰如其分的评价。此外,对案例涉及的理论进行简要阐释,对学生讨论中不够深入、不够确切的地方,做重点讲解。最后布置作业,让学生搜集案例有关信息,以课后小论文的形式,自选角度提出更具体、完善的解决方案。

六、其他教学支持

(1)建议选择多媒体教室安排本次课堂案例讨论教学,以便播放视频、图片等案例材料,丰富教学形式。

(2)课前提醒学生,上课时每组至少携带一台手提电脑,便于记录小组观点并制作简易PPT以展示小组成果。

(编写:张扬 蔡操 指导:吴江)

案例二:"大学生猝死"与"公共信息安全"

第一部分:案例正文

案例摘要:随着互联网技术的不断发展,网络越来越被人们所熟练运用,网络在带给人们诸多方便的同时,也存在一些问题。我们在使用一些软件时需要注册,注册就涉及个人信息,我们的个人信息是否受到应有的保护?是否被"出售"?从徐某玉被电信诈骗后猝死的事件中,可以看到我们的个人信息包括手机号、出生日期、家庭住址等,被一些人当作致富手段,从而为犯罪分子提供了犯罪条件。从徐某玉身上也可以看出挫折教育的缺失。这一代的孩子大多数是独生子女,是家里的核心,父母总是给孩子无微不至的照顾、最好的生活条件、最周全的保护,给孩子打造了一个拒绝失败、拒绝挫折的温室。因此孩子很难经得起风吹雨打,自我保护意识薄弱,不能承受社会带来的一点点压力,当遭遇超出心理承受能力范围的事情时极易造成悲剧。

关键词:大学生猝死;互联网;公共信息安全

一、引言

徐某玉,山东临沂市一名家境贫寒的准大学生,2016年因接到骗子的诈骗电话,被骗走9900元学费,在当天傍晚与父亲报警返回时,突然昏厥,尽管在医院抢救两天多,仍因心搏骤停离世。事件发生后,在临沂当地以及全国引起极大的社会关注。

二、准大学生猝死

18岁的徐某玉家住临沂市,是一名高三应届毕业生。母亲残疾,父亲靠在工地打工挣钱,徐某玉家境贫寒,生活节俭,学习也非常努力,成绩一直名列前茅。在当年的高考中,徐某玉以568分的成绩被南京邮电大学录取,录取专业为英语,入校报到时间为9月1日。8月19日下午4点半左右,有个陌生手机号码打到徐某玉母亲李女士的手机上,声称有一笔助学金要发给徐某玉,当天是最后一天。因为之前曾接到过教育部门发放助学金的通知,徐某玉信以为真,就按对方的要求赶到附近一家银行,通过自动取款机领款。根据徐某玉之后的叙述,她通过自动取款机操作后并未成功。对方得知她带着交学费的银行卡后,要她取出卡上的9900元,把钱汇入指定账户,声称之后再把她的9900元连同助学金2680元一起打过来。毫无戒备之心的徐某玉按照对方的说法操作后,再与对方联系,没想到对方手机已经关机。徐某玉意识到家人省吃俭用积攒下的学费被人骗走后,冒雨骑车回家,在母亲面前非常懊悔、自责,哭得很伤心。当天晚上7点多,徐某玉与父亲一起到派出所报案。从派出所返家时,一向身体健康的徐某玉坐在三轮车上突然昏厥,之后被紧急送到医院。21日晚9点30分左右,徐某玉最终因抢救无效还是离开了人世,医生给出的死亡原因为"心搏骤停"。

三、电信诈骗

2016年8月19日下午,打到家里的一个电话让徐某玉欣喜不已。家住山东临沂的徐某玉考上了南京邮电大学,由于家庭困难,她向教育部门申请了助学金,这个来电通知她马上就可以领到这笔助学金了。然而,她怎么也不会想到,这个自称教育局工作人员的来电是从江西九江的一间出租屋里打出的,打电话的人叫郑某聪,电信诈骗团伙的一线人员,他在这个骗局中的角色是冒充教育局工作人员。归案后,郑某聪交代说:"我就跟她说,你有一笔2680元的助学金,如果要领取的话,今天是最后一天了,你要跟某某财政局工作人员联系,然后她就叫我把号码给她了。"当徐某玉按照对方提供的财政局号码打过去时,接听电话的是这个诈骗团伙的二线人员,同样是在江西九江的这间出租屋里,冒充财政局工作人员的陈某辉开始与徐某玉对话。他的角色是假冒财政局工作人员,这也是整个骗术最关键的一环,诱骗对方汇款。陈某辉以激活账号为由,诱骗徐某玉汇款。陈某辉要求徐某玉把存有学费的银行卡全额提现,然后把这些现金存入到他指定的助学金账号进行激活。自动提款机前的监控探头留下了徐某玉的最后影像,当天下午5点30分左右,徐某玉取出了9900元学费,随后全部存入了骗子发来的银行账号。

就在徐某玉在雨中焦急等待助学金汇款的时候,福建泉州的一个自动取款机前,已经有人把她的9900元学费全部取出。原来,陈某辉得知徐某玉已经将钱存入后,便电话通知了泉州的同伙郑某锋,郑某锋安排专门负责取款的熊某取钱并分赃。迟迟没有等到回信,徐某玉回拨了对方的电话,结果却发现对方已经关机,这时徐某玉才意识到自己可能遇到了骗子,汇出的这9900元学费是父母前一天才千方百计给她凑齐的,这笔钱被骗子骗走,意味着徐某玉的大学梦将断送在骗子手里。

四、案件侦破

徐某玉被电信诈骗后猝死一案,经媒体披露后,在全国引起了极大的反响,也引起了中央人民政府、公安部的高度重视。在公安部直接督导下,山东、江西、福建、广东等地警方通力合作,全力侦办此案。通过网络技术追踪,警方迅速确定犯罪嫌疑人的作案地址。电话是在江西九江市的一间出租屋里打出的,而款则是在福建泉州的自助取款机上取走的。警方通过一系列技术侦查,迅速锁定了犯罪嫌疑人。此案犯罪嫌疑人为陈某辉、郑某锋、陈某地、熊某、郑某聪、黄某春等人。8月26日,陈某地、郑某锋、黄某春被抓获。为抓捕其他3名在逃人员,公安部当天发布A级通缉令。26日晚,犯罪嫌疑人熊某被抓获。27日晚,徐某玉案的头号犯罪嫌疑人陈某辉落网。陈某辉是投案自首的。据陈某辉伯父介绍,当天傍晚,陈某辉的家人在永春县的一座山上找到了他,此时的陈某辉已经在山中躲了数天。经家人劝导后,陈某辉向安溪县公安局打去自首电话。随后,警方将其带走。27日,福建公安机关将郑某聪抓获。至此,徐某玉案的6名犯罪嫌疑人全部落网,案件在事发后不到十天即告破。

徐某玉案头号疑犯陈某辉的家乡是福建著名的茶叶之乡安溪县。陈某辉家里有一幢3层高的毛坯砖房,屋内屋外都没有装修。屋外的小帐篷里放着几台小型茶叶加工机器,和村里其他农民一样,种植、售卖茶叶曾经是这个家庭的主要收入来源。

初中未毕业,陈某辉就辍学在家。由于早婚(未领结婚证),2016年,不到22岁的陈某辉已经是两个小孩的父亲。陈某辉伯父说,2016年2月份,陈某辉就和家人说要外出打工赚钱来缓解经济压力。

陈某辉父亲陈某也称,儿子只是告诉他在厂里上班,没说具体是哪里的厂,家人都不知道他在干电信诈骗的事情。后来从派出所警察口中他才知道自己儿子涉案,之后在手机新闻中他又看到,自己的儿子已经成了公安部A级通缉犯。

警方初步查实,从2016年8月开始,在一个月时间内,这个犯罪团伙以助学金骗术累计诈骗了3万多元,最大的一笔就是徐某玉案中的9900元。

五、电信诈骗与公共信息安全

回顾这起案件,我们发现两大匪夷所思之处。涉案的6名嫌犯中有3名是90后,最小的不到19岁。山村出来打工的年轻人会制造出如此惊天事件,说明诈骗变得更容易了。这背后显然有一条完整的链条支撑。嫌犯中5名来自泉州,其中3名来自安溪县。

除了诈骗犯年轻化之外,诈骗精准化更让人忧心忡忡。19日,嫌犯打出诈骗电话,自称是教育局,有一笔助学金要发放。受害人前两天已接到教育局电话通知去办理助学金申请,被告知助学金过几天就发放。当受害人接到这个电话时,时机和事项如此吻合,自然没有太多防备。试想,你刚做的事情,去哪里办的、办的是什么,对方都能准确说出,你信还是不信?诈骗能如此精准,只能说明骗子已掌握了受害人的准确信息。

事实上,徐某玉的不少同学也都接到过类似的电话,骗子也非常清楚他们的信息。这说明全体学生的信息都遭到了泄露。

那么骗子是从什么渠道获取这些具体信息的呢? 到底是哪个环节出了问题?"这些信息非常精准而且数量庞大,很可能是通过交易获取的。电信诈骗背后隐藏着一个巨大的黑色产业链,"翼火蛇安全专家告诉记者,"从源头上看,数据泄露的途径主要有三个方面,一是黑客发现教育部门系统漏洞而入侵获取信息,二是教育机构内部人员为谋求私利而主动贩卖信息,三是教育部门的服务商或合作方利用工作之便窃取信息。从历次事件来看,内鬼泄密的比例最高。"

如此看来,信息泄露的途径多种多样,让人防不胜防。在这个隐私"裸奔"的时代,也许我们每个人都可能是徐某玉。相信下面的经历很多人都深有同感。刚买了房子,就有人问你要不要装修;汽车刚过户,就接到维修工的电话;孩子刚上学,培训学校就找到你……我们的一切都变得透明,如同暴露在阳光下。是谁出卖了我们? 如何才能远离诈骗的骚扰和侵害? 如果不找到信息泄露的源头,如果不堵住信息流通的漏洞,电信诈骗的事件不会停止,"徐某玉"们的悲剧定会重演。

当前个人信息贩卖已然成风,应该如何有效防范信息泄露呢? 如前所说,必须截住信息泄露的源头。政府、公安、卫生、教育等部门及银行、保险、通信、航空等机构掌握了绝大部分个人信息,这些信息具有极高的"经济价值",非常容易诱发内鬼泄密。同时这些部门也成为黑客攻击的重要目标。要杜绝信息泄露,就必须在这些部门实施严密的信息安全防护措施。然而这些机构的安全防护技术一直存在缺失,对人员的监管也很难做到万无一失。如何让信息安全不依赖人的自觉性? 采用智能化的信息安全技术也许是最佳选择。在保证信息自由流通的同时,要保证信息不被泄露、不被窃取,兼顾安全和便捷。此外,加强立法工作,加重对电信诈骗的刑罚尤为重要。

徐某玉已经离世,嫌犯已经落网,但对信息泄露的关注不能结束。我们必须对信息泄露保持高度警惕,必须彻底铲除信息买卖的黑色产业链。只有如此,悲剧才不会重演。

六、不堪一击的心灵

徐某玉被骗后承受不了打击而心搏骤停离世的悲剧不是个例。近年来,中小学生,甚至大学生因为学业问题、感情问题、工作问题而轻生的新闻并不少见。这些现象都指向了同一个问题,现在许多孩子的心理素质都不过关,承受不了突如其来的打击。这一代的孩子大多数都是独生子女,是爸爸妈妈、爷爷奶奶、姥姥姥爷的心肝宝贝,舍不得打、舍不得骂,在学校里,老师更是管不得、教不得、训不得。父母总是给孩子无微不至的照顾、最好的生活条件、最周全的保护,给孩子营造了一个拒绝失败、拒绝挫折的温室。可是在这些保护的背后,父母却忘了,孩子终有一天要离他们远去,他必须得自己学会独立生活,独自去面对这个残酷的社会。可是在父母长期营造的温室里长大的花朵,一旦脱离这层保护膜,很难经得起风吹雨打。一个不能受委屈、不能直面挫折、害怕困难的人,是无法适应激烈的竞争的。要让孩子远离"玻璃心",父母要对孩子进行挫折教育,让孩子学会在逆境中保持自信,学会在挫折面前保持乐观。

如果孩子是"凡事非要赢"的不妥协型性格,父母千万不要再强加自己的期望、顺势要求"还要更好",更不能要求孩子永远处于不败之地。孩子更需要一些失败的经验来更好地成长。若孩子是不够自信的怕输型性格,父母则要多加鼓励,可以先把标准降低一些,在遇到困难时,要温和地鼓励孩子完成任务,循序渐进,一旦有了成功的经验,他们会体验到成功的喜悦,更愿意做出努力,并渐渐体会不轻言放弃的美好感受。

父母要敢于放手,不要害怕孩子碰壁,可以交给他一些完成起来有一定难度的任务。如果孩子失败了,多给予一些鼓励,少一些指责和批评。当孩子遇到困难,积极地给予帮助,一起找出问题所在,解决困难。

孩子不能面对失败结果的负面反应,也许是因为父母对失败、成功的定义存在一定偏差。父母应该这样告诉孩子:成功是尽心尽力地完成一件事,绝不是打败别人;事情的完成就是对自己的肯定,而不一定需要外在的奖赏。同时也要让孩子知道,失败只是未能达成预设的目标,但是我们依然能从中收获很多。人的一生总是难以避免会遇到这样或那样的困难。因此,为人父母不应一味想办法减少孩子可能会遇到的挫折,帮助他们避免失败,而应该教育孩子以乐观的心态去面对困难和挫折。"不经历风雨,怎么见彩虹?"人生有苦难,也有欢乐,孩子只有在失败与挫折中不断超越自己,他的人生才会开出最灿烂的花朵。

七、结语

备受社会广泛关注的徐某玉事件只不过是电信诈骗案的一个经典案例,一个缩影,却不是个案。其暴露出的信息监管不力、挫折教育的缺失等问题引起了人们更加广泛和深刻的关注,信息安全问题更加值得我们进一步思考。

思考题

(1)从公共管理角度,结合案例分析信息安全得不到保障的深层次原因。

(2)如何在建设网络信息安全制度过程中确保信息安全?

(3)如何有效解决当前教育过程中挫折教育缺失的问题?

(4)如果你是徐某玉,在面对这件事情时应如何处理?

第二部分:案例教学使用说明

一、教学步骤

(1) 结合案例提出3—5个符合教学需要的启发性思考题,要求学生在课前完成案例阅读并进行初步思考;

(2)准备10分钟左右的课堂前言,简明扼要地概括案例的主要内容并介绍案例教学课的流程和安排;

(3)按6—8人/组对学生进行分组,为每组准备若干打印纸,以归纳讨论意见;

(4)各小组推选发言人,回答思考题,陈述小组观点,并以简要PPT为辅助;

(5)教师总结案例及各组发言情况,对案例涉及的理论进行简要阐释;

(6)布置作业:搜集案例有关信息,并以课后小论文的形式,自选角度提出更具体、完善的解决方案。

二、适用对象

本案例是针对参加"公共管理学""地方政府管理"等课程学习的MPA学生,公共管理学学术型研究生、本科生,及政府在职人员短期培训学习设计的。本案例也适宜于公共管理、政治学、社会学等学科的其他相关专业方向的研究生学习使用,本案例还适宜于具有一定的公共管理知识,对政府治理感兴趣的非专业人士、政府管理工作者自主学习使用。

三、教学目标

本案例教学主要有以下3个教学目标。

（一）增进学生对我国信息化过程中存在的问题、信息安全的重要性以及挫折教育的必要性的认识

本案例叙述了徐某玉学费被骗造成她心搏骤停离世的事情,引发社会对电信诈骗和挫折教育的广泛关注。本案例需要学生运用自己所学的知识,通过深入细致的综合分析,发现案例所反映的深层次问题。学会综合运用所学知识主动发现问题、分析问题,能够提高透过现象看本质的分析能力。

（二）提高学生运用基本知识分析和解决问题的能力

通过本案例教学,提高学生对大数据时代公共信息安全存在的威胁的分析能力。学生能运用公共管理相关理论知识,正确识别并履行好保护公共信息安全的责任和义务,同时,自觉成为公共信息安全的维护者。

（三）提高学生实际操作能力

学习本案例的学生中的一部分是具有政府部门工作经验的 MPA 学生。此案例的最大特点就是贴近其工作实际、涉及当前公共管理中的热点问题,对实际工作中的真实情景加以典型化处理,形成供学生思考分析的案例。本案例的教学需要学生通过独立研究和相互讨论的方式,提高自身分析问题和解决问题的能力,以便在工作中针对具体问题正确识别风险、控制风险。

四、要点分析

本案例反映了当下我国信息安全管理面临的现实问题,也是社会关注的热点问题之一,包含和反映了诸多值得深入分析和探讨的问题。为达到本案例的教学目标,实现教师和学生的双赢,在此特拟出本案例值得讨论的问题要点。

（一）如何确保公共信息安全?

本案例值得讨论的第一个,也是最为直接和明显的问题就是如何加

强信息监管,确保信息安全。保护个人信息安全的第一道防线,必须从掌握公民信息的重要部门、关键岗位筑起。一方面,针对不利于公民个人信息安全保护的条款,该修改的修改,该废除的废除;另一方面,必须从保护公民个人信息安全出发,加快立法步伐,加大打击力度。只有天网恢恢、疏而不漏,犯罪成本足够大,居心叵测者才不敢心怀侥幸、以身试法。

具体而言,打击利用公民个人信息的违法犯罪,重点在于控制"源头",即掌握公民个人信息的部门和机构。从政府类的工商、民政等部门,到企业类的电信运营商、银行、民航、保险、房地产公司、物业公司、中介机构、教育辅导机构、酒店等,只要是掌握公民个人信息的单位或个人,都应纳入重点监控和规范整治的范围。

(二)大数据时代,个人隐私受到哪些威胁?

首先,大数据的核心是利用规模来进一步改变现状,其价值可以被多次利用,数据模式及内容产生新变化,最终能产生创新性用途。这将全面刺激对数据的收集、分析以及循环利用,给个人隐私造成很大威胁。

其次,大数据技术的全面运用使生活形成了可量化的维度。大数据时代,人们的生活呈现出明显的规律性,看上去较为偶然的事件,却容易被预测与跟踪。在这种情况下,个人隐私权的保护显得尤为重要。

再次,现有隐私权保护机制不够完善。传统互联网时代的譬如许可、告知以及匿名性等相关的隐私权保护策略,不能很好发挥应有效用。借助信息及通信技术来科学化解、防范风险,往往会导致新风险,这使得大数据在隐私保护以及隐私保护制度方面存在一些不可避免的风险。

(三)大数据时代,公民如何保护好个人隐私?

鉴于个人隐私权的保护问题越来越严峻,欧盟通过了"数据上的新决议"的三原则:你有权利拥有你的数据,你有权利掌握数据的使用,你有权利摧毁或贡献出你的数据。

具体而言,第一,数据应该是用户的资产,个人隐私数据也必须有所有权。第二,企业有责任和义务对收集到的用户数据进行安全存储和传输。第三,如果要使用用户的信息,一定要让用户有知情权和选择权。

完善大数据时代公民个人隐私权保护体系,数据控制者既需要坚守责任,制定个人隐私保护相关规章制度,还需要创建大数据发展与个人隐私保护的和谐机制,科学完善救济机制,全面提升大数据时代个人隐私权保护水平。

(四)如何加强对孩子的挫折教育?

案例中令人深思的第二个问题是如何加强对孩子的挫折教育,案例分析中的徐某玉虽然是个例,但是现实中依然存在很多这样的孩子,面临困难或有一定挑战的事情时,不能正确地对待挫折,最后以悲剧收尾。

要教育孩子正确对待挫折。挫折是一件坏事,人人都不愿接纳,希望自己一生总是一帆风顺才好。换一个角度看,挫折也是一件好事,它能磨炼人的意志,能激发人的进取精神,让人成就一番事业。因此,别林斯基讲"不幸是一所最好的大学"。对于有志者来说,挫折孕育着成功!

教育孩子要有信心战胜挫折。要加强对孩子的挫折教育,培养其心理承受能力,使其自觉树立人生理想,坚定信仰,拥有乐观主义生活态度和进取精神。要充分自信,要有办法战胜挫折。只有这样,才能冲破"山重水复"的困境,到达"柳暗花明"的彼岸。

教育孩子人生难免经历挫折,有挫折不可怕,可怕的是在挫折面前退缩、投降,丧失自信和勇气,成为懦夫。经历挫折、战胜挫折,可以使人更加成熟,使人心理承受能力增强,经历挫折多了,时间久了,便能够"微笑着面对挫折",这实际上是一种境界。

教育孩子面对挫折,头脑要冷静,分析挫折产生的原因,并从中吸取教训,从"失败"中学到有益的东西;要积极调整好自己的心态,保持乐观主义精神;要有信心和能力战胜挫折,尽快走出"失败"的低谷,以饱满的精神状态迎接新的挑战,投入新的生活。

五、课堂安排

本案例发生于2016年,虽然其经过并不复杂,但包含了不少值得讨论的主题,因此建议本案例教学的时间安排在3个课时左右。

在本案例教学中,学生是主角,教师是辅助,因此教师在课前需要将准备好的案例告知学生,让学生了解案例内容,并要求学生查找一些必要的资料,做好讨论学习准备。

在本案例课堂教学的流程上,建议安排以下4个环节。

(一)课堂前言

教师准备10分钟左右的课堂前言,简明扼要地概括案例的主要内容并介绍案例教学课的流程和时间安排,还可结合案例提出3—5个符合教学需要的互动启发式问题,了解学生对此次案例教学的准备程度和初步认识。

(二)讨论案例

讨论案例是案例教学的中心环节,教师应设法调动学生的主动性,引导学生紧紧围绕案例展开讨论,方式可以是全班一起讨论,也可分小组讨论。本案例教学建议采取分组讨论的形式,按6—8人/组对班级学生进行分组,引导其围绕教师提出的思考题展开讨论。讨论中要鼓励学生充分表达自己的观点,每名学生都要发言,发言时间控制在5分钟内。此外还需各小组进行分工协作,将该组主要的观点做好记录并归纳为简要的PPT,推选小组发言人。案例讨论过程中,教师要尽量关注每组学生的进展,对讨论中出现的跑题或发言不活跃等情况,要及时介入,促使讨论顺利进行。此外,还可鼓励学生搜集生活中的相关案例,在课堂上分享,一方面加深学生对案例的体会和理解,一方面使得案例教学更贴近生活实际,以提高教学效果。

(三)观点陈述及互动

第三个环节为观点陈述及互动,每组各分配10分钟左右的时间,其中小组发言人有5分钟左右的时间陈述本组观点,另外5分钟供其他成员补充及与其他小组问答互动。教师在这一环节中要鼓励学生充分表述自己的观点,组与组之间增强互动、沟通和交流。

（四）总结案例及作业布置

在学生对案例进行分析、讨论，并得出结论之后，教师应总结案例及各组发言情况，做出恰如其分的评价。此外，对案例涉及的理论进行简要阐释，对学生讨论中不够深入、不够确切的地方，做重点讲解。最后布置作业，让学生搜集案例有关信息，以课后小论文的形式，自选角度提出更具体、完善的解决方案。

六、其他教学支持

（1）建议选择多媒体教室安排本次课堂案例讨论教学，以便播放视频、图片等案例材料，丰富教学形式。

（2）课前提醒学生，上课时每组至少携带一台手提电脑，便于记录小组观点并制作简易PPT以展示小组成果。

（编写：高士泽 黄铃 指导：欧书阳）

案例三:"公交悲剧"何时休? ——万州公交车坠江事件追踪

第一部分:案例正文

案例摘要:随着改革开放的持续深入推进,我国城市化建设的脚步也逐步加快。近些年来,重庆市万州区社会经济取得了长足发展,无论是基础配套设施,还是公共交通枢纽,均变得越来越完善成熟,为万州群众的工作与生活提供了诸多便利。但就在2018年10月28日10时8分,悲剧的一幕发生了,重庆市万州区一公交车在万州长江二桥桥面与小轿车发生碰撞后,坠入江中。霎时间,对这一突发的公共交通事故的报道铺天盖地,除了遇难人数这一谜团外,公众关心的另一重点是:之前正常行驶的公交车究竟为何会突然失去控制与红色轿车在大桥上发生碰撞,而后冲出大桥坠入江中? 本案例讲述的是万州公交车坠江后媒体公众对此事故的分析探讨和对公共交通安全的沉思。

关键词:公共交通;危机意识;应急管理

一、引言

2018年10月28日,一个天朗气清的上午,重庆市万州区长江二桥发生重大交通事故,一辆公交车冲破护栏坠入长江。经初步事故现场调查,系公交客车在行驶中突然越过中心实线,撞击对向正常行驶的小轿车后冲上路沿,撞断护栏,坠入江中。令人悲伤的消息很快蔓延开来,因为这场突如其来的事故,一名参与救援的队员失去了父亲,一位结婚十年的丈夫失去了妻子,一个一岁多的婴孩失去了双亲。公安机关经走访调查并综合接报警情况,初步核实失联人员15人(含公交车驾驶员1人)。

二、悲剧发生原因

事发后,公安机关先后调取监控录像2300余小时、行车记录仪录像220余个片段,排查事发前后过往车辆160余车次,调查走访现场目击证人、现场周边车辆驾乘人员、涉事车辆前期下车乘客、公交车公司相关人员及涉事人员关系人132人。10月31日,潜水人员将车载行车记录仪及SD卡打捞出水后,公安机关进行多次模拟试验,成功恢复SD卡数据,提取到事发前车辆内部监控视频。

经过对驾驶员冉某事发前几日生活轨迹调查,发现其行为并无异常。事发前一晚,驾驶员冉某还与父母一起用晚餐,未饮酒,21时许回到自己房间,精神状态正常。事发时天气晴朗,事发路段平整,无坑洼及障碍物,行车视线良好。车辆被打捞上岸后,经重庆市鑫道交通事故司法鉴定所鉴定,事发前车辆灯光信号、转向及制动有效,传动及行驶系统技术状况正常,排除故障导致车辆失控的因素。

10月28日上午10时8分,事故发生。随后,多家媒体争相以"重庆公交与轿车相撞坠入长江,系轿车女司机逆行导致"为题报道此事。一时间,错误的报道造成相关舆情严重偏离真相,报道中"穿高跟鞋"的小轿车女司机成为众矢之的。

次日,重庆警方的通报澄清了此事——女司机是正常驾驶,是无辜的。而后,在一众媒体的尴尬无言中,舆论反馈零零散散地持续着,包括指责媒体不实报道、猜测事故原因、讨论抢救进度等,直至公交车坠江原因正式公布,不想祸端竟起于"司乘打架",舆论随之再次沸腾。

公安机关对22路公交车行进路线的36个站点进行全面排查,走访了事发前两站(南山岔路口站、回澜塔站)下车的4名乘客,他们均证实当时车内有一名中等身材、着浅蓝色牛仔衣的女乘客,因错过下车地点与驾驶员发生争吵。经进一步调查,该女乘客系刘某(48岁,万州区人)。公安机关综合前期调查走访情况,与提取到的车辆内部视频监控相互印证,还原了事发当时情况。

10月28日5时1分,公交公司早班车驾驶员冉某(男,42岁,万州区人)离家上班,5时50分驾驶22路公交车在起始站万达广场发车,沿22路公交车路线正常行驶。9时35分,乘客刘某在龙都广场四季花城站上车,其目的地为壹号家居馆站。但由于道路维修改道,22路公交车不再行经壹号家居馆站。当车行至南滨公园站时,驾驶员冉某提醒到壹号家居馆的乘客在此站下车,刘某并未下车。车辆继续行驶途中,刘某发现车辆已过自己的目的地站,当即要求下车,但该处无公交车站,驾驶员冉某未停车。10时3分32秒,刘某从座位起身走到正在驾驶的冉某右后侧,靠在冉某旁边的扶手立柱上指责冉某,冉某多次转头与刘某解释、争吵,双方争执逐步升级,并相互有攻击性语言。10时8分49秒,当车行驶至万州长江二桥距南桥头348米处时,刘某右手持手机击向冉某头部右侧,10时8分50秒,冉某右手放开方向盘还击,侧身挥拳击中刘某颈部。随后,刘某再次用手机击打冉某肩部,冉某用右手格挡并抓住刘某右上臂。10时8分51秒,冉某收回右手并往左侧急打方向(车辆时速为51千米),导致车辆失控,向左偏离越过中心实线,与对向正常行驶的红色小轿车(车辆时速为58千米)相撞后,冲上路沿、撞断护栏,坠入江中。

乘客刘某在乘坐公交车过程中,与正在驾车行驶中的公交车驾驶员冉某发生争吵,两次持手机攻击正在驾驶公交车的冉某,实施危害车辆行驶安全的行为,严重危害车辆行驶安全。冉某作为公交车驾驶人员,在驾驶公交车行进中,与乘客刘某发生争吵,遭遇刘某攻击后,应当认识到还击行为会严重危害车辆行驶安全,但未采取有效措施确保行车安全,右手放开方向盘还击刘某,后又用右手格挡刘某的攻击,其行为严重违反公交车驾驶人职业规定。乘客刘某和驾驶员冉某之间的互殴行为,造成车辆失控,致使车辆与对向正常行驶的小轿车撞击后坠江,造成重大人员伤亡。

以上就是这次悲剧的令所有人意想不到的事件真相。

三、"抢夺公交方向盘"屡见不鲜

重庆万州公交车坠江事件已过去几年,但全国各地抢夺公交车方向盘的事件仍时有发生。

(一)武汉男子醉酒强抢公交车方向盘事件

2019年4月25日凌晨,一辆从汉口火车站向武汉火车站方向行驶的夜行610路公交车行至杨春湖长山咀附近时,车上一名男子走到司机陈某身旁,询问公交车为何没停靠"杨春湖长山咀站",并要求下车。司机向他解释,夜行610路与日行610路的站点设置不一样,夜行线路不停靠"杨春湖长山咀站"。男子闻言情绪激动,大声与司机吵起来,争吵没多久,男子突然伸手拨弄公交车方向盘,导致公交车失控,撞上路边施工用的水马围栏。车内其他乘客惊声尖叫,幸亏司机及时停车,车上无人受伤。司机立即通过车上"一键报警"装置报警,这名男子此时还不解气,竟叫来三名同伴,欲殴打司机。

经查,抢夺方向盘的男子姓徐,49岁,当晚他和朋友在青山吃夜宵时喝了八两白酒和两瓶啤酒,随后坐上夜行610路公交车,由于不知夜行车停靠站点与白天线路不同,错过最佳下车站点后,发现自己只能在终点站下车,且下车后步行很远才能到家,就发狠想要抢方向盘,以此迫使司机停车。据公交车司机陈某介绍,610路公交车夜行线路的停靠站点和日行线路是有区别的,公交站牌上已清楚标明实际停靠站点。事发时公交车行至施工路段,路况本就不好,徐某抢夺方向盘时他虽极力控制并减速,但还是撞上了水马围栏。

(二)张家港老汉抢夺公交车方向盘事件

2019年5月的一个午后,张家港市一辆209路公交车上来两名老汉,其中一人手里拎着一个鼓鼓囊囊的蛇皮袋。按照公交公司规定,在有必要时,司机应对携带不明物品的乘客进行询问检查,司机便询问老汉蛇皮袋内装的是什么。可老汉不予理会,拎着蛇皮袋径直走到后排坐下。倒是一起上车的另一名老汉笑着和司机搭话,说那袋子里装的可能是偷来的鸡。以为这两名老人相熟,司机便不再追究,等乘客坐定后就启动车辆继续行驶。

车子开出没多远,司机隐约听到车辆后方那名拎蛇皮袋的老汉在骂骂咧咧,并且动静越来越大。不多时,这老汉突然快步走到驾驶座旁,要求司机帮他打电话报警,理由是有人诬陷他偷鸡。司机边开车边劝说,表示如果老汉坚持要报警,他可以把公交车开到派出所去解决,但老汉依旧坚持要求司机立即打电话,而且说着说着情绪越来越激动,不但辱骂司机,还出手拉拽起了驾驶座旁的安全门,想把门打开进入驾驶座。尽管司机一再对老汉申明影响公交车司机驾驶是违法行为,但老汉根本不肯听。见自己的目的达不成,索性伸出手抢夺起了方向盘。

司机极力控制车辆,但公交车还是以 S 形线路前行了二三十米。幸好时值正午,道路上车辆、行人并不是很多,因此没有造成进一步的危险后果,最后司机被迫将车安全靠边熄火,并立即报了警。后经公安机关侦查,这个拎蛇皮袋的老汉年轻时曾因小偷小摸被多次处罚,早年也确实曾因偷鸡被处罚过,后来他在生活中常被人拿偷鸡这事说事,说得他不胜其烦。这一次是因为家里电饭煲坏了,用蛇皮袋装着准备去修,没想到上车时别人随口一句玩笑话,顿时引起了他的怒火。

四、"公交悲剧"何时休?

截至2018年,重庆市有1.38万余辆营运公交车,有2万辆长途客运车辆,轨道交通运营里程达260余公里,铁路运营里程2700余公里(其中高铁800余公里),桥梁多、隧道多,安全责任重、压力大。这起重大公共交通事故的发生,给政府、相关运营企业和社会公众都上了沉重的一课。

刑法对司乘矛盾引发的道路公共交通安全问题,一直没有清晰的定罪,只能套用"以其他方法危害公共安全罪"一条,而"以其他方法"需要最高人民法院出台司法解释,但相关司法解释一直未能出台。直到重庆万州公交车坠江事件发生后,社会各方才对道路交通安全问题重视起来。2019年1月,最高人民法院、最高人民检察院和公安部联合发布《关于依法惩治妨害公共交通工具安全驾驶违法犯罪行为的指导意见》（以下简称《意见》）后，对此类行为的规制才有了明确的法律依据。扰乱道路公共交通秩序的行为很少受到行政处罚，这与道路公共交通领域没有专门的公安队伍有直接关系（交警负责交通执法，不负责治安管理；个别地方虽然也建有公共交通派出所等，但其多数任务是"反扒"），因此对此类案件的处理效率和效果也大打折扣。

为防止以后再发生与重庆万州公交车坠江事件类似的违法犯罪行为，公检法机关要形成打击惩治危害公共安全的各类违法犯罪行为的合力，对那些无视规则、碰触法律法规底线、危害公共安全的行为，要依法打击，从严惩处，绝不姑息。对干扰、辱骂、殴打驾驶员等危害公共安全行为的报警，要第一时间出警，及时依法进行处理，对构成违法行为的，要坚决依法予以治安拘留等行政处罚，对构成刑事犯罪的，要依法予以打击。各部门要加大客运、旅游包车、危险品运输车等重点车辆联合检查力度，严厉打击和整治超员超载、疲劳驾驶、酒后驾驶、吸毒后驾驶、货车违法占道行驶、不按规定使用安全带、占用公交站点等各类交通违法行为，严厉整治道路交通违法行为。

过去人们最主要的出行工具是自行车，随着出行半径的扩大，取而代之的是私人小汽车，这些都是以个体为主的出行方式。近年来，出于治理交通拥堵和节能减排的考虑，很多城市都对私家车出行进行限制，鼓励和优先发展公共交通，这也就意味着社会交通文化要由以私人出行为主的交通文化过渡为公共交通文化。

公共交通文化最大的特点就是公共属性，需要互谅互让。因为无论是车厢，还是机舱，都属于狭小密闭的公共空间，人与人之间难免产生摩擦，这就需要大家有互谅互让意识。狭小的公共交通空间，其实也是一个小社会，需要形成自己特有的公共文化。但目前来看，公共交通文化还没有在公众中间形成起来。

此时相关运营企业更要加大投入力度，为车辆配备必要的安全隔离驾驶室、安全防护网或防护栏等设施，要设立驾驶员与乘客的安全警戒线，张贴醒目的警示标识标语，建立安全警戒线管理制度和市民乘坐公共交通工具行为规范,强力推行其实施。加强对公交车驾驶员的安全意识培训,使其正确处理车辆行进中的突发状况。

五、结语

重庆万州公交车坠江事件,以及接二连三发生的此类事件,使公共交通安全立法和危机管理为整个社会所热议,重庆万州公交车坠江事件只是公共交通危机中的沧海一粟,其暴露出公共交通危机预警和事前管理的不到位。试想如果强化车内动态监控,加强对车内不正常情况的监控,开展市民安全乘车的宣传教育,提高各类参与者的危机意识,最后的结果是否会不同。随着市民出行半径的扩大,环保、低碳、绿色出行意识的加强,公共交通成为大部分公众的首选出行方式。对城市交通应急管理的研究不仅为我国公共交通管理发展提供了理论依据,同时对保障公共交通出行的人民大众的生命财产安全有重大的现实意义。

思考题

(1)政府如何建设公共危机管理的社会参与机制?

(2)政府在社会公共危机的预控阶段扮演什么角色?

(3)政府如何实现对公共危机网络舆情的有效控制?

第二部分:案例教学使用说明

一、教学步骤

(1)结合案例提出3—5个符合教学需要的启发性思考题,要求学生在课前完成案例阅读并进行初步思考;

(2)准备10分钟左右的课堂前言,简明扼要地概括案例的主要内容并介绍案例教学课的流程和安排;

(3)按6—8人/组对学生进行分组,为每组准备若干打印纸,以归纳讨论意见;

(4)各小组推选发言人,回答思考题,陈述小组观点,并以简要的PPT为辅助;

(5)教师总结案例及各组发言情况,对案例涉及的理论进行简要阐释;

(6)布置作业:搜集案例有关信息,并以课后小论文的形式,自选角度提出更具体、完善的解决方案。

二、适用对象

本案例是针对参加"公共管理学""公共政策""地方政府管理"等课程学习的MPA学生,公共管理学学术型研究生、本科生,及政府在职人员短期培训学习设计的。本案例也适宜于公共管理、政治学、社会学等学科的其他相关专业方向的研究生学习使用,本案例还适宜于具有一定的公共管理知识,对政府治理感兴趣的非专业人士、政府管理工作者自主学习使用。

三、教学目标

本案例教学主要有以下4个教学目标。

(一)促进学生对我国公共交通危机管理的了解与把握

本案例通过对重庆万州公交车坠江事件的描述,反映了我国公共交通危机预警和事前管理的一系列问题。虽然抢夺方向盘导致的公共交通事故起因是琐碎的司乘纠纷,但"局外人"的置若罔闻导致矛盾迅速升级,不论是运营公司加强公交车事态监管,还是同车乘客树立起共同体意识,对预控此类公共交通安全危机都有重要作用。本案例的学习讨论需要学生理解,在城市化的背景下,在大量人群聚集过程中,公共交通安全危机管理的重要性。

(二)加强学生理论知识学习,提升学生理论修养

危机预控、应急管理是学生应当掌握的重要理论内容,政府、运营企业和乘客的共同努力是保障公共交通安全运行的重要条件。因此本案例对学生提出了更高的要求,要求学生尽量透彻理解案例所涉及的焦点问题,同时还需把握案例所涉及的一系列理论知识,并由此得出结论,加深理论学习、提高理论修养。

(三)提高学生透过现象看本质的分析能力

本案例通过描述重庆万州公交车坠江事件和其他城市的类似事件,揭示出了公共交通存在的诸多问题。本案例需要学生通过深入细致的综合分析,发现案例所反映的深层次问题,学会综合运用所学知识主动发现问题、分析问题,提高透过现象看本质的分析能力。

(四)提高学生实际操作技能

学习本案例的学生中的一部分是具有政府部门工作经验的 MPA 学生。此案例的最大特点就是贴近其工作实际、涉及当前公共管理中的热点问题,对实际工作中的真实情景加以典型化处理,形成供学生思考分析的案例。本案例需要学生通过独立研究和相互讨论的方式,提高自身分

析问题和解决问题的能力,以便在工作中针对具体问题正确识别风险、控制风险。

四、要点分析

本案例在一定程度上揭示了当下我国民众危机教育和危机意识的缺乏,一些人面对潜在的危机持有冷漠的态度,重庆万州公交车坠江事件的发生,使抢夺公交车方向盘之类的危害公共交通安全的事件瞬时成为社会关注的热点问题之一,其中包含了许多值得深入分析和探讨解决的问题。为达到本案例的教学目的,在此特拟出本案例值得讨论的问题要点。

(一)政府要强化公共危机的预警

在危机潜在时期,政府的预警机制和预防工作做得好,不仅可以有效降低危机事件发生的可能性,而且可以大幅度地降低危机事件的危害性,甚至政府能够通过对危机事件的有效处理,进一步提高政府公信力和塑造良好形象。

(二)建立良好的公共危机管理社会参与机制

政府在公共危机管理的社会参与机制上,起着统筹协调的作用。

第一,政府应该努力塑造全社会的预警文化。政府要通过多种渠道,加强对公共危机应急处理知识的宣传和推广,加强对普通民众公共危机应急处理的教育和培训,全面提高普通民众的应急意识和应急能力,塑造良好的预警文化。第二,建立地方社区组织的预警机制。面对公共危机事件时,政府的力量是比较薄弱的,需要地方组织,尤其是覆盖范围最广的社区组织参与到公共危机事件的应对当中来。因此,在公共危机事件的潜在期,政府应该加大力度,帮助和扶持地方政府建立社区组织的公共危机预警机制,将应对的责任分摊到每个社区组织中,一方面可以减轻政府应对危机的压力,另一方面可以在危机发生后最短时间内投入公共危机的处理中,提高公共危机的应对效率。第三,形成由中央到地方各级的志愿者组织预警体系。志愿者服务是公民参与社会生活的一种非常重要的方式,志愿者组织不仅能够在日常生活中发挥重要作用,在应对公共危机时更有着不可替代的作用。政府应该鼓励和帮助成立诸如医疗队、街区守护队、保安巡逻队等志愿者组织,帮助民众做好准备,一旦公共危机爆发,可以在最短的时间内有效规避人身财产风险。第四,政府应与社会组织在应急预警上建立良好的互动关系。除了在各个方面进行鼓励与帮助外,政府还需要协调各个组织之间,各个组织与政府、民众之间的关系。减少组织间的隔阂,防止组织相互推诿责任,提高危机应急处理效率。

(三)出台完善的公共危机应急、管理法律法规

公共危机预警机制和管理机制需要相应的法律法规来规范和约束,同时,也需要法律法规给予相应的保护。只有明确规定了公共危机事件的类型、级别、应对方案及应对过程中的权力分配和责任义务等问题,公共危机的管理和解决才能有效进行。近年来,中国此方面的法律法规逐渐完善,最具代表性的有:《中华人民共和国突发事件应对法》及各地方突发事件应对法律、法规,《国家突发公共事件总体应急预案》和25件专项预案、80件部门预案,基本覆盖了我国经常发生的突发公共事件的主要方面。针对目前频频发生的抢夺公交车方向盘等危害公共交通安全的事件,也应有相应立法来防止其发生。

(四)要增强对舆论危机的认识

在重庆万州公交车坠江事件中,媒体为了迎合受众"眼球震撼"需求,在未调查清楚事实真相前,大肆传播公交车司机与红色小轿车女司机的监控视频片段,引发广大网友的持续关注。受众沉浸于视频带来的强烈冲击感,在"回音室"效应下,自身的既有偏见与非理性情绪不断增强。公众关注的不再是事件真相,而是媒体的述说是否有感情、是否符合自身价值观,于是事件在这样的舆论环境下迅速发展,进而引发舆论风暴,导致大量负面新闻的出现。

一些地方政府虽然已经认识到需要采取一定的措施对网络舆情进行有效的管理,避免一些具有不正确导向作用的网络舆情对社会的发展产生不良影响,但在对网络舆情的管理措施的制定和实施等方面都没有投

入足够的人力物力等资源。若是政府未对相关事件采取相应的解决措施,未将其纳入公共危机管理的范围之中,而任其发展,一些消极的、不真实的信息,甚至是不怀好意之人借此发表的恶意言论等都会出现在网络舆论之中,并影响着网络舆情的发展趋势。当出现不良社会影响的时候,某些政府部门采取直接打压之类的方式来处理,而没有给人民群众一个合理的说法,反而让不良的舆论愈演愈烈,这就会影响到公众对政府部门的信任。

随着网络的迅速发展及普及,网络逐渐成为人民群众表达自己的利益需求及对外界的认知和看法的一个重要媒介,因此政府要认识到网络对人民生活的重要意义,要避免网络舆情危机导致的不良的社会影响。在对关乎人民生活的网络舆情的处理上,政府要给予足够的重视并采取有效的解决措施,以贯彻落实政府为人民服务的理念。

网络舆论传播迅速,政府机关更应当增强对舆论危机的认识,及时引导舆论走向,避免再次发生类似的事件。政府在解决舆论危机事件中必须要采取一系列积极有效的措施,组织相关人员,有效地整合相关资源来建立一个正确及时处理舆论危机事件的系统,对舆论危机事件给予充分的重视,通过政府部门的行政人员通力合作,不断完善对舆论危机事件的管理体系,增强对信息的监督管理工作,准确及时地向人民群众发布正确真实的信息,避免舆论危机事件产生消极影响,在政府部门的相关工作人员的共同努力下更好地为人民解决问题,获得人民的信任与支持。

五、课堂安排

本案例描述的事件发生于2018年间,虽然其经过并不复杂,但包含了不少值得讨论的主题,因此建议本案例教学的时间安排在3个课时左右。

在本案例教学中,学生是主角,教师是辅助,因此教师在课前需要将准备好的案例告知学生,让学生了解案例内容,并要求学生查找一些必要的资料,做好讨论学习准备。

在本案例课堂教学的流程上,建议安排以下4个环节。

(一)课堂前言

教师准备10分钟左右的课堂前言,简明扼要地概括案例的主要内容并介绍案例教学课的流程和安排,还可结合案例提出3—5个符合教学需要的互动启发式问题,以了解学生对此次案例教学的准备程度和初步认识。

(二)讨论案例

讨论案例是案例教学的中心环节,教师应设法调动学员的主动性,引导学员紧紧围绕案例展开讨论,方式可以是全班一起讨论,也可分小组讨论。本案例教学建议采取分组讨论的形式,按6—8人/组对班级学生进行分组,引导其围绕教师提出的思考题展开讨论。讨论中要鼓励学生充分表达自己的观点,每名学生都要发言,发言时间控制在5分钟内。此外还需各小组进行分工协作,将该组主要的观点做好记录并归纳为简要的PPT,推选小组发言人。案例讨论过程中,教师要尽量关注每组学生的进展,对讨论中出现的跑题或发言不活跃等情况,要及时介入,促使讨论顺利进行。此外,还可鼓励学生搜集生活中的相关案例,在课堂上分享,一方面加深学生对案例的体会和理解,一方面使得案例教学更贴近生活实际,以提高教学效果。

(三)观点陈述及互动

第三个环节为观点陈述及互动,每组各分配10分钟左右的时间,其中小组发言人有5分钟左右的时间陈述本组观点,另外5分钟供其他成员补充及与其他小组问答互动。教师在这一环节中要鼓励学生充分表述自己的观点,组与组之间增强互动、沟通和交流。

(四)总结案例及作业布置

在学生对案例进行分析、讨论,并得出结论之后,教师应总结案例及各组发言情况,做出恰如其分的评价。此外,对案例涉及的理论进行简要阐释,对学生讨论中不够深入、不够确切的地方,做重点讲解。最后布置作业,让学生搜集案例有关信息,以课后小论文的形式,自选角度提出更具体、完善的解决方案。

六、其他教学支持

(1)建议选择多媒体教室安排本次课堂案例讨论教学,以便播放视频、图片等案例材料,丰富教学形式。

(2)课前提醒学生,上课时每组至少携带一台手提电脑,便于记录小组观点并制作简易PPT以展示小组成果。

(编写:王倩茹 刘辉 指导:吴江)

案例四:共享汽车在"窘途"

第一部分:案例正文

案例摘要:随着互联网和大数据等新兴技术的发展,共享汽车的出现给传统公共服务模式带来了巨大的冲击。共享汽车推动器物所有权与使用权分离,将其功能分割出来供民众共同使用,这样可以大幅度提高器物的利用率,减少各种资源消耗。共享汽车一方面使社会资源分配更加高效,为人们的出行提供了方便,减少了市民的花销;另一方面也有利于缓解城市交通的拥堵,减少空气污染。但是共享汽车在给人们带来出行便利的同时,也出现了用车安全、交通压力、市场竞争、押金管理等问题,给城市治理带来极大挑战。通过对共享汽车发展现状及其深层次管理问题的分析发现,政府需要解决规则制定、行业监管、基础设施配套、政策引导等问题,形成市场、政府与社会的多元主体协同治理,从根本上解决难题。

本案例从用户需求驱动和协同治理、精细化管理的理论视角,分析共享汽车的兴起历程、出现的问题,探讨在新的公共服务供给模式下,如何通过市场、政府、社会公众的合作,促进共享汽车健康发展。

关键词:共享汽车;分时租赁;盼达用车;城市治理

一、引言

在高科技时代,每个人生活周边的变化实在太快了,快到你无法想象。也许昨天你还在为北京CBD街头突然冒出几千辆"戴着小红帽"的奥迪A3共享豪车惊愕不已,而今天你就会为沈阳大学城附近出现一支"共享宝马"团队感叹叫好了。

　　共享经济时代真真切切地来临了,小到共享雨伞、共享充电宝、共享单车,大到共享健身房、共享汽车。在共享经济大潮之下,政府如何因时而变、因势应对,是对各级政府的极大考验。

　　在共享汽车如雨后春笋般涌现之时,2017年8月8日,交通运输部、住房城乡建设部联合发布《关于促进小微型客车租赁健康发展的指导意见》,鼓励企业使用信用模式代替押金管理以及鼓励使用新能源汽车开展分时租赁,对这一业态给予及时政策规范并加强监管。

　　共享汽车在为我们带来便利的同时,也给社会治理带来了很多难题。其本身服务和运营的不完善等问题也困扰着企业。但共享经济锐不可当,社会、公众、政府、企业都应该思考如何做才能把这条路走得又快又好。本文以较早进入这一业态领域的重庆盼达用车为案例,展现了正蓬勃兴起的共享汽车发展状况以及提出了城市相关管理职能部门应对和治理其存在的问题的思路。

　　"重新定义城市出行,盼达有你,E起出发。"这是重庆盼达用车的广告用语。盼达用车[①]是由重庆力帆控股有限公司战略投资的新能源汽车智能出行平台,通过"移动车联网"保障用户的每一次出行;通过"能源互联网"解决用户的里程忧虑;通过"租赁互联网"让用户出行实现"一键用车"。盼达用车以"绿色共享"理念来持续打造智能个性化与公共化的出行新体验,通过智能共享用车,减少城市道路拥堵,减少二氧化碳排放量,提升车辆循环使用效率。盼达用车自2015年11月11日在重庆上线以来,先后在杭州、成都、郑州等多个城市落地运营,覆盖学区、政务、景区、园区、社区、商圈以及交通枢纽等应用场景,拥有单车日均运营里程、单车日均运营时长、单车日均共享频次等运营数据的大幅度领先优势,领跑整个新能源汽车共享出行行业。先后荣获中国车联网创新奖、新能源汽车评选创新奖、中国国际新能源汽车论坛最佳新能源智能出行平台奖等荣誉,得到了包括央视一台、央视财经频道等国家级主流媒体的广泛报道和好评。

---

①目前,盼达用车已停止运营。案例发生均在前几年,具体时间并未一一细注,后同。

二、盼达汽车用户生活的便与不便

(一)新司机的经济账

来自福建省的小洪在重庆某大学就读本科二年级,最近,听同学说学校周边有了一种新的出行方式——盼达租车,平时出行一直用轻轨和滴滴打车的他很想去尝试一下。一来呢,自己拿了驾照也有一年了,平时没什么机会开,想过过手瘾;二来听同学说这个车比较便宜,一小时只要19元,最近还有优惠活动。于是他在手机上下载了APP,很快,审核就通过了。在网上租了车,到了学校附近的停车点,扫码就可以上车飞驰了。他这一次的目的地是机场,不到一个小时,他就从学校到了机场,在机场附近的停车点还了车,一结算19元钱,由于首单免费所以他没花一分钱就从学校到了机场。下了车之后,他在心里默默算了一笔账,轻轨太慢,还要转车,带着行李也不方便,滴滴打车的话从学校到机场最少也得八十元,而盼达汽车既方便又实惠,不用担心等车过久和被出租车司机宰客,还实实在在过了一把开车瘾。小洪决定,返回重庆时从机场回学校也用它了。

(二)"隐身"的"熊猫"

"这熊猫汽车可见不可用啊!"小张一提到这盼达汽车,就发出这样的感叹。小张刚毕业就考上了公务员,在郊区租了个房子,每天从家到单位有50分钟的车程,没车的小张每天公交地铁来回换,苦不堪言,打车费用又太高。近年来共享汽车的出现正好解决了小张的上班出行问题。拿出手机一扫二维码,车门打开直接开车就去上班了。小张楼下的小区正好就有一个盼达汽车的停车点,每天出门前预约好汽车,下楼直接开车去上班就行。不用换乘公交地铁,方便多了。可是,这盼达汽车也不是用得顺风顺水。小张表示,因为需要提前预约,很多时候在手机APP上显示附近可用车辆都为零,但是下楼到小区停车场去看的时候又能看到停放有很多空闲汽车。手机上没有预约,这汽车就是摆在那儿也不能用。可这车明明停在那儿好好的为什么不能用呢?对此,小张也问过客服人员,客服的解释是可能因为车辆电量不足、车辆处于违规状态无法驾驶或者别人已经提前预约了。要是遇到这样的情况,小张也只有去坐公交、地铁。所以,小张以什么交通方式去上班全看这"熊猫"是否"隐身"。

(三)没电添"堵"

小王和小李是一对情侣,某个周末两人相约一起到郊区游玩。近年来共享汽车盛行,为人们的出行提供了不少便利。两个年轻人也要赶赶时髦,试试这共享汽车。出发的那天早晨,他们早早就预约好了一辆盼达汽车。APP上显示该车剩余电量为百分之六十,跑郊区来回三十多公里,这些电量应该够用。两个人找到预约好的车便高兴地出门了。盼达汽车小巧玲珑、身形可爱,也很好停车。一路上两人对盼达汽车赞不绝口,商定以后出门都可以用盼达汽车。然而在回家的路上,这车一开进市区就像泄了气的皮球。一看电量只剩百分之二十多,两人赶紧选了一个就近的停车点打算去停车。才开了几分钟,车一下子就没电了,停在了马路上,无论如何也没法再启动。车就这样堵在了马路中间,后面的汽车不断鸣笛,两人也慌了神不知道该怎么办。最后两人联系了交警和客服人员才解决了问题。小王和小李表示,这电量显示不准确,没电了堵在马路上真是太麻烦了。

(四)违章罚单哪里缴?

2017年3月18日,小刘一行人自助租了辆盼达汽车到外地玩耍。由于不熟悉道路,收到了一张违规变道罚单,罚款100元,扣2分。2017年6月23日,接到盼达客服电话,被告知有一张处罚单,需要在一个月内处理完毕(本次未明确说明处理流程、需要提供的资料)。小刘带着驾驶证前往交管局处理,被告知需要出示车辆行驶证。当天小刘致电盼达客服,询问车辆行驶证问题。客服解释需要提前预约,看车辆是否处于运营状态,如果可以预约,再回电。但是小刘一直等到晚上也没接到回复电话。两天后小刘再次联系客服,客服说车辆现在处于停运状态,可以预约行驶证,预约好了会收到一条通知短信。然而过了三天小刘仍未收到预约短信。再次致电客服,客服解释说,可能是因为系统繁忙没有预约成功,并重新帮忙预约。预约成功的短信一直没有来,小刘忙着忙着也就忘记了这件事。半个月后的某天,小刘有急事需要用车时,发现订单提交不了,提示"当前城市暂不支持用车"。致电客服,客服解释说,因小刘有违章未及时处理,账号已经冻结。小刘表示,违章的处理一直预约不上,客服也没有具体说明如何处理,自己也想缴纳罚款,可是这罚单怎么缴?在哪里缴?

(五)停车场在哪儿?

来自重庆的王师傅是盼达汽车的老用户了,自诩为"重庆通"的他是一个有着超过20年驾龄的老司机。某天他要去江北区与客户见面,在APP上预先规划好了,邢家桥社区是最合适的还车点。于是他风风火火地出发了。一路上都很顺利,但是闹心的事情出现了,王师傅到了那里就是找不到邢家桥社区的停车点,而那边的街道又是单行道,转了半个小时还是没找到停车点,APP上根本导航不到停车点,而且高德地图上导航到邢家桥社区的停车点的路线也是错的。这可真把王师傅给急坏了,后来没办法了只好换去另外一个有空余车位的停车点还车,结果用车时间为两个小时十几分钟,最后付了三个小时的钱,但实际上找停车点都找了半个小时有余。对此,王师傅感叹,这多花钱不说,还耽误工作啊!以后去不熟悉的地方要考虑考虑是否用盼达汽车了。

(六)事故谁来赔?

2017年4月25日21时许,黄家姐妹(化名黄小琴,黄丹丹)与聂俊(化名)一起在位于天晖中路的时代晶科东门前打车,三个人并列站在非机动车道上,当时下着雨,她们站在一辆白色汽车的尾部,由于对方停车未动,三人都没有在意。但是突然间,车子忽然向左后方碾过来,一直撞到马路另一侧的边道上,三个人就站在汽车碾轧的路线上。黄小琴当场死亡,黄丹丹膝盖粉碎性骨折入院。聂俊只记得自己也被车子的动力推倒在地上,爬起来之后看到肇事司机是个年轻男人,有点胖,中等身材,之后她浑浑噩噩地到达医院,才知道这不单纯是司机肇事的事故,里面还有更多的"弯弯绕"。

首先,事故复杂,牵涉多方。肇事司机张朋(化名)是一个驾照12分被扣光的大学生,而他驾驶的汽车并不是自己的,而是一辆盼达用车旗下的共享汽车。据媒体报道称,张朋当时开着自动挡盼达共享汽车将朋友送到时代晶科名苑,停在路边踩着刹车输入导航。输完导航位置后,他挂挡前行,却发现车在往后倒。他赶紧踩了一脚刹车,但车没有停下来,他瞬间慌了。"踩了一脚,车没有减速,也没有加速,马上就慌了,怕自己踩错了,赶紧把右脚悬空,拉手刹制动,想尽一切办法把车停下来。但车停不下来,直到撞到钢架才停下来。"张朋说,当时雨下得很大,他没发现车后边有人,直至车停下来后才发现撞死了人。"我感觉车有故障,要不拉手刹制动怎么停不下来?"张朋说。

盼达公司发布的新闻通稿写道:

本次事故系由我方注册用户何某在线办理租车手续并取得车辆后又违约将车辆转借给肇事人张某,而张某非我公司用户,张某在驾驶中因不当操作导致了此次悲剧的发生。事故发生后,我方已第一时间冻结何某用车账号,其不能再继续使用盼达平台上的车辆。通过交警调查,得知未经我方授权的肇事驾驶人张某案发前驾照已经被扣21分,属于知情却继续违反交通法规,且可知其过往驾驶记录极差……对于此次事件大家关注的共享汽车如何有效审核用户一致性的问题,目前在汽车租赁行业,国家法律法规对租赁车辆人和实际驾驶人如何进行一致性监管没有做出相关硬性规定,技术上也缺乏相应的措施和手段可以核查实际驾驶人是否与租赁车辆人一致。就如线下实体店租车后,又将租赁车辆交给他人驾驶这种情况一样,无法避免,无法控制,线上租车也同样难以解决此类问题。我们也曾考虑在租赁车辆内安装摄像头来进行监控,但这个可能涉及侵犯驾驶人和乘客个人隐私的问题。除非政府出台强制性安装摄像监控的规范要求。目前,在国家未出台相关的规定前,我们将加大投资进行相关项目研发攻关,譬如通过实时的车载人脸识别或持续的车载生物指纹识别技术来对驾驶人进行认证。

其次,到了8月,事故认定书仍未出具。7月10日,时隔两个月,该事件的伤者聂俊告诉采访记者,现在她的心情已经好了很多,而黄丹丹也已经出院,复健之后她基本可以行走。虽然身体上的伤好了很多,但事情还远远没有结束。后来第一份车检报告出炉了,显示车辆没有很大的问题,肇事者张朋表示不服,于是又耗时许久出具了第二份车检报告。当时,事故多方均在等待警方出具事故认定书。时至8月,事故认定书仍未出具。作为代理伤者一方的四川广力律师事务所的律师告诉记者,汽车租赁公司、保险公司、肇事司机和账户所有者几方到底按照什么比例承担法律责任,都要以这份事故认定书的结论为依据。他向采访记者透露,车检报告中,曾有一个细节引起了他的注意,"在R挡和D挡转换时,有功率输出",他相信这也是一个信号,证明车辆确实有一些问题。他在接受媒体采访时曾表示,他已经给成都盼达汽车租赁有限公司发了律师函,并向成都市政协提交了《关于尽快规范"共享汽车"管理的建议》,建议成都市政府加强对共享汽车公司的监管,对无法确保人、证、车一致的共享汽车公司立即予以停业整顿。他说:"车辆现在正在鉴定,如果不合格,共享汽车公司要承担很大的责任。即使合格也要承担责任,因为公司没有尽到监管的义务。"作为公共交通工具的提供方,汽车租赁公司有责任和义务确保账户所有者、租用的车辆和驾驶人三者一致,"如果不一致,那岂不是三岁的小孩子也可以开车?"

三、小王的困扰和期望

小王,25岁,大学刚毕业时在重庆某公司做销售工作,两年后,赶上国内分时租赁商业模式如火如荼,小王觉得随着新能源政策的出台,以及信息技术在汽车上的应用,共享汽车这块蛋糕会越做越大,于是就跳槽到重庆某汽车分时租赁公司。小王透露说:他们共享汽车的价格便宜,取车停车方便,使用频率远远高于私家车,这在为人们提供便利的同时也一定程度上缓解了城市交通压力。

但随着这一行业的发展,出现的一系列问题也在困扰着他们,如停车点难找、汽车充换电效率不高、违章处理不方便等一系列问题。小王透露:违章处理是目前迫切需要解决的问题,很多用户反映停车点有多余车辆,APP却显示不能使用,这其中一部分便是违章未处理车辆。根据交通法规,行驶证必须随车携带,如果不在车上可以扣留车辆,部分分时租赁公司将行驶证放在车上,但出于行驶证失窃、损坏和不便于之前的用户及时处理违章等原因,部分公司将行驶证统一收归公司管理。

小王介绍说,他们公司的行驶证平时都是按照规定放置于车中的,行驶证的损坏、失窃问题常有发生。除此之外还存在一个两难的境地。若行驶证放在车上,之前的用户无法处理违章,逾时未处理,汽车则不能正常使用;若用户拿走则无法随车携带,遇到交警检查时不符合规定的用户则要被扣分罚款。这一境地不仅给交管部门带来麻烦,同时也给公司的利益、名誉都带来了不少损失。

像小王所处的这个公司一样,面临这样一种两难处境的汽车分时租赁公司有很多。小王笑着说,他特别期待有一天他们的共享汽车可以有两个合法的行驶证,又或者可以在汽车运营企业和交管部门之间建立一个方便处理违章的平台。

共享汽车行业面临的困扰,特别需要城市政府相关部门与时俱进,切合共享汽车这一业态,制定出台相应监管办法,促进共享汽车分时租赁发展得越来越好。

四、媒体反应

随着共享经济的兴起,轰轰烈烈的共享单车洪流已涌向我国各主要城市,随之而来的是共享理念的传播和相关商业产品数量的增多。其中最典型的一个代表就是“共享汽车”。

“共享单车的盛行是为了解决最后1公里的出行问题,共享汽车则是为了解决最后80公里的出行问题”,盼达用车CEO高钰博士认为这才是共享汽车对整个交通系统的最大价值。盼达汽车这类型的共享汽车的定位是:一种新型的汽车分时租赁模式,以此来满足公众的短途出行需求。因此,它一落地就因为便捷、便宜、环保而获得了大量关注和使用。

以“盼达用车”为例,到2017年3月,“盼达用车”累计投入运营车辆超过7000台,建成分时租赁站点600多个,累计用户数超过60万,单车单日运营时长平均为8—10个小时,单日车均3.7个订单,单车单日最高循环次数高达17次,单车单日最高行驶583公里……盼达公司运营部的一位职员透露,重庆投放的盼达汽车数量达到3000辆左右,其APP的日均打开频次甚至要高于我们日常所使用的一些社交软件。

为了促进这一行业的健康发展,交通运输部、住房城乡建设部于2017年8月联合发布了《关于促进小微型客车租赁健康发展的指导意见》,进一步为"共享汽车"的发展提出指导性的意见,对保护用户权益、提高小微型客车租赁有效供给、优化交通出行体系、促进行业健康规范发展具有重大意义。上海、深圳等城市也制定了相关的指导意见;重庆市交通管理委员会的一位人员称,重庆只是按照2014年发布的《重庆市汽车租赁管理办法》来管理"共享汽车",除此之外就没有其他的针对"共享汽车"这样的新型租赁行业的新的管理办法。

从各种管理条例的具体内容来看,其主要表达了对共享汽车发展的一种鼓励和支持,给予了一个相对宽松的环境,比如《关于促进小微型客车租赁健康发展的指导意见》就明确提出了:"各地交通运输部门要充分认识促进小微型客车租赁健康发展的重要意义","鼓励分时租赁发展","营造良好发展环境"。但是仔细阅读就会发现,仍然缺乏一个标准化的行业规范和更具体的管理细则。所以总的来说,"共享汽车"的管理也只是处于被引导和鼓励的新兴阶段,政府乃至整个社会都谨慎"观望",小心地探索前行。

对于共享汽车这一新兴发展的行业,公众媒体也给予了极大的关注,推出了非常多的报道并展开相关讨论。媒体对汽车分时租赁出行方式仍存在一定的疑问和担忧:

其一,共享汽车的出现虽然从理论上来说可以通过"共享"的方式来提高汽车的使用率,缓解一定的道路交通拥堵,但是在现实中这一点却被打上了一个大大的问号。现有的城市交通资源已经相对比较紧张,道路拥堵、停车位缺乏等问题普遍存在,面对这样的现状,如何能保证城市中共享汽车增加不会继续抢占这些资源,从而加剧这些资源短缺的矛盾呢?

我们也的确经常看到"共享汽车"无处可停或者到处乱停的混乱情况。

其二,共享汽车所使用的汽车多是新能源汽车,低碳节能,但使用者常面临续航能力不够、城市充电桩等基础设施建设不足的尴尬情况,虽然盼达汽车使用的是换电池模式,但是目前市面上的主流新能源汽车都存在无法随时充电、车辆常因没电而半路熄火的无奈情况。

其三,汽车上路不同于单车,它需要取得相关的运营牌照和资质,这就涉及城市政府是否支持共享汽车的发展,其管理的思维是否跟得上当前的潮流。"上海市关于促进新能源汽车分时租赁业发展的指导意见的出台,为我们的发展提供了很大便利,然而并不是每一个地方的政府都能这么思想超前。"某共享汽车公司的员工在接受记者采访时如是说。

综上所述,面对城市道路交通拥堵、停车位紧张、市场需求巨大但供给侧又难以跟上等问题,如何将共享汽车、用户需求、政府监管融为一体,如何充分利用信息传输、大数据分析与综合应用体系化的优势……这些都将成为促进共享汽车良性发展需要思考的问题。

五、政府监管难题

为促进新形势下小微型客车租赁的健康发展、推动移动互联网与小微型客车租赁的融合发展、更好地满足人民群众多层次出行需求,交通运输部、住房城乡建设部于2017年8月印发并实施《关于促进小微型客车租赁健康发展的指导意见》,明确表示,鼓励分时租赁(俗称汽车共享)发展,并对运营企业、用户都提出了相应的监管要求以及鼓励政策。

在鼓励、支持共享汽车发展的同时,政府对其的监管也需要及时跟上。就目前来说,共享汽车的发展尚处于萌芽和起步阶段,行业本身犹待不断探索和完善。在网约车和共享单车市场出现了一些乱象、争议的背景下,共享汽车如何吸取前车之鉴,发展得更为顺畅,也给政府公共资源的管理和调配以及社会诚信体系建设等带来了新的考验。市场监管部门需要制订维护汽车出租企业和消费者利益的规范性文件。

共享汽车的管理难度较大,主要涉及车辆停放、用户驾驶资质、车辆定损等多个方面。共享汽车相较于共享单车在道路行驶安全上有更高的要求,涉及的风险也更大。即使注册时有审核身份一环,但开车时无法验证身份、驾照等,会带来很多安全隐患。全国人大代表刘悦伦在采访中表示,共享汽车能否在城市畅行,与政府的管理息息相关,考验着政府的统筹能力和社会支持系统的承载能力。

随着社会新技术的发展、执法环境的变化,政府应创新监管方式。各地交通运输部门要建立行业基本信息采集分析机制,全面、及时、准确掌握行业发展动态。加快信用体系建设,建立小微型客车租赁经营者和承租人信用评价制度,构建跨地区、跨部门、跨领域的联合激励和惩戒机制。定期开展服务质量测评和用户满意度调查,并向社会公布测评和调查结果。

六、结语

就目前来说,共享汽车尚处于萌芽和起步阶段,但其发展速度不可小觑。行业本身需要不断探索和完善,服务和运营的难题仍需要企业不断进行解决,更重要的是政府要因势利导,做好监管和服务。在网约车和共享单车市场出现了一些乱象、引发了一些争议的背景下,共享汽车如何吸取前车之鉴,发展得更为顺畅,也给政府公共资源的管理和调配以及社会诚信体系建设等带来了新的考验。为了使共享汽车得到良好的引导和发展,城市政府的有效监管任重而道远。

思考题

(1)结合公共政策制定相关理论,分析案例中政府出台共享汽车相关政策的深刻原因。

(2)如何应对与共享汽车相关的城市交通问题?

(3)如何加强各主体间的协调配合,协同治理共享汽车?

(4)结合政策工具理论,分析政府如何管理共享汽车。

(5)在实际生活中,城市共享汽车经常因为使用者的不文明行为而遭到各种破坏,试探讨怎样建立城市社会信用体系以实现文明共享。

(6)请你对城市共享汽车的发展前景进行展望。

第二部分:案例教学使用说明

一、教学步骤

(1) 结合案例提出3—5个符合教学需要的启发性思考题,要求学生在课前完成案例阅读并进行初步思考;

(2)准备10分钟左右的课堂前言,简明扼要地概括案例的主要内容并介绍案例教学课的流程和安排;

(3)按6—8人/组对学生进行分组,为每组准备若干打印纸,以归纳讨论意见;

(4)各小组推选发言人,回答思考题,陈述小组观点,并以简要PPT为辅助;

(5)教师总结案例及各组发言情况,对案例涉及的理论进行简要阐释;

(6)布置作业:搜集案例有关信息,并以课后小论文的形式,自选角度提出更具体、完善的解决方案。

二、适用对象

本案例是针对参加"公共管理学""政府经济学""公共政策""地方政府管理"等课程学习的MPA学生,公共管理学学术型研究生、本科生,及政府在职人员短期培训学习设计的。本案例也适宜于公共管理、政治学、社会学等学科的其他相关专业方向的研究生学习使用,本案例还适宜于具有一定的公共管理知识,对政府治理感兴趣的非专业人士、政府管理工作者自主学习使用。

三、教学目标

本案例教学主要有以下3个教学目标。

(一)促进学生对公共政策相关知识的了解与把握

"公共政策",是为解决社会公共问题,实现公共利益,由政府、权力机关通过政治程序制定的政策法规。公共政策的性质是以政府等为代表的决策主体运用被赋予的公共权力区分社会利益需求,协调社会利益矛盾与冲突的方略。公共政策的实质就是决策主体在其法定权限范围内采取措施解决公共问题,公共政策的制定和执行是整个社会公共管理权力网络相互作用的结果;公共政策实现了利益的区分、分配与协调。其具有引导功能、调节功能、分配功能和约束功能,并具有政治性和与社会性、公平性与效率性、合法性与强制性、稳定性与变动性以及现实性和时代性等基本特征。

(二)加强学生理论知识学习,提升学生理论修养

公共政策相关理论是学生应当掌握的重要内容,本案例对学生提出了更高的要求,要求学生尽量透彻理解案例所涉及的焦点问题,同时还需把握案例所涉及的一系列理论知识,并由此得出结论,加深理论学习、提高理论修养。

(三)关注时事热点,提高学生实际操作技能

学习本案例的学生中部分是具有政府部门工作经验的 MPA 学生。此案例的最大特点就是贴近其工作实际、涉及当前公共管理中的热点问题,对实际工作中的真实情景加以典型化处理,形成供学生思考分析的案例。本案例的教学需要学生通过独立研究和相互讨论的方式,提高自身分析问题和解决问题的能力,以便在工作中针对具体问题,正确识别风险、控制风险。

四、要点分析

(一)共享汽车"痛在哪里"?

(1)问题归纳。

共享汽车发展过程中存在的主要问题如下:

一是汽车闲置"不可用"难题。例如,城市中近一半盼达共享汽车无法正常使用,汽车闲置率近50%,用户想用车却无车可用。

二是汽车安全隐患问题。在用户使用过程中,存在车辆突然熄火、刹车失灵、上坡上不去、导航失灵、车载空调无法正常使用等问题,这些问题均可能导致各种事故发生,对用户的生命财产安全、城市交通秩序构成极大的威胁。

三是企业客户服务质量低问题。客服无法及时解决用户困扰、客服电话难以打通、电话接通后也很难解决问题,反映出部分共享汽车公司在发展中忽视用户体验的弊病。

四是交通事故责任认定问题。案例中,"违章无处缴"和"共享汽车出车祸致一死两伤"这两个事件发生后,后续问题在很长一段时间内都没有得到解决。企业对车辆驾驶的人、证是否统一的监管不到位,政府在立法和相关规章上的制定都相对滞后,政策上没有显示出对分时租赁的支持和政策弹性。对道路违章和交通事故等问题的法律责任判定不明确。

为促进共享汽车发展,必须着力解决政府监管、交通事故认定赔偿、企业服务、车辆布局与电力供应等难题。只有有效解决了这些难题,共享汽车才会"越跑越快""越跑越顺"。

(2)原因探析。

一是企业技术系统和服务系统不完善,共享汽车"无路可走"。企业不断投放共享汽车,对技术系统的更新、客户服务质量的提升却未跟上投放的进度。电池更换的速度、车辆的检查和维修,以及平台技术系统方面均存在缺陷,这是共享汽车事故频出的重要原因。

二是公民的社会责任意识不强,共享汽车"陌路难走"。共享汽车作为共享经济的产物,其独特的经营模式考验着公民的一举一动。我国公民的社会意识较淡薄,在汽车的使用过程中和停放过程中缺少保护意识和责任意识。社会监管不仅仅依靠政府部门,每一个公民都是国家的主人和市场的主导者。公民在共享汽车的体验上最有发言权,却少有人对其提出有效的反馈,有一种"有利则用,无利则弃"的心态。

三是政府立法立规滞后、对市场缺乏监管,共享汽车"前路暗走"。政府已出台的关于共享汽车管理的指导意见表明,政府虽然在态度上支持共享经济的发展和新能源技术的应用,但是在立法和相关规章的建立上都相对滞后,没有明文规定事故后的责任认定等相关细节问题。政策上没有显示出对分时租赁的支持和政策弹性。因此容易发生类似共享单车"先不管,后管死"的情况。

当前,在对共享汽车市场的监管上,政府还处于一个观望的角色,尚未出台具有法律效力的政策法规来规范整个运营过程,也没有具体部门针对性地对其进行治理。

(二)共享汽车"路在何方"?

(1)需求驱动导向。

用户的市场需求按照其购买欲望与购买能力来划分,可分为现实需求与潜在需求。现实需求又称为显现需求,是指已经存在的市场需求。潜在需求是指客户没有明确意识到的欲望,或者是由于种种原因还没有显示出来的需求。一旦条件成熟,潜在需求就会转化为现实需求,为企业提供无穷的商机。共享汽车就是这样的潜在需求市场。

从分析客户潜在需求的角度出发,信息技术企业要在竞争中获胜,不能仅局限于满足客户的现实需求,更要引导客户的潜在需求向现实需求转化,即要创造需求。共享汽车这种需求驱动型的公共服务从根本上推动了"政府引导、市场提供、公众参与"的全新公共服务供给模式的发展。如图1所示,企业根据需求指标采用合适的技术或利用组织外部的资源服务来提供公共服务"产品"。

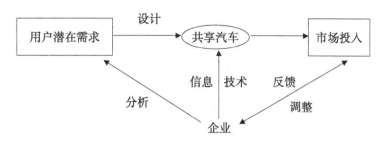

图1 用户需求驱动

共享汽车这种由公众需求驱动、互联网和大数据激发的新型公共服务的兴起,对传统的由政府提供公共服务的模式提出了巨大的挑战。政府不应该,也不可能再是唯一的公共服务单一主体,在这一点上,企业等社会主体将获得与政府平等的地位,与政府共同承担起公共服务的责任,形成平等的合作伙伴关系。这种创新是对城市公共服务与治理的根本性改革,需要打破以政府为单一中心的传统管理模式,突破政府行为的局限,把政府作为公共产品的"提供者"和"生产者"的职能分离开来。政府仍然可以是公共产品和社会服务的提供者,但其生产职能需要逐步向市场和社会让渡,形成政府、市场和社会的多主体协同治理模式。促进公共服务的规范性、合理性、需求导向性,推进协同治理的可行性和创新性。

(2)协同治理——三"拳"出击。

协同治理是指在整个社会系统中,管理者和各利益相关方通过合作治理,协同参与到公共管理的实践中,从而实现治理主体的多元化,实现治理效能最大化,最大限度地维护和增进公共利益。本案例中的协同主体分别是政府、市场和社会,政府在城市治理的制度保障上处于主导地位,而三方协同路径是政府明确其边界,向市场以及社会分出一部分权力的策略。市场活力被激发且进行自我管理,社会拥有更多权力,在更高程度上让公众参与治理且发挥其对政府和市场的监督作用。在此基础上,三方相容、强化与互补从而形成一种相互信任的环境。如图2所示。

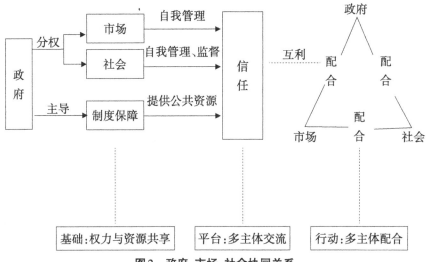

图2　政府、市场、社会协同关系

其一,政府。

对比以前政府的治理模式,政府要想以新的方式处理与市场的关系,必须要"转变控制权"。一方面,政府在城市治理的制度保障和法律法规上起主导作用;另一方面,政府在其他方面要"让渡权力",形成市场自我管理以及社会监督的良好状态。在行业目标设定上,工作重心转向规范市场,例如设置市场准入条件,同时采用奖励机制引导社会公众的进入,进行社会监督;在验收方面则主要基于共享数据平台来对市场竞争结果进行评估;在激励分配上采取"放权"公司的策略,实现"政府—平台—车辆"联动管理。总体而言,政府的"控制权"从较强干预和进程把握向目标规范和结果监督转变,在保障竞争秩序的前提下,降低了社会治理成本,也将更多的自主权留给行业和社会公众本身。

其二,市场。

下面将借鉴"企业社会责任"理论,来重新构建企业与社会的关系。图3即说明了在企业社会责任视角中,"企业—社会"关系的变化。

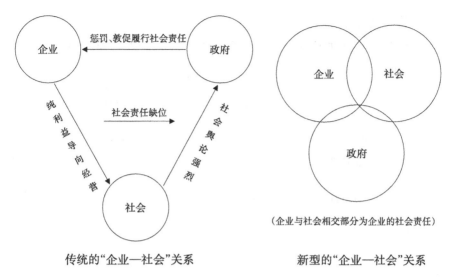

（企业与社会相交部分为企业的社会责任）

传统的"企业—社会"关系　　　　　　新型的"企业—社会"关系

图3　传统与新型"企业—社会"关系对比

　　传统的"企业—社会"关系中,企业单纯考虑营利性,以及企业内部相关股东的权益,没有将其角色定位放到整个社会中去。本案例中的盼达公司就处于这样的情形,由于当前共享汽车的发展仍处于一个初步期,各大企业争相进入行业风口,更注重"跑马圈地",占有更多市场份额,进而实现盈利;但它们往往忽略了这当中的用户体验,以及自己的社会责任,比如为每一辆车主动地上保险而不是由用户来选择是否购买,按时定期地对车辆进行安全检验防止再出现案例中的悲剧……

　　在考虑了企业的社会责任以后,"企业—社会"的关系开始出现变化,二者开始相交融合。企业积极主动地履行自身的社会责任,而社会也因此增强了对企业的认同与合作,二者开始产生一种良性的互动和循环,所以由此就可以看见企业社会责任是改善"企业—社会"关系的重要一环,也是促进城市治理多主体协同的关键因素之一。就本案例而言,首先,盼达公司应该认识到企业社会责任的重要性,有必要将社会责任的担负作为管理的理念加入运营模式之中。其次,政府也是企业社会责任实践的重要推动者,在出台相关行业的政策标准时,应主动通过政策界定企业所需承担的社会责任,或通过正向激励的手段来倡导呼吁企业相关负责人进行相关实践,从而提升协同治理水平和能力。

其三,社会。

公众参与公共事务分为两种模式,分别是传统参与模式和现代参与模式,如图4所示。

图4 传统和现代参与模式对比

通过对比可知,传统的参与模式将公众置于治理系统的最外围,而现代的参与模式是要将公众置于治理问题的最近一层,治理者依然是公众与治理过程的桥梁,而公众则在城市治理中处于一种更重要的位置。

在本案例中,用户在作为共享汽车企业的消费者的同时通过绿色消费行为引导企业的经营行为,并在共享汽车的管理中承担相应的责任。用户作为城市治理的管理者与被管理者,在后期被赋予更多的权力,在城市治理中享有更多的参与权,能配合政府、企业建设一个良好的城市公共环境。在用户与政府、企业形成一个良好的协同关系的同时,其协同效应也会为建成良好的共享汽车市场助力。

(三)共享汽车"路在脚下"

共享汽车的出现带来了一系列问题,这些问题产生于复杂的社会环境中,它们彼此息息相关。传统的粗放式城市管理已经无法有效地解决这些难题,亟须采取城市精细化管理模式,"对症下药",从细微之处着手,精准探析,深度解决。

城市精细化管理是将精细化管理理念引入城市管理中,综合运用现代管理理论和现代信息技术,按照精确、细致、深入的要求,对城市管理各个工作环节实施信息化指挥、网格化管理、精量化定责、精准化操作,并采取合理调配资源、优化工作流程、细化管理标准、完善考核体系等措施,建立一系列配套的规章制度,实现城市管理数字化、标准化、常态化、无缝隙、全覆盖、零缺陷。现在中国城市发展的质量相对滞后,无法完全满足老百姓日益增长的需求,从粗放型发展到精细化发展,是城市发展的基本趋势。城市精细化管理,是中国从旧式城市化转向新型城市化的必要手段。对于城市发展来说,这种阶段的跨越是一个变革性问题,更是一个战略性问题。

在对共享汽车进行治理的过程中,政府应牢牢把握城市精细化管理的内涵,贯彻城市精细化管理模式,建设城市精细化管理文化。下面从技术和服务两个角度出发,结合共享汽车发展实际,提出共享汽车治理过程中可行的五个具体对策,希望能对政府治理共享汽车起到建设性作用。

(1)技术保障。

第一,加快建立政府与企业信息资源共享平台,实现政府企业间的有效沟通。共享汽车的发展光靠政府的监管远远不够,必须政府企业协同出力才能实现有效治理。然而,问题就在于政府与企业间信息沟通不畅,以事故处理为例,往往是政府处理了违章车辆而企业却迟迟收不到相关通知。因此,在政府与企业间构建起共享汽车信息资源共享的平台至关重要。比如在处理共享汽车违章事故时,双方共享信息,政府可以为共享汽车事故处理开辟绿色通道,加快处理流程,或者给予每辆共享汽车特殊的行驶证副件以方便用户处理违章。

第二,城市网格化管理,严格惩处共享汽车各类违法行为。城市网格化管理是以一万平方米为基本单位,以社区行政区为分界,将辖区划分为若干个网格单元,由城市网格监督员对所分管的网格进行全时段监控,同时对静态城市部件和动态城市事件进行分类管理服务的一种方式。城市网格化管理能够快速地对交通违章违法行为做出反应,便于严格惩处各种违规驾驶共享汽车的行为。

(2)服务关键。

第一,加快制定共享汽车分时租赁管理办法,建立标准化的共享汽车管理体系。政府应在广泛听取普通民众和分时租赁公司的意见的基础上,立足城市实际状况,制定相关政策规范对共享汽车进行监管。同时根据案例中反映的问题,管理办法中应当对同一时间内共享汽车的使用率和共享汽车的定期维护检查做出明确规定,使共享汽车摆脱无人监管的状态,做到有法可依。

第二,政府为主导建立共享汽车服务的评星制度。评价内容包括:车辆安全、顾客使用满意度、事故处理机制、客服服务质量等。并对每年评价优秀的共享汽车租赁公司,以资金奖励或是政府嘉奖的形式鼓励其健康发展。

第三,倡导公众参与,加强舆论监督。实现城市精细化管理必然要求"共治"。美好城市是民众幸福生活的城市,公众参与是城市治理的过程中必不可少的环节。因此,应加强政府、企业、公众三者间的交流沟通,建立一个由政府牵头,企业、公众都可以参加的多方交流论坛。同时,鼓励公众监督共享汽车的使用,严格处罚各种蓄意破坏共享汽车的违法行为,增强公众对城市的归属感与认同感,使其真正成为城市的主人翁。

五、课堂安排

本案例描述的事件发生于2016—2019年间,虽然案例内容并不复杂,但包含了不少值得讨论的主题,因此建议本案例教学的时间安排在3个课时左右。

在本案例教学中,学生是主角,教师是辅助,因此教师在课前需要将准备好的案例告知学生,让学生了解案例内容,并要求学生查找一些必要的资料,做好讨论学习准备。

在本案例课堂教学的流程上,建议安排以下4个环节。

(一)课堂前言

教师准备10分钟左右的课堂前言,简明扼要地概括案例的主要内容并介绍案例教学课的流程和安排,还可结合案例提出3—5个符合教学需要的互动启发式问题,以了解学生对此次案例教学的准备程度和初步认识。

(二)讨论案例

讨论案例是案例教学的中心环节,教师应设法调动学生的主动性,引导学生紧紧围绕案例展开讨论,方式可以是全班一起讨论,也可分小组讨论。本案例教学中建议采取分组讨论的形式,按6—8人/组对班级学生进行分组,引导其围绕教师提出的思考题展开讨论。讨论中要鼓励学生充分表达自己的观点,每名学生都要发言,发言时间控制在5分钟内。此外还需各小组进行分工协作,将该组主要的观点做好记录并归纳为简要的PPT,推选小组发言人。案例讨论过程中,教师要尽量关注每组学生的进展,对讨论中出现的跑题或发言不活跃等情况,要及时介入,促使讨论顺利进行。此外,还可鼓励学生搜集生活中的相关案例,在课堂上分享,一方面加深学生对案例的体会和理解,一方面使得案例教学更贴近生活实际,以提高教学效果。

(三)观点陈述及互动

第三个环节为观点陈述及互动,每组各分配10分钟左右的时间,其中小组发言人有5分钟左右的时间陈述本组观点,另外5分钟供其他成员补充及与其他小组问答互动。教师在这一环节中要鼓励学生充分表述自己的观点,组与组之间增强互动、沟通和交流。

(四)总结案例及作业布置

在学生对案例进行分析、讨论,并得出结论之后,教师应总结案例及各组发言情况,做出恰如其分的评价。此外,对案例涉及的理论进行简要阐释,对学生讨论中不够深入、不够确切的地方,做重点讲解。最后布置作业,让学生搜集案例有关信息,以课后小论文的形式,自选角度提出更具体、完善的解决方案。

六、其他教学支持

(1)建议选择多媒体教室安排本次课堂案例讨论教学,以便播放视频、图片等案例材料,丰富教学形式。

(2)课前提醒学生,上课时每组至少携带一台手提电脑,便于记录小组观点并制作简易PPT以展示小组成果。

(编写:何玗璠 黄青 谢斯琪 周馨雨 洪伟龙 指导:欧书阳)

案例五："疫苗之疡"与"民生之痛"

第一部分：案例正文

案例摘要：2018 年 7 月 15 日，国家药品监督管理局对长春长生生物科技有限责任公司（简称"长春长生公司"）开展飞行检查，发现该企业冻干人用狂犬病疫苗生产存在记录造假等严重违反《药品生产质量管理规范》的行为。全国上下极为关注这次事件。疫苗作为具有特殊属性的生物制品，在生产过程中必须按照生产工序要求严格管理，然而该企业不仅违背标准造假，还是旧犯，并且存在收受贿赂的情况，行为极其恶劣。该企业已经受到了顶格处理的行政处罚，被强制摘牌、退市，宣告破产——可谓是跌下财富和名誉的神坛。本案例通过倒叙、插叙的方式讲述了长春长生公司疫苗案件的背景、前因、后果。

关键词：长生疫苗事件；社会治理；公共危机；协同治理

一、引言

2019 年 12 月 1 日，新《中华人民共和国药品管理法》《中华人民共和国疫苗管理法》正式实施，两部法的法条都显示出防止长生疫苗类似事件发生的倾向，表明了党和政府十分重视我国疫苗安全，也反映出以往疫苗工作方面的不足与漏洞，比如疫苗行业频现"家族企业"或以个人投机获得巨额暴利，以及为达到目的做出的钱权交易。长春长生公司的破产、官员的落马，促进了相关法律的完善。

二、从行业顶端跌落

在2018年7月之前,长春长生公司是我国疫苗市场的巨头企业。其公开资料显示,长春长生公司(前身为长春长生生物科技股份有限公司)创立于1992年8月18日,是国内狂犬病疫苗第二大企业,也是中国首批自主研发和销售流感疫苗及人用狂犬病疫苗的企业,是国内少数能够同时生产病毒疫苗和细菌疫苗的企业之一,是中国最早获得许可采用细胞工厂技术生产甲肝减毒活疫苗的疫苗企业,是国内疫苗企业中产品品类最为丰富的民营企业之一。截至2017年年末,公司总资产45亿元,净资产39亿元,公司市值近200亿元,员工1000余人。长春长生公司是上市公司长生生物的全资子公司,2017年,长春长生公司营收额为15.39亿元,占长生生物营收额比例超99%。

然而就在短短的3个月时间内,该公司就落入了万劫不复的境地:2018年10月16日,国家药品监督管理局和吉林省食品药品监督管理局依法从严对长春长生公司违法违规生产狂犬病疫苗做出行政处罚。国家药品监督管理局撤销长春长生公司狂犬病疫苗(国药准字S20120016)药品批准证明文件,撤销涉案产品生物制品批签发合格证,并处罚款1203万元。吉林省食品药品监督管理局吊销其药品生产许可证;没收违法生产的疫苗、违法所得收入18.9亿元,处违法生产、销售货值金额三倍罚款72.1亿元,罚没款共计91亿元。此外,依据《中华人民共和国证券法》的相关规定,证监会在充分听取当事人陈述申辩意见后,依法做出正式行政处罚决定,涉嫌犯罪的,由司法机关依法追究刑事责任。随后,证监会拟决定对长春长生公司处以60万元罚款的顶格处罚,拟对其直接负责的主管人员高俊芳等4名当事人给予警告,并分别处以30万元罚款的顶格处罚,同时采取终身市场禁入措施。对其他涉案当事人给予30万元以下数额不等的罚款,同时拟对张友奎等3名当事人采取5年的证券市场禁入措施。与此同时,国家药监局、国家卫生健康委、银保监会、吉林省人民政府会同有关部门,制定了《长春长生公司狂犬病问题疫苗赔偿实施方案》,指出:造成一般残疾的,一次性赔偿20万元/人;造成重度残疾或瘫痪的,一次性赔偿50万元/人；导致死亡的，一次性赔偿65万元/人。

这一次向假疫苗宣战，政府的态度是坚决的。必须要说的是，这一次国家对药品安全事件的处罚，可谓达到了"史无前例"的程度：一是处罚没款91亿元——这堪称中国有史以来之最，对于长春长生公司这家企业来说，意味着什么呢？网络信息显示，长春长生公司的注册资本为6649万元，2017年长春长生公司营收额为15.39亿元，91亿元的罚没款，直接让长春长生公司资不抵债，在履行完其法律责任后，宣布破产。二是吊销药品生产许可证，这就是把一家企业的饭碗给端了，没有了药品生产的许可资质，长春长生公司将不能继续生产疫苗。

其实，早在2017年10月底，长春长生公司和武汉生物制品研究所有限责任公司各有一批次共计65万余支百白破疫苗效价指标不符合标准规定，食药监总局责令企业查明流向，并要求立即停止使用不合格产品。经检查，长春长生公司生产的批号为201605014-01的疫苗共计252600支，全部销往山东省疾病预防控制中心；武汉生物制品研究所有限责任公司生产的批号为201607050-2的疫苗共计400520支，销往重庆市疾病预防控制中心190520支，销往河北省疾病预防控制中心210000支。在立案调查后，2018年7月19日，长春长生公司收到了《吉林省食品药品监督管理局行政处罚决定书》。决定书指出，长春长生公司生产的"吸附无细胞百白破联合疫苗"（批号：201605014-01），经中国食品药品检定研究院检验，检验结果"效价测定"项不符合规定。吉林省食药监局对该公司做出了三项处罚决定：没收库存的"吸附无细胞百白破联合疫苗"186支；没收违法所得858840.00元。处违法生产药品货值金额三倍罚款2584047.60元。罚没款总计3442887.60元。对于处罚结果，长春长生公司在公告中表示，此次处罚将会对公司2018年经营业绩造成一定影响。对于此次事件的发生，公司感到十分自责和愧疚，向广大接种人和投资者表示了深深的歉意。

让人意外的是，在此次被发现百白破疫苗效价指标不符合规定后不到一年，长春长生公司再曝冻干人用狂犬病疫苗质量问题。

三、暴利下的勾结

2018年7月,一篇名为《疫苗之王》的文章铺天盖地地席卷了朋友圈,文章内容大致是在长春长生公司进行国有企业改制的过程中,韩刚君、杜伟民和高俊芳如何在疫苗行业通过瞄准实则为国有生物制剂研究所的老牌疫苗企业,以非常低廉的价格迅速出击实现完全控股,在短时间内得到多个疫苗生产牌照,不断并购,最终一步步上市,逐步实现自己乃至家族成为大股东实际控制企业的"发家史",以及对过去国家相关部门的处理通报与几家疫苗公司的公告的梳理。这篇文章向公众展示出了两个线索:第一,长春长生公司在疫苗生产方面,曾经出过好几次问题;第二,在经营上他们节节胜利,不断并购,最终上市。长春长生公司的发家史,也是整个中国疫苗行业的现实,疫苗行业的三巨头,曾经同为长春长生公司股东,相继都曝出过问题,但也都化险为夷。它们的利润率惊人,长春长生公司的毛利润率曾高达90%,其他两巨头稍微低一点,但也都有超过50%的利润率。在上市公司中,这样的数据足够突出,并且可以推高股价,所以他们在资本市场呼风唤雨,一路奏凯。这些公司不断曝出疫苗问题,几年过去,作恶之人不但没有得到应有的惩罚,反而变本加厉,缴纳的罚款在疫苗暴利面前微不足道。

同时,文章质问:长春长生公司怎么就能"后发制人",获得那些具有市场垄断性质疫苗的生产资质,并在短时间里形成行业绝对优势地位?要知道,依照《疫苗流通和预防接种管理条例》规定,疫苗从研发到临床再到最后上市销售,要执行严格的批签发制度,这让长春长生公司的迅速发迹自带疑点。文章同时追问:"事出反常必有妖",这么多疑问很难在"合规经营"的层面找到合理的解释。它折射出了怎样的监管漏洞,背后又有怎样的猫腻,难免引人遐想。

据不完全统计,长春长生公司及其母公司至少涉入了12起受(行)贿案,案情多为该公司销售人员或者地方经销商向当地负责疫苗采购的相关人员提供好处费、推广费、回扣款,以获得疫苗的优先采购或更大的采购份额。这12起案件集中发生在安徽、河南、福建、广东四省,时间跨度从2001年至2017年,受贿人员大多为县市一级的疾控中心工作人员,也有医院免疫门诊的负责人,属于典型的"蝇贪"。12起案件中,直接牵涉长春长生公司工作人员的为4起。行贿方式主要为按疫苗的销量提供回扣和提成。从疫苗企业"收好处"的基层防疫、疾控部门人员,往往会收取多家公司的"好处费"。安徽亳州蒙城县疾控中心万某某在担任主任期间共接受过13名医药代理人的好处费,多则获得回扣11万元,少则有5000元。2001年起,时任安徽蒙城县卫生局防疫站站长、疾病预防控制中心主任的万某某,利用职务之便,收受长春长生实业有限公司安徽区经理、江苏延申生物科技股份有限公司安徽区经理班某共计100000元的好处费。万某某称,2001年以来,经他同意,班某代理的甲肝、乙肝、狂犬疫苗先后进入蒙城市场,疫苗款也能顺利拨付,班某在疫苗销售过程中获得了更多的利润。

四、结语

疫苗是人民群众生命安全的保障,它关乎群众未来的健康,同时也关乎着国家的信誉,理应成为国家卫生安全监管的重中之重。无论是政府职能监管部门,还是生产企业,都该像守住社会信任的最后一道防线那样,坚守住其质量安全红线。

思考题

(1)根据信任修复理论的"四阶段流程模型",结合长生疫苗突发公共卫生事件的现实特征,分析具体的社会信任修复路径。

(2)从社会治理现代化的德治、法治、共治、善治四个维度入手,对长生疫苗事件进行分析。

(3)通过此次疫苗事件,思考政府怎么解决在购买公共服务时面临的对市场主体存在认知盲区、权力寻租和监管难度大等困境。

(4)运用利益相关者理论,梳理公共安全危机事件网络舆情涉及的各利益相关者,以及其中的协同疏解治理问题。

(5)在公共危机处理中,如何解决政府的信息沟通问题? 思考完善公共危机处理中政府信息沟通的对策。

第二部分:案例教学使用说明

一、教学步骤

(1) 结合案例提出3—5个符合教学需要的启发性思考题,要求学生在课前完成案例阅读并进行初步思考;

(2)准备10分钟左右的课堂前言,简明扼要地概括案例的主要内容并介绍案例教学的流程和安排;

(3)按6—8人/组对学生进行分组,为每组准备若干打印纸,以归纳讨论意见;

(4)各小组推选发言人,回答思考题,陈述小组观点,并以简要PPT为辅助;

(5)教师总结案例及各组发言情况,对案例涉及的理论进行简要阐释;

(6)布置作业:搜集案例有关信息,并以课后小论文的形式,自选角度提出更具体、完善的解决方案。

二、适用对象

本案例是针对参加"公共管理学""公共政策""地方政府管理"等课程学习的MPA学生,公共管理学学术型研究生、本科生,及政府在职人员短期培训学习设计的。本案例也适宜于公共管理、政治学、社会学等学科的其他相关专业方向的研究生学习使用,本案例还适宜于具有一定的公共管理知识,对政府治理感兴趣的非专业人士、政府管理工作者自主学习使用。

三、教学目标

本案例教学主要有以下4个教学目标。

(一)促进学生对我国疫苗或药品监管的了解与把握

本案例通过梳理造成重大社会影响的长生疫苗事件,反映出我国在疫苗监管中存在的一些问题和不足。此次案件的最终处理方案对整个疫苗乃至医药品行业都是一种有效警示和积极引导,也是对原有的一部分想要投机取巧者、造假制药企业的迎头痛击。本案例的学习需要学生理解,在社会治理现代化背景下,针对极易发生危害人民群众生命财产安全的事件的领域,除了事后及时的危机处理外,还需要加强监管力度和跟进法治保障,并且可以通过政府赋权等途径,协同各个利益主体进行有效的协同治理。

(二)加强学生理论知识学习,提升学生理论修养

政府监管、政府治理、协同治理是学生应当掌握的重要理论内容,政府监管是保障市场各部门有序运作的重要条件。因此本案例对学生提出了更高的要求,要求学生尽量透彻理解案例涉及的焦点问题,同时还需把握案例涉及的一系列理论知识,并由此得出结论,加深理论学习,提高理论修养。

(三)提高学生透过现象看本质的分析能力

长生疫苗事件的发生,揭示出疫苗巨头从神坛坠落到宣告破产过程中政府监管的不足。本案例需要学生通过深入细致的综合分析,发现案例所反映的深层次问题,学会综合运用所学知识主动发现问题、分析问题,提高透过现象看本质的分析能力。

(四)提高学生实际操作技能

学习本案例的学生中部分是具有政府部门工作经验的MPA学生。此案例的最大特点就是贴近其工作实际、涉及当前公共管理中的热点问题,对实际工作中的真实情景加以典型化处理,形成供学生思考分析的案

例。本案例的教学需要学生通过独立研究和相互讨论的方式,提高自身分析问题和解决问题的能力,以便在工作中针对具体问题,正确识别风险、控制风险。

四、要点分析

本案例在一定程度上揭示了当下我国政府在市场监管中普遍存在的一些问题,比如:重事后监管,轻事先预防;监管力度不足,依然存在渎职、接受贿赂等重大过失;等等。疫苗安全问题是社会关注的热点,包含了许多值得深入分析和探讨解决的问题。为达到本案例的教学目的,在此特拟出本案例值得讨论的问题要点。

(一)运用利益相关者理论,梳理出长生疫苗这起公共安全危机事件网络舆情涉及的各利益相关者,以及怎样协同疏解治理

公共安全危机事件网络舆情的利益相关者是指任何能够影响公共安全危机事件网络舆情发生、发展、演化以及受其网络舆情影响的个体或组织,主要包括企业、政府及相关部门、媒体、网民以及受此网络舆情影响的相关行业等。将公共安全危机事件网络舆情的沟通主体分为两方,分别置于沟通渠道——媒介的两端,一端是网民,含意见领袖和普通网民,另一端是除网民外的其他所有利益相关者。

很多网络舆情的爆发都与协同主体责任履行不到位有关。权力与责任匹配应作为协同疏解的第一原则。同时,网络舆情始终处于动态演化中,各协同主体的责任也会随之发生变化,因此,动态化是协同疏解的又一原则。公共安全危机事件网络舆情中,公共安全危机事件是网络舆情的导火索,导致事件发生的主体具有不可推卸的责任,应在网络舆情初期肩负起危机公关的重任;政府是次要主体,不应该为涉事主体的错误或犯罪承担全部责任,政府应该主要做好法律法规建设,加强监管;随着舆情的演化,边缘利益相关者往往也肩负起恢复行业形象的责任。因此,公共安全危机事件网络舆情协同疏解体系是一个权责对等、优势互补、各方联动、动态发展的有机体。该有机体的良好运营应基于两个前提:一是政府

由主导到参与的角色转变。与以往政府主导的舆情应对模式不同,在协同疏解中,政府与其他协同主体一样,都是此体系的一环,根据权责匹配原则发挥自身的作用。二是信息协同和联动处理的有效支撑。在网络舆情协同疏解中,信息是第一位的,在变幻莫测的舆情进程中,单一主体想要获取所需的各种有效信息资源,必须互通有无,实现信息的共享;网络舆情中虚假信息、谣言满天飞,各利益相关者应建立联动处理机制,多方公布真相,发出一致的声音,让谣言不攻自破。各利益相关者应利用各自渠道,发挥接近群众的优势,传播积极情绪,协同引导网络舆论走向理性化,疏导网民情绪。

结合长生疫苗事件网络舆情的特点,可以提出如下协同策略:涉事主体(企业)应提升危机公关能力,态度端正、实事求是地公布相关情况,主动停产整顿,给出有说服力的挽救和补偿措施;政府及相关部门应完善制度建设与监管机制,做好协同疏解工作,各相关单位及部门主动接受质疑、自检自查,完善相关法律法规等管理制度,同时发挥自身调动及协调能力强的优势,完善各类公共平台的建设;加强传媒的独立与自律,随着媒介化社会的发展,社会对一个公共议题的解读会出现多元化的趋势,媒体应该成为真相现场、辩论场及谣言粉碎机;充分发挥意见领袖的舆情代表价值,一方面发挥其舆情代表作用,另一方面发挥其对民众的说服作用。

(二)根据信任修复理论的"四阶段流程模型",结合长生疫苗突发公共卫生事件的现实特征,分析具体的社会信任修复路径

公共危机后的社会信任修复需要一系列的管理决策行为,其功能是化解公共危机造成的信任损害,目的是恢复正常、稳定的社会秩序。

结合公共危机后的社会信任影响因素,可以将信任修复行为划分为四个不同的阶段以评估涉事相关主体在危机发生后的修复行为效果,即即刻回应、成因判断、重整干预、评定反馈。

具体的社会信任修复路径如下:

(1)提高涉事责任方的危机回应质量。

我国近些年发生的突发公共卫生事件普遍社会属性较强,医药产业

因此承受着巨大的社会信任压力。突发公共卫生事件之后的企业公关质量通常无法保证,公众对此感到失望与愤怒,不愿信任国内医药产业。因此,政府在突发公共卫生事件发生后,应该合理有效地介入并对涉事责任方进行管制,引导其通过适当的回应行为来修复社会信任,从而避免少数害群之马对整体国有医药产业的影响,积极推动相关企业提高社会责任感,鼓励企业内部培养专业的危机公关人才,使企业具备实事求是且平和稳定的危机回应能力。

(2)打击谣言传播,引导正确社会舆论。

政府作为突发公共卫生事件中最完整信息的掌握者,有能力也有资格辨别事件相关信息的准确性,官方媒体应该有步骤地帮助公众分辨谣言,加大力度从源头杜绝歪曲事实的信息。政府相关部门还应做好危机舆情监测,通过有效的宣传向公众还原突发公共卫生事件的全貌,使谣言不攻自破,避免公众被谣言误导,清除社会信任修复工作中的谣言阻碍。

(3)识别危机成因,协同社会参与危机预警。

政府需要提高相关政府作为的透明度与社会知情度,使公众及时知晓政府为防范危机做出的重要调整,并通过社会动员,鼓励公众参与到危机预警体系之中,寻求社会组织的合作,监测突发公共卫生事件的前兆,以实现政府与公众之间的信息对称,修复受损的社会信任。

(4)提高事后追责效率,回应公众关切。

危机发生后的追责效率直接关系到社会信任的修复效率。政府需要采取果断且积极的行动调查涉事责任方,强调破坏社会信任的惩罚标准并确保惩罚的可执行性,及时向公众公开追责进程与结果,缓解公众的恐慌心理,减弱公众的危机认知,从而减少突发公共卫生事件对社会信任的负面影响,重建稳定的信任共识。

(三)从社会治理现代化的德治、法治、共治、善治四个维度入手,对长生疫苗事件进行分析

新时代背景下,德治是社会治理现代化的内在价值,法治是社会治理现代化的根本保证,共治是社会治理现代化的建设路径,善治是社会治理

现代化的目标追求。

长生疫苗事件的曝光令人心惊胆战,经过层层检验认证给公众注射的疫苗,仍然可以出现造假行为。此次疫苗造假事件反映了当前社会的一种现象:企业家和其他利益相关者可以为了物质利益而违背道德、泯灭天良。道德理念和内在价值的缺失已经成为当前社会需要思考的重大问题。一方面,当政者首先要提升自身的道德和素质修养,从而起到表率作用;另一方面要以教治国,对社会公众进行道德教育,最终达到肃正风气的目的,从而营造文明友好的社会风气与良好的社会环境。社会治理现代化的内在价值就是德治,德治在推进社会治理现代化的过程中起着不可或缺的作用,发挥着塑造社会风气的重要功能。

与道德相比,法律具有更为重要的规范作用,是绝对不可以践踏的道德底线。假疫苗引发了人民群众对政府的信任危机,事关人民群众的疫苗尚且可以大批量造假,更何况在其他方面?法治是实现社会治理现代化的根本保证,法治并非强制,在法律的范围内行使权力,社会才会达到人们期待的理想状态。因此,法治是实现社会治理现代化必不可少的机制保障。此次长生疫苗事件为执政者敲响了警钟,法治建设已经刻不容缓,必须加大法治建设资金、人员等方面的资源投入,有选择地借鉴发达国家成功经验,建立起科学的监督机制、完备的法律体系,尽快祛除传统人治社会留下的顽疾,加快法治社会的建设步伐。

发生此次重大疫苗造假事件的主要原因之一就在于公众公共权利的缺失。党的十九大报告指出,要"打造共建共治共享的社会治理格局"。加强社会治理制度建设,就要完善党委领导、政府负责、社会协同、公众参与、法治保障的社会治理体制。共治即共同治理,是治理模式运行的基本机制,与传统公共管理模式不同,共治强调多方参与,即多元主体通过合作、协商、沟通、谈判等手段就社会问题进行讨论并最终达成解决方案。

善治即社会治理现代化的具体内涵表述,是社会治理现代化的目标追求,也是全世界各个国家和政府所追求的共同目标。此次疫苗造假事件反映了我国公民权利未得到有效保障的事实。政府不是某一部分人的政府,而是所有公民的政府,重视某一部分人的利益而忽视另一部分人的利益,或者为了一部分人的利益而去牺牲另一部分人的利益,都不是所谓的善治。实现善治这一目标,也意味着社会德治化水平的提高,国家法治化程度得到提高,多元主体积极参与公共事务的治理过程,政府与公民有着良好的互动关系,共同推动社会不断向着良性方向发展,社会治理现代化逐渐成为现实。

(四)分析政府怎么解决在购买公共服务时面临的对市场主体存在认知盲区、权力寻租和监管难度大等困境

政府向社会力量购买公共服务是现代国家公共管理改革的一项重要内容,有利于实现有效控制政府规模和提高行政运行效率的目标。但是,并不是所有的公共服务都适合由社会和市场主体来提供,特别是那些关系到人民群众生命安全和切身利益的基本公共服务。由于政府难以对其中的部分环节进行有效监管,如果完全交由社会和市场主体来提供,势必会存在一定的公共安全风险。

在推动政府向社会和市场购买公共服务改革进程的同时,要注意区分公共服务的类型,明确政府购买基本公共服务的边界,针对我国政府购买公共服务中政府角色定位不明确、购买领域边界不清晰等系列问题,在决定哪些公共服务由市场来生产时,要综合考核多方面的因素,构建科学的评判标准。

第一,科学选择由市场生产的基本公共服务的类型。那些生产过程透明度较高,对人民群众生命、健康和财产安全重要程度一般,事后补救难度不大,生产市场成熟度高,政府监管难度较小,成本较低,监管能力较强的公共产品和公平服务应该列入交由市场主体生产的范畴。

第二,基本公共服务生产主体的选择不能以成本为唯一的衡量标准,保障人民群众的生命安全和健康是基本公共服务供给的底线。那些不适合由市场生产的公共产品和公共服务坚决要由政府或政府设立的企事业单位来生产,防止出现公共产品和公共服务生产盲目市场化的问题。

第三,不断拓宽基本公共服务的范围。部分基本公共服务生产可以交由政府设立的国有独资公司负责。公共产品和公共服务的范围会随着

政府财政收入状况的优化和人民群众美好生活需求的不断扩大而不断拓展。

第四,严格监管生产基本公共服务的市场主体。为了更好地对市场主体生产的公共产品以及公共服务的生产过程和质量进行监管,各级政府和政府职能部门在加大监管力度的同时,可以充分发挥社会力量参与监管生产公共产品和公共服务的市场主体的作用,将公众满意度作为选择市场主体的重要衡量指标,建立市场主体生产公共服务的黑名单制度,取消黑名单上的市场主体参与所有层级的政府公共服务生产的竞选资格。

第五,可以尝试打破行政区划对公共产品和公共服务的生产和供给的约束,探索建立跨区域的公共服务供给机制,以达到扩大公共产品和公共服务供给规模、降低公共产品和公共服务供给单位成本的目的。

(五)总结完善公共危机处理中政府信息沟通的对策

(1)改善沟通环境。

一是改善政府部门之间的信息沟通环境,主要包括政府纵向环境,即部门与中央、部门与其下属单位的上下级环境;另一方面就是与同级政府部门的横向环境。这两方面的沟通环境的改善,有利于完善政府信息沟通体系,使政府部门之间的信息沟通更加畅通,联合协作能力不断提升。二是改善政府与媒体间的信息沟通环境。公共危机发生后,公众迫切想要了解最关键的危机信息,此时,大众媒体不仅仅是沟通、传递信息的"桥梁",还承担着对公众心理进行疏导的职责。现如今,媒体的"喉舌"角色正在发生着微妙的变化,新媒体环境下,政府部门更应该重视媒体的传播力,使媒体的作用得到充分发挥。三是拓宽信息沟通的渠道。公众在公共危机中获取危机信息,主要有两种方式,一种是从官方或大众媒体获取信息,另一种是从非官方的网络上获取碎片化信息,这类信息也被称为"小道消息"。"小道消息"应该引起政府的足够重视,这也是改善政府和公众信息沟通环境的关键所在。政府部门不应该止步于通过媒体发布信息的传统方式,而要不断进步,发掘内部资源,比如通过官方网站与公众互动,创建官方微博、微信公众号或者APP客户端等,这些都是拉近与公众的距离、完善与公众的信息沟通环境的有力措施。

（2）改变政府信息沟通观念。

一是充分了解公众的信息需求和获取信息的渠道。新媒体时代下，单一的信息反馈和沟通渠道已经被打破，政府应尽量让信息通过多渠道更迅速地传递给公众，及时与公众沟通，还要充分接受公众对危机信息的反馈。二是政府要提升自我防护能力，加强自我防范意识，要对网络信息有充分的预见性。比如，在众多网络信息中找到危机信息或者可能诱发危机的信息，并以最快的速度解答公众的疑惑，避免二次危机的发生。三是政府要提前预见公共危机可能带给公众的危害，并尽量将这种危害降至最低，或者通过缓解公众情绪的方式来降低危害。政府应提前预测可能造成的危害，并及时地公开和公布危机信息的真相，让危机信息公开透明。

（3）加强沟通中舆论引导能力。

一是政府要成立网络新闻发言人制度，在公共危机发生之时由新闻发言人向公众以信息沟通方式传递危机信息和解决方案。这体现了政府直面公众的公开态度，更体现了政府的执政理念由管理型政府向服务型政府的转变。除此之外，政府部门还应有一支网络行政队伍，针对网络上铺天盖地的虚假信息，及时进行舆论引导和舆论导向控制。在互联网发达的当今社会，政府工作人员应不断提高网络行政能力，应对公共危机在网络上的变化发展。二是不断加强网络信息发布的监管力度，政府部门应针对当前网络活动中存在的突出问题建立和完善相关制度和法律。让虚假信息的发布者受到法律的约束，并得到相应的法律制裁。

（4）培养公众的危机意识和参与意识。

新媒体时代，公众渴望通过网络平台表达自己的意见和思想，每一个人都有可能成为信息源。在这种情况和背景下，一旦公共危机发生，公众必然想找个平台或渠道宣泄情绪，因为在公共危机中公众要承受巨大的心理压力，往往会情绪失控。因此，应着重强调公共危机意识的培养，政府要采取相应手段正确引导舆论，缓解公众的恐慌和焦虑。

五、课堂安排

本案例包含了不少值得讨论的主题,因此建议本案例教学的时间安排在3个课时左右。

在本案例教学中,学生是主角,教师是辅助,因此教师在课前需要将准备好的案例告知学生,让学生了解案例内容,并要求学生查找一些必要的资料,做好讨论学习准备。

在本案例课堂教学的流程上,建议安排以下4个环节。

(一)课堂前言

教师准备10分钟左右的课堂前言,简明扼要地概括案例的主要内容并介绍案例教学课的流程和安排,还可结合案例提出2—3个符合教学需要的互动启发式问题,以了解学生对此次案例教学的准备程度和初步认识。

(二)讨论案例

讨论案例是案例教学的中心环节,教师应设法调动学生的主动性,引导学生紧紧围绕案例展开讨论,方式可以是全班一起讨论,也可分小组讨论。本案例教学建议采取分组讨论的形式,按6—8人/组对班级学生进行分组,引导其围绕教师提出的思考题展开讨论。讨论中要鼓励学生充分表达自己的观点,每名学生都要发言,发言时间控制在5分钟内。此外还需各小组进行分工协作,将该组主要的观点做好记录并归纳为简要的PPT,推选小组发言人。案例讨论过程中,教师要尽量关注每组学生的进展,对讨论中出现的跑题或发言不活跃等情况,要及时介入,促使讨论顺利进行。此外,还可鼓励学生搜集生活中的相关案例,在课堂上分享,一方面加深学生对案例的体会和理解,一方面使得案例教学更贴近生活实际,以提高教学效果。

(三)观点陈述及互动

第三个环节为观点陈述及互动,每组各分配10分钟左右的时间,其中小组发言人有5分钟左右的时间陈述本组观点,另外5分钟供其他成员补充及与其他小组问答互动。教师在这一环节中要鼓励学生充分表述自己的观点,组与组之间增强互动、沟通和交流。

（四）总结案例及作业布置

在学生对案例进行分析、讨论,并得出结论之后,教师应总结案例及各组发言情况,做出恰如其分的评价。此外,对案例涉及的理论进行简要阐释,对学生讨论中不够深入、不够确切的地方,做重点讲解。最后布置作业,让学生搜集案例有关信息,以课后小论文的形式,自选角度提出更具体、完善的解决方案。

六、其他教学支持

（1）建议选择多媒体教室安排本次课堂案例讨论教学,以便播放视频、图片等案例材料,丰富教学形式。

（2）课前提醒学生,上课时每组至少携带一台手提电脑,便于记录小组观点并制作简易PPT以展示小组成果。

（编写:次珍　指导:欧书阳）

案例六:"移动互联网+政务服务"重庆样本

第一部分:案例正文

案例摘要:重庆市认真贯彻落实国务院关于"互联网+政务服务"的工作部署,结合本地实际,坚持改革创新引领,着力建机制、夯基础、优服务和严管理,牢牢把握工作重点和关键环节,不断探索推进"互联网+政务服务"工作,做到"让信息多跑腿、群众少跑路"。依托"互联网+政务服务",重庆已构建了覆盖38个区县、两个开发区、34个市级审批部门的一体化网上政务服务平台。在行政许可事项、行政许可流程、行政许可服务、行政许可受理场所和监督检查评价等5个方面实现"标准化",单项审批平均时限较传统线下审批压缩一半以上。同时加快清理整合政务移动端和政务新媒体,创响"渝快办",推进服务品牌一体化,推进全市公共服务和社会治理资源深度整合,将"渝快办"打造成为全市社会治理和公共服务的网上总平台、总门户、总枢纽。

关键词:行政审批;"互联网+政务服务";"放管服"改革

一、引言

为贯彻落实《国务院关于加快推进"互联网+政务服务"工作的指导意见》(国发〔2016〕55号),加快推进重庆市"互联网+政务服务"工作,切实提高政务服务质量与实效,结合重庆市实际,重庆市政府制定了《重庆市加快推进"互联网+政务服务"工作方案》《2018年重庆市"互联网+政务服务"工作要点》《2019年重庆市"互联网+政务服务"工作要点》等文件。

二、"移动互联网+政务服务"的兴起

党的十八届三中全会以来,党中央、国务院对深化"放管服"改革和推进"互联网+政务服务"做出一系列决策部署。重庆市认真贯彻落实,以实现"全渝通办"为目标,加快构建全市政务服务"条块联通、数据融通、资源互通、办事畅通"的技术体系和公平普惠、渠道多元、便捷高效、监管有力的服务体系,促进政务服务线上线下融合发展。

2017年,重庆正式提出"全渝通办"服务主题理念,"一网通办"是重庆实施政务服务"全渝通办"的核心和关键环节。2017年11月初,设在重庆市人民政府办公厅的全市"互联网+政务服务"指挥中心效能监察系统正式上线运行。这套系统旨在推进网上行政审批改革的政务服务系统,按照简政放权、放管结合、优化服务的要求,在重庆全域构建起以"全渝通办"为目标、"四级纵向贯通、横向全面联通"的政务服务网络。2016年《重庆市加快推进"互联网+政务服务"工作方案》提出"互联网+政务服务"的工作目标,2017年底前,建成覆盖各区县(自治县)和市政府各部门的全市一体化网上政务服务平台,统一服务入口,全面公开政务服务事项,进一步夯实政务服务信息化基础,政务服务制度化、标准化、平台化、网络化水平显著提升,全市网上政务服务工作体系初步形成。2020年底前,建立覆盖全市的整体联动、部门协同、安全可靠、一体化办理的"互联网+政务服务"技术和服务体系,互联网与政务服务深度融合,大幅提升政务服务智慧化、精准化、便捷化水平,优化政务服务流程,服务形式更加多元,服务渠道更为畅通,群众办事满意度显著提升,让政府服务更聪明,让企业和群众办事更方便、更快捷、更有效率。

2017年12月7日,全市编制政务服务事项清单加快推进"互联网＋政务服务"工作动员部署电视电话会议强调,全面贯彻党的十九大精神,认真落实市委五届三次全会要求,坚持问题导向、靶向施策,加快编制政务服务事项目录清单,推动互联网与政务服务深度融合。要认真落实党中央、国务院关于推进"互联网＋政务服务"改革的重大决策部署,按照市委、市政府的工作安排,切实转变思想观念,加快编制政务服务事项清单。

要坚持依法依规梳理,明确编制范围,明确责任主体,加快编制和公开政务服务事项目录清单,建设一体化网上政务服务平台,实现政府服务事项网上"全渝通办"。抓好政务信息数据标准和规范制订,推动各平台资源和服务热线功能整合,构筑全覆盖、全联通、全天候、全过程的政务信息"一张网"。要完善功能模块,优化服务流程,引入第三方机构强化监督评估,打造功能齐备、好用管用的政务服务平台。要将政务信息资料变成通用数据资源,强化政务数据动态监测研判,推进大数据的分析挖掘应用,为经济调控和社会治理提供决策参考。各区县、各部门要加强组织领导,严格落实责任,加大推进力度,强化考核监督,打造规范优质高效的政务环境。

三、"移动互联网+政务服务"的深入推进

《2018年重庆市"互联网+政务服务"工作要点》提出继续着力推动全市一体化政务服务平台向村社延伸,还明确指出2018年6月底前全面完成"互联网+政务服务"基层全覆盖,打通联系服务群众的"最后一公里"。

2017年以来,重庆市陆续关停或整合了区县和市级部门独立建设的审批系统,把原来封闭运行的审批"小流程"重构为跨层级、跨地域、跨系统、跨部门、跨业务的审批服务"大平台",实现了市、区县、乡镇、村社"四级纵向贯通、横向全面联通",为推进政务服务"一网通办"奠定了平台和技术支撑。在搭建平台的同时,重庆在精简优化审批流程上下功夫,逐项编制标准化工作规程和办事指南,推行一次告知、一表申请,力争实现让企业和群众办事最多跑一次。如在全国率先开通超限运输车辆通行许可证网上申办、受理、审批、自行打印通行证等服务,办理时间从过去的至少2天缩短到现在的即报即办。

同时,为推动政务服务向移动端延伸,满足企业和群众便利化的需求,让更多的事务能够在"指上办""掌上办",重庆在2018年11月推出"渝快办——重庆政务掌上办"移动政务服务品牌,同时与知名互联网科技公司合作,推动"渝快办"向支付宝、微信等应用平台拓展多样性、多渠道和

便利化的服务,方便企业和个人通过移动互联网和社交平台办事。用手机扫描二维码或在应用市场搜索"重庆市人民政府"或"重庆政务"下载安装,进入"渝快办"应用程序;或者在支付宝、微信等平台直接搜索"渝快办"进入应用小程序,都能获取"渝快办"服务。重庆市委、市政府积极推进区块链技术在政务服务领域的应用,强化电子证照、电子材料、电子印章、电子档案等应用和信息的安全保障。重庆市在全国率先打造的省级层面的"互联网+政务服务"指挥中心于2017年正式上线运行,对审批服务实施效能监察。为了保证用户信息安全,在系统安全保护上,重庆使用了目前最严格的加密技术。通过统一身份认证系统,建立了从密码口令到人脸、指纹、声音等生物识别技术的四级用户安全认证,个人隐私信息必须通过人脸认证后才能使用,切实保障使用信息安全和用户隐私。在应用场景上,使用了最新的小程序开发体验模式。

重庆市委网信办紧扣职能定位,切实发挥统筹协调作用,积极整合部门资源,以"互联网+精准扶贫"为工作思路,结合贫困地区特点,从重庆贫困地区最薄弱、群众最期盼的信息基础设施建设着手,通过实施高速宽带工程、信息乡村工程、信息服务工程"三项工程",加快提升贫困地区信息化水平,快速打通贫困地区与外界的信息联通通道,激发贫困群众内生动力,全力打好重庆脱贫攻坚战,助力贫困群众早日脱贫致富。打好精准脱贫攻坚战,是以习近平同志为核心的党中央做出的重大决策部署,是全面建成小康社会必须打赢打好的硬仗。重庆市深学笃用习近平总书记关于脱贫攻坚的重要论述,深入贯彻实施《网络扶贫行动计划》各项部署要求,坚持目标导向,聚焦深度贫困,贯彻精准方略。

四、"移动互联网+政务服务"的阶段性成果

《2019年重庆市"互联网+政务服务"工作要点》提出2019年是"渝快办"优化提升年。全市"互联网+政务服务"工作要以习近平新时代中国特色社会主义思想为指导,深入学习贯彻党的十九大和十九届二中、三中全会精神,全面贯彻落实习近平总书记对重庆提出的"两点"定位、"两地"

"两高"目标、发挥"三个作用"和营造良好政治生态的重要指示要求,以解决企业和群众关心的热点难点问题为着力点,整合资源、优化流程、强化协同,全面推进"一网通办",实现线上线下一体化、服务平台一体化、服务品牌一体化、综合保障一体化,为优化营商环境、便利企业和群众办事、建设人民满意的服务型政府提供有力支撑。通过深化简政放权,推进线上线下一体化;通过统一功能支撑,推进服务平台一体化;通过创响"渝快办",推进服务品牌一体化;通过健全服务体系,推进综合保障一体化。

"渝快办"是2018年11月21日正式上线运行的重庆移动政务服务平台。"渝快办"移动端首批推出的315个服务事项,不仅提供市民最关注的身份证、社保卡、结婚证等证照服务,还包括公积金、医疗卫生、教育培训、社保参保信息、公积金查询和缴费等16类与企业和个人密切相关的服务事项。"渝快办"设有服务大厅、移动平台、自助平台、网上平台四大服务端口,线上线下全覆盖,让市民自主选择方便的方式办理业务。使用"渝快办"政务服务移动端,办事人只需通过"实人+实名"身份验证,就可在手机上办理审批服务事项,实现"指尖触达、掌上通办"。"渝快办"充分发挥"互联网+政务服务"的高效和便利,让企业和群众办事越办越快,越来越方便,越来越愉快。全市一体化政务服务平台办件量突破第一个1000万件,用了1年半;突破第二个1000万件用了1年;突破第三个1000万件只用了4个多月;从3000万件达到5000万件,仅用了3个月。按照"一网通办"系统架构、制度设计和路径安排,"渝快办"通过关停、整合市级部门和区县的网上审批系统,将分散的审批服务"小流程"整合为一体化在线服务"大平台",使政务服务网络实现市、区县、乡镇、村"四级纵向贯通、横向全面联通"。

随着2019年1月1日重庆市"渝快办"移动政务服务平台第二批事项正式上线,重庆市网上政务服务平台办理企业和群众审批服务数量再次实现突破。2019年"全渝通办"已实现全覆盖。截至2019年10月底,"渝快办"移动政务服务平台已上线583项高频服务事项,涉及户政服务、社保服务、公积金、医疗卫生、民生服务、教育培训、交通出行、重庆旅游、生活服务、气象环保、不动产、食品药品、工商税务、出境入境、社会监察、公共安全等16个领域、21个公共服务提供部门。

为不断提升便利度与品质,重庆市政府办公厅的"渝快办"政务服务效能监管系统,在指挥中心的电子大屏上实时显示审批服务事项在"渝快办"上的事项受理时间、办理环节、咨询投诉、满意度评价等重要信息,过程全程公开透明可追溯。如果出现"庸散懒拖"和"吃拿卡要"现象,马上就会在效能监管系统中原形毕露。指挥中心日扫描、周调度、月通报、季分析、年考评,通过大数据分析测算的制度设计和重庆市委、市政府将"渝快办"办理情况纳入政府绩效管理考核范围的举措,不断倒逼行政审批和公共服务职能部门改进提升政务服务效能,让"互联网+政务服务"的成果更多更公平地利企便民。同时,"渝快办"政务服务"好差评"系统正式上线,市民在"渝快办"各类政务服务渠道办理服务事项后,均可以通过"好差评"评价功能,对全市各级政务服务机构和人员打分。为方便群众监督,"渝快办"所有政务服务事项和政务服务窗口将全部纳入评价范围,评价对应到具体的办事人、办理事项、承办人。所有对政务服务的评价,以及政府部门的回复也须公开,其中的差评,必须限期整改反馈。"渝快办"已成为检验政府"放管服"改革成效的一个窗口。

按照全市"不忘初心、牢记使命"主题教育提出的"着眼解决实际问题""拿出破解难题的实招、硬招"等要求,市政府办公厅围绕进一步推进"渝快办"提质发展进行了专题调查研究。调研组通过实地走访、专题座谈、发放调查问卷,检视分析"渝快办"存在的问题,有针对性地提出对策建议,不断深化"互联网+政务服务",力争让群众、企业办事像网购一样方便。据了解,重庆市推出"渝快办"一体化政务服务平台以来,用户数已达1003万,成为全市"互联网+政务服务"的响亮品牌。但仍有用户反映,使用体验需要改善。目前,已梳理出"运用推广率还不够高、用户体验有待提升、统筹整合水平有待提升"3个方面10余项具体问题。经过深入分析研究,形成了"加强宣传推广、强化共享开放、提升便利水平、改善服务质量、理顺体制机制"5个方面17项具体改革措施。随着"不忘初心、牢记使命"主题教育不断推进,"渝快办"将加快整合全市各类政务服务资源,全面梳理国家及市级层面现行有效的政策文件,打造利企惠民的"政策直通车",向250余万市场主体精准推送,提供"找得到、看得懂、用得上"的政策服务,全力将"渝快办"打造成为全市社会治理和公共服务的网上"总平台、总门户、总枢纽"。以人民群众的获得感为衡量标准,完善政务服务效能评估指标体系,科学客观反映各区县和有关市级部门网上政务服务能力,通过评估评价强化常态化监督,逐步建立行政权力运行动态监督机制和评估机制,推动政府职能转变和服务型政府建设。

2019年是"渝快办"优化提升年,重庆市将对照国家有关规定、对标先进省市、对接企业群众需求,进一步完善服务平台功能、创新服务供给、优化服务方式,促进政务服务向精准供给转变,不断改善营商环境,为市场主体添活力,为群众生活增便利,助力全市社会经济持续健康发展。将"渝快办"打造成为全市网上政务服务的总平台、总门户、总枢纽。"渝快办"所代表的"放管服"改革直指公共管理、社会治理的突出问题——政务信息条块分割、标准不一等给企业和群众带来的办事难、办事慢、办事繁,奔着环节痛点去,按照大数据智能化时代趋势,真正打通原来的数据壁垒、信息壁垒、烟囱壁垒、信任壁垒和层级壁垒,实现网络、数据、业务"三通",核心解决信息对称、流程再造、行政权力瘦身和行政资源优化配置等问题,从而实现治理体系和治理能力现代化。

以大数据智能化为支撑,提升政府服务水平,已经成为政府提升治理能力、重构公共服务体系的新动力和新途径。当前重庆正在大力实施以大数据智能化为引领的创新驱动发展战略行动计划,未来将继续努力,勇闯改革深水区,加快推进全市电子证照库建设和应用,加快"数字重庆"云平台和城市大数据资源中心建设,上线更多便民服务事项,通过科技进步推动政务服务不断迈上新台阶,让老百姓的生活更加便捷。

思考题

(1)"互联网+政务"与"互联网+政务服务"的主要区别是什么?

(2)"互联网+政务服务"是如何推进"放管服"改革的?

(3)"互联网+政务服务"是如何推动政府职能转变的?

(4)如何运用"互联网+政府服务"提升政府治理能力和行政效能?

第二部分:案例教学使用说明

一、教学步骤

(1)结合案例提出3—5个符合教学需要的启发性思考题,要求学生在课前完成案例阅读并进行初步思考;

(2)准备10分钟左右的课堂前言,简明扼要地概括案例的主要内容并介绍案例教学课的流程和安排;

(3)按6—8人/组对学生进行分组,为每组准备若干打印纸,以归纳讨论意见;

(4)各小组推选发言人,回答思考题,陈述小组观点,并以简要PPT为辅助;

(5)教师总结案例及各组发言情况,对案例涉及的理论进行简要阐释;

(6)布置作业:搜集案例有关信息,并以课后小论文的形式,自选角度提出更具体、完善的解决方案。

二、适用对象

本案例是针对参加“公共管理学”“电子政务”“地方政府管理”“公共服务与社会管理”等课程学习的MPA学生,公共管理学学术型研究生、本科生,及政府在职人员短期培训学习设计的。本案例也适宜于公共管理、政治学、社会学等学科的其他相关专业方向的研究生学习使用,本案例还适宜于具有一定的公共管理知识,对政府治理感兴趣的非专业人士、政府管理工作者自主学习使用。

三、教学目标

本案例教学主要有以下4个教学目标。

(一)增进学生对"互联网+政务服务"发展的背景、进程及必要性的了解与把握

本案例通过对重庆市"互联网+政务服务"发展历程的描述,反映了当前我国"互联网+政务服务"发展的必要性和必然性。随着社会的数字化程度越来越深,如何构建人民满意的服务型政府,实现数字化管理与服务,是各个国家和地区的政府面临的任务与挑战。本案例的学习讨论需要学生理解,随着互联网及相关技术的不断进步,发展"互联网+政务服务"具有一定的必然性,政府部门、公众都应予以正确认识,客观分析其发展的机遇与挑战。

(二)帮助学生掌握包括建立政务服务的新发展观、创新管理服务手段,提升政府的综合管理效率和服务水平在内的公共管理理论知识内容,提高理论修养

转变政府职能,推进"放管服"改革,构建国家、社会现代化治理体系,治理能力现代化等方面是公共管理中的重要内容。并且"互联网+政府服务"面向的是全体人民,关乎人民群众的切身利益,同时也关系到国家安定、社会稳定,百姓安居乐业等各方面。因此本案例对学生提出了更高的要求,要求学生尽量透彻理解案例所涉及的焦点问题,同时还需把握案例所涉及的一系列理论知识,并由此得出结论,加深理论学习、提高理论修养。

(三)提高学生透过现象看本质的分析能力

本案例描述了重庆市"互联网+政务服务"的发展历程,要求学生通过深入细致的综合分析,发现案例所反映的深层次问题,学会综合运用所学知识主动发现问题、分析问题,提高透过现象看本质的分析能力。

（四）提高学生实际操作技能

学习本案例的学生中部分是具有政府部门工作经验的MPA学生。此案例的最大特点就是贴近其工作实际、涉及当前公共管理中的热点问题，对实际工作中的真实情景加以典型化处理，形成供学生思考分析的案例。本案例的教学需要学生通过独立研究和相互讨论的方式，提高自身分析问题和解决问题的能力，以便在工作中针对具体问题，能够正确认识服务型政府的要求，更好地树立服务理念，提高为人民服务的水平和能力。

四、要点分析

本案例揭示了当前"互联网+政务服务"的发展历程，面临的机遇与挑战，这也是当前社会关注的热点问题之一，包含和反映了诸多值得深入分析和探讨的问题。为达到本案例的教学目标，实现教师和学生的双赢，在此特拟出本案例值得讨论的问题要点。

（一）在推进"互联网+政务服务"过程中个人隐私保护可能面临哪些风险？政府将如何加强个人隐私保护？

（1）个人隐私保护面临的风险。

第一，个人信息大规模共享增加了个人隐私泄露的风险；第二，当前个人信息保护立法不完善造成的个人隐私保护力度不足的风险；第三，当前政府部门个人信息保护制度不完善造成的个人隐私保护不规范的风险。

（2）加强个人隐私保护的对策建议。

第一，提升政府部门的个人隐私保护意识。意识作为一种主观性的因素，对个人信息保护的技术、法律、规章制度等客观手段的作用发挥具有重要的影响。因此，要解决我国政府在推进"互联网+政务服务"过程中的个人隐私保护问题，首先就是要提升政府部门的个人隐私保护意识。只有把加强个人隐私保护放到和推进"一号一窗一网"的新型政务服务同等重要的高度来认识,才能使"互联网+政务服务"在保障公民合法权益的前提下真正实现信息惠民的目标。

第二,完善相关的个人信息保护立法。首先,尽快制定一部全国统一的个人信息保护法,界定个人信息的概念和范围,确立个人信息的使用规则,明确个人信息权利主体享有的权利、相关义务主体应当履行的义务,确立严格的违法处罚与责任追究机制等。其次,在制定个人信息保护法的基础之上,根据新技术环境下个人信息保护的现实需要,由相关政府部门针对不同的领域制定具体的有关个人信息保护的部门规章,以应对不同领域个人隐私信息保护的独特需求。

第三,加强政府部门内部有关个人隐私保护的制度规范建设。首先,应根据某个部门提供的具体公共服务的特点,制定相应的公民隐私权保护政策,对该部门在提供公共服务的过程中涉及的公民个人隐私信息的收集、传输、保存和使用等环节做出规范要求。其次,对于"互联网+政务服务"过程中涉及跨部门信息共享的,要制定有关跨部门个人隐私信息共享和流转的操作规范和保护政策,明确规定有权接触个人隐私信息的相关工作人员的隐私保护义务,以及违反个人隐私保护规定所应承担的责任。

(二)"互联网+政务服务"如何推动实现政府治理现代化?

"互联网+政务服务"已经成为政府职能转变的新动力、建设服务型政府的重要路径、"放管服"改革的基本依托、推动释放市场潜力活力的新增长极和供给侧结构性改革的有力杠杆。通过"互联网+政务服务"构建政府治理新格局,表现在以下几个方面。

(1)宏观层面:"互联网+政务服务"价值范式的演化嬗替。

"互联网+政务服务"发展要使政府治理能力提升的价值范式发生演化嬗替,深化以人民为中心的理念,倡导治理的思维,注重提升公众的获得感。一是构建"互联网+政务服务"中的政府主导,中介组织、市场主体和社会公众广泛参与的协作关系。二是优化"互联网+政务服务"的运作模式和机制。三是强化治理工具的创新,尤其是探索第三方评估的现实实践。

（2）中观层面:"互联网+政务服务"发展路径的理性选择。

以信息化撬动政府治理现代化已成为"互联网+"时代发展的历史选择和客观要求,客观上要求构建政策、管理、业务、技术四位一体融合发展的新模式。一是营造良好的政策环境。二是要注重统筹协调。三是要注重业务优化升级。四要推动技术融合发展。

（3）微观层面:"互联网+政务服务"着力点的精准定位。

从微观看,构建整体联动、部门协同、一网办理的"互联网+政务服务"体系,提升网上政务服务的能力和水平以及智慧化水平,是"互联网+政务服务"发展的根本出发点。一是要建设业务支撑体系,提升规范化发展能力;二是要提升整体化服务能力;三是要优化协同化共享能力;四是要注重提升精准化供给能力。

"互联网+政务服务"只有遵循透明化、法治化的基本理念,方能为建设法治政府保驾护航。推行政府权力清单、责任清单、负面清单制度,坚决消除权力设租寻租空间,使政府"法有授权必须为""法无授权不可为",企业主体"法无禁止即可为"。①

（三）从"互联网+政务服务"重庆样本的这个案例来看,如何更好地推进基层"互联网+政务服务"的普及运用与发展?

（1）加强移动互联网的基础设施建设。

应大力发展基层移动互联网,推动以智能手机为终端的互联网基础设施建设。智能手机是基层群众最主要的上网设备,也是"互联网+政务服务"需要关注的方向。在大数据时代,数字鸿沟可能拉大经济社会差距,并使城乡差距进一步加剧。所以要尽可能地缩小城乡差距,就得先从移动互联网的基础设施建设方面开始着手。

（2）加强乡镇政务平台服务团队建设。

首先要吸引并留住高层次信息技术人才。结合实际情况,采取灵活可行的措施,引入高层次信息技术人才,并通过提高待遇、提供事业编制、

---

①翟云."互联网+政务服务"推动政府治理现代化的内在逻辑和演化路径[J].电子政务,2017(12):2-11.

增强情感联系等方式留住此类人才。其次要加强对乡镇公职人员的培训,提高其专业技能。及时根据平台的发展动态,加强培训和学习,促进队伍素质提升的新跨越。要加强对当前公职人员队伍的信息化技术培训,提高其综合素质,使其熟练掌握政务平台的使用方法,充分了解平台内在的运转模式、设计思路;培养他们熟练掌握利用"互联网+"获取并及时处理所需信息的能力。

(3)加强政府部门的推广力度。

应激励政府部门在农村地区提供移动政务,加大研发和推广力度。因为乡镇政府普遍缺乏足够的财力、人力和物力去研发和维护移动政务。要增强对政府部门的激励力度,推动试点推广机制在移动政务领域的应用。加强各级政府的统筹协调作用,提供广覆盖、跨地区和跨部门的移动政务,避免基层政府的重复建设和安全隐患。

(4)探讨政企合作的前景。

政府部门可以探讨与第三方平台(如支付宝、微信)合作,推动移动政务发展。同第三方平台合作可以规避地方政府的能力短板,打通不同地区、层级和部门的数据藩篱,使"整体政府"的理念深入人心。相对来说,支付宝、微信等第三方平台建立了广泛的用户基础,并拥有较强的技术研发能力和安全维护功能,可以作为开放的移动政务平台。但也要认识到互联网可能存在诈骗风险和支付风险,要做好数字安全工作,避免用户资料泄露和财产损失。

(四)"互联网+政务"与"互联网+政务服务"的主要区别是什么?

(1)"互联网+政务"是指政府在"互联网+"时代经济社会的背景下,在管理、服务和基本秩序管控等方面采取相应措施、做出相应调整、形成相应的制度机制和组织体系。[1]"互联网+政务"是"互联网+"与电子政务深度结合后产生的"化学反应",是用互联网的思维、方法和模式来逐步影响和改善电子政务现状,提升政府治理水平的重要途径。[2]

---

①后向东."互联网+政务":内涵、形势与任务[J].中国行政管理,2016(06):6-10.
②霍小军,袁飚."互联网+政务服务"对地方政府治理的影响分析与实践研究[J].电子政务,2016(10):2-9.

（2）"互联网+政务服务"是"互联网+政务"的重要组成部分，是"互联网+"战略在电子政务领域最为直接和朴素的体现和应用，是互联网思维在政务服务领域的实践与探索，也是政务服务体系的"升级与重塑"，是实现"为群众提供公开透明、高效便捷、公平可及的政务服务"的重要环节。具体而言，它基于并充分利用新一代互联网技术，通过集聚政府资源，建设统一、开放、共享的政务服务平台，将涉及政府向公民、法人、社会团体提供服务的政务事项进行整合重构，对政府传统的管理理念、职能结构和运行方法进行整合重构，进一步优化调整政府内部的组织架构、运作程序和管理服务手段，提升政府的综合管理效率和服务水平，建立政务服务的新发展观。

五、课堂安排

本案例通过对"互联网+政务服务"的发展历程进行描述，发现在大数据盛行的背景下，"互联网+政务服务"的发展势在必行，近年来各地区各部门积极探索创新，有助于实现国家治理体系和治理能力现代化。本案例包含了不少值得讨论的主题，因此建议本案例教学的时间安排在3个课时左右。

在本案例教学中，学生是主角，教师是辅助，因此教师在课前需要将准备好的案例告知学生，让学生了解案例内容，并要求学生查找一些必要的资料，做好讨论学习准备。

在本案例课堂教学的流程上，建议安排以下4个环节。

（一）课堂前言

教师准备10分钟左右的课堂前言，简明扼要地概括案例的主要内容并介绍案例教学课的流程和安排，还可结合案例提出2—3个符合教学需要的互动启发式问题，以了解学生对此次案例教学的准备程度和初步认识。

(二)讨论案例

讨论案例是案例教学的中心环节,教师应设法调动学生的主动性,引导学生紧紧围绕案例展开讨论,方式可以是全班一起讨论,也可分小组讨论。本案例教学中建议采取分组讨论的形式,按6—8人/组对班级学生进行分组,引导其围绕教师提出的思考题展开讨论。讨论中要鼓励学生充分表达自己的观点,每名学生都要发言,发言时间控制在5分钟内。此外还需各小组进行分工协作,将该组主要的观点做好记录并归纳为简要的PPT,推选小组发言人。案例讨论过程中,教师要尽量关注每组学生的进展,对讨论中出现的跑题或发言不活跃等情况,要及时介入,促使讨论顺利进行。此外,还可鼓励学生搜集生活中的相关案例,在课堂上分享,一方面加深学生对案例的体会和理解,一方面使得案例教学更贴近生活实际,以提高教学效果。

(三)观点陈述及互动

第三个环节为观点陈述及互动,每组各分配10分钟左右的时间,其中小组发言人有5分钟左右的时间陈述本组观点,另外5分钟供其他成员补充及与其他小组问答互动。教师在这一环节中要鼓励学生充分表述自己的观点,组与组之间增强互动、沟通和交流。

(四)总结案例及作业布置

在学生对案例进行分析、讨论,并得出结论之后,教师应总结案例及各组发言情况,做出恰如其分的评价。此外,对案例涉及的理论进行简要阐释,对学生讨论中不够深入、不够确切的地方,做重点讲解。最后布置作业,让学生搜集案例有关信息,以课后小论文的形式,自选角度提出更具体、完善的解决方案。

六、其他教学支持

(1)建议选择多媒体教室安排本次课堂案例讨论教学，以便播放视频、图片等案例材料，丰富教学形式。

(2)课前提醒学生，上课时每组至少携带一台手提电脑，便于记录小组观点并制作简易PPT以展示小组成果。

（编写：覃辉鸿 指导：吴江）

案例七:网络外卖"禁"还是"放"入高校?

第一部分:案例正文

案例摘要:中国消费者协会发布的2017年十大消费维权热点中,网络订餐的社会影响力是79.67,居第四位。随着互联网科技的迅猛发展,外卖行业也从最传统的顾客到店铺打包外带,发展到后来的电话订餐,再到通过网络订餐,方便、快捷、实惠的特点愈发凸显,网络订餐深受年轻一族的喜爱。大学生是外卖消费的主力军之一,但近年来报道出来的大学生外卖消费问题层出不穷,引起了较大的社会反响。部分高校为了保证学生的饮食健康和确保校园内学生的安全,决定禁止外卖车辆进入校园,引起了社会的广泛关注。本案例反映的是媒体对网络外卖是否该进校园的讨论以及网络外卖与高校之间博弈的故事。

关键词:网络外卖;校园治理;食品安全

一、引言

外卖市场兴起后,在校园里也是日益走俏。学校食堂不再是学生唯一的选择,各种口味的外卖发往校园各个角落,带动了学校周边大小饭店的生意,但同时引发了不少食品安全问题及校园安全事故。连日来,全国各地高校发出了"禁止外卖进入校园"的通知,尽管是为了学生和校园安全着想,但这一消息还是引起了诸多议论。

二、媒体热议"外卖禁入高校"

外卖进校园的问题,已经成为当下高校校园生活所必须面对的问题,成为高校校园秩序以及校园管理不可回避的一个问题。无论从媒体关注的角度看，还是从热搜所反映的舆论看，开放快递和外卖进入校园都是主流意见所在。

确实，开放快递和外卖进入校园，肯定会给高校校园秩序管理带来一些新的问题。但是，从根本上讲，校园秩序并不是独立于社会生活之外的一种秩序。尤其是在非教学与非学术秩序之外，所谓校园秩序也无非是一种带有独特节奏的社区秩序而已。在这个社区之内，同样有衣食住行，同样有七情六欲，其解决之道，既有特殊之处，更有普遍之规。是利用围墙的优势关起门来，形成"一二三四、二二三四"的队列秩序，用刚性禁条来剪齐五花八门的生活之需，还是将校园置于社会当中，在开放而非压抑的基础上形成秩序，在包容而非偏狭的心态中进化管理方法和手段，这是两种完全不同的治校理念。

是设定某种管理方式和手段，由这种管理方式和手段来维持校园秩序，还是在开放、包容的基础上设定和形成校园秩序，并调整和规范管理目标、方式和手段，这实际上不单是校园秩序观的博弈，也是自由观的博弈。因为，校园秩序的形成方式，将在未来长久的日子里无声且无形地影响到曾经生活在这种秩序当中的人。这种影响，就是后来人们可感可见的校际差异的根源之一。

当今高校校园的学生，早非物质匮乏时期进入校园的那几代人。现在所谓的"00后"大学生，是开眼就见电脑屏幕的一代人，其中为数众多的学生，是早在中学乃至小学就游学国内外的一代人，是最先享用互联网时代的种种生活便利的一代人。管理这代人生活的校园，不能靠压制，也不能靠禁令。如郑州某高校那样放高价快递进校园和毕业生"拉仇恨"，如海南某大学那样把学校食堂做得令人大失所望却强令外卖不得入内，显然都与现代社会治理理念和现代校园管理理念合不上节拍。

快递进校园，外卖进校园，会给校园既有秩序带来一定的冲击，但并非不可解决，更不是无法管理。快递刚兴起之时，外卖刚面世之时，其实也都曾面临进小区的问题。但是，在小区业主需求第一的理念驱使下，所有小区管理者都调整了管理的方式和手段，既满足了业主需求，也实现了管理目标。而外卖平台，也同样从管理需要出发，研发出"小区守卫"等APP，使得物业公司、小区保安通过扫一扫外卖配送员的二维码，就能立刻查验、跟踪和反馈外卖送餐骑手的情况。这小小的技术措施，却能解决管理上的大问题。

快递和外卖进校园不是问题，怎么进校园才是问题。解决怎么进的问题，要优化管理理念。

三、网络外卖与高校博弈故事

(一)让高校食堂留住学生的心

很多高校考虑到学生的饮食安全，明令禁止校外商家送外卖进校，可随后学校和学生由此产生了矛盾，闹得不欢而散。小A是西安某高校大三的学生，据了解，他们学校同样禁止校外商家送外卖进校，但是大家都在使用学校食堂自制的饭堂外卖APP，里面的菜式全是饭堂里的，非常安全而且很准时。

西安这所学校推出的订餐系统，一开始并没有太多人看好，但是仅仅上线一个月，注册用户已经超过7000人，这轰动了整个餐饮业，业内人士对这事件持高度重视态度。根据校园官网数据，全校共有2万人，这7000名注册用户已经占学校总人数的35%。

校外店家的外卖服务基本上是全天开放的，但是校内外卖因顾及学生的上课时间，只开放6小时：午餐供应时间为中午12点至下午2点；晚餐供应时间为下午6点到8点；还有些店家连夜宵也做，从晚上8点到10点。配送员也不用额外招收固定员工，全部都是聘用校内学生来担当。小A自己从一名学生那里得到入群的资格，进去后发现其团队已经有100多名学生，他们大部分都是用午休的时间或者课后时间来做配送员。从商家的菜单来看，外卖每单仅收2元的配送费，而且菜品单价与堂食没有任何区别。下单后，打印机会自动出票，店家按照要求做餐，再将成品统一摆在配送区。店家正常情况下是能够在10分钟内完成出餐的，有些特别的情况，比如军训或节假日收尾时这些高峰期则慢一些。

配送员由校方统一安排和培训，必须穿着工作服，有的甚至佩戴了工牌，要懂得各种礼貌，注意送餐的各种事项，保证送餐过程的安全。正常配送时间是半小时，高峰期要慢得多。小A觉得这种方式很不错，学校食堂能推陈出新，牢牢抓住同学们的需求。

(二)网络外卖的"游击战"

美团官网公布了一张榜单，让中国矿业大学(简称"矿大")"威名远扬"。这张"全国点外卖最多的大学TOP10"榜单中，矿大南湖校区以全年328万的订单量，拿下全国高校第二名。矿大与外卖商家、外卖小哥上演了一场场"攻防战"，期间，你来我往，斗智斗勇，奇计频出，谁能真正把控局面、抢占上风？矿大目前在校学生数量为3万多人，大部分学生集中在南湖校区。"全国点外卖最多的大学TOP10"榜单上，排名第一的中山大学在校生数量为5万多人，主要集中在其大学城校区。因此从人均点单量上看，矿大南湖校区比中山大学大学城校区还高。

为什么矿大有如此多的外卖点单量？可以总结出以下几点原因：

一是地理位置。南湖校区位于徐州铜山新区，远离城区商业繁华地段，学校周边没有成熟的商业区，到最近的主城区也要5公里左右。学生平时想去逛街，除了个别几条公交线路外，只能乘坐南湖校区与老校区的通勤班车。交通不便造成了平日里学生无法自行外出用餐。

二是工科院校属性。矿大是工科院校，学生们平时的课业压力相对较大。不少学生表示，平时除了正常上课外，很多人喜欢泡在实验室，或是在宿舍里复习。且南湖校区校内面积较大，很多宿舍、实验楼距离食堂较远，点外卖解决用餐问题，也让学生省下更多时间来学习。

三是"饺子虽香也不能顿顿吃"。不少学生表示，矿大食堂的餐饮水平在徐州高校中也是排得上号的，花样繁多、选择面广，但是"食堂终究是食堂"，一吃吃几年，总有"吃腻的时候"，选择外卖餐食主要是为了"解解馋"。

四是拥有量身定制的小吃街。在矿大南湖校区西南侧，有一条为该校区量身打造的美食街，由于四周并无其他稳定客源，商家的生意几乎都源于学校。临近学校放假时，不少店铺也会暂停营业。商家们表示，生意要等到学生开学才能恢复生机。

第一回合——你"关城门",我来"挖墙脚"。

矿大南湖校区正门位于校园东侧,如果外卖通过正门送入校内,需要绕过大半个学校围墙,通行距离至少3公里。因此,在2018年7月份以前,南侧的一处小门就成了外卖进入学校的便捷通道。该处小门本是为方便学校工作人员进出而建的,但外卖进校情况越来越多,很多学生也选择从南门出校进入美食街,这给学校的安全管理带来了不小的压力。不过工作人员也表示,学校对外卖管理也持"宽容"的态度,除了要求南门门卫加大平时巡查力度,对外卖小哥入校、学生出校到小吃街的行为,也不会刻意阻止。

不过,南门的便利,因为一次改造计划中断。2018年暑假期间,按照徐州相关部门对南门周边设施进行整治的要求,南门被暂时关闭。虽然关南门的初衷并不是为了阻断外卖,但实际作用相当明显,很多外卖商家说仿佛"被关了城门",外卖订单量一下子减少了很多。没多久,外卖商家们就想出了对策——挖墙脚。

学校西南侧的围墙临近足球、篮球运动场,多用石块堆砌,墙高两米以上,用于阻隔学校与外界的联系。然而,在西侧围墙边,出现了数个直径一米以上的圆洞。与之对应的是,在运动场西侧,出现了多股羊肠小道,都通向圆洞。从上午11点开始,不时有外卖小哥由圆洞从校外进来,提着各种餐食,沿着羊肠小道进入校园。同时,不少学生从四面走来,通过这些小道后,也从圆洞出去。围墙外与校内地面有落差,因此很多洞口下面都堆着砖石,方便人员的进出。这些圆洞,应该都是美食街商家或者外卖小哥砸出来的,自从有了这些通道,美食街的外卖生意又恢复了原样。

第二回合——你挖"护城河",我绕"马其诺防线"。

学校围墙被砸出了一个个圆洞,这可让学校伤透了脑筋。一开始,学校后勤管理部门采取了堵洞的做法,可是往往没堵几天,洞口又被砸开,甚至还出现了新洞。"这些圆洞不仅扰乱了学校日常管理,也带来了很多安全隐患",借着南校门改造的时机,学校想出了应对之策——"挖护城河"。在围墙内侧挖了一条3米左右宽的小河,该条小河基本贯穿了整个西侧围墙,部分河段里还有积水。在有水的河段,对应的圆洞也已被堵上。

"挖护城河"的做法一度取得了成效,工作人员表示,虽然到了冬季枯水期,一些无水的河床上仍会被踩出新的小路,圆洞仍有人进出,但是有了"护城河"阻隔,至少电动车无法通过,这也一度缓解了围墙边的安全隐患。

不过,学校的"胜利"没有维持太久,很快,外卖商家和外卖小哥找到了新的应对之策——绕过"马其诺防线"。

围墙的西南角有一个面积更大的洞,从墙角到洞顶,高度近两米,恰好避过了"护城河",从上午10点开始,该洞口成了最繁忙的地段。有不少外卖小哥骑着电动车进出,也有很多的校内学生成群结队从洞口通过。从洞口入校后,原本有一处无人踏及的荒地,因为有众多外卖电动车通行,如今已开辟出两条直通校园的新路。有学生开玩笑说,这处洞口恰好绕过了学校布置的"马其诺防线"。

(三)商家免费发放午餐对抗"外卖禁入高校"

一则关于福建某高校的新闻火了,为了管理外卖车辆,这所学校不但禁止外卖车辆进入学校范围内,还禁止学生将外卖带入宿舍,这让很多学生和商家都感到难以理解,甚至有商家为了表达抵制情绪,在学校门口免费发放午餐。这个事情也引起了很多人的探讨,外卖到底能不能带到学校呢?

很多学校都禁止外卖车辆进入校门,因此送餐员想要送餐,只能选择步行,也有一些学校为了保证宿舍楼的卫生,禁止学生带外卖、一次性饭盒进入宿舍内,还会给予违反者一定的处罚。也有不少学校虽然没有对外卖车辆进学校和学生在宿舍内吃外卖的行为做出规定,但是也发布了关于抵制外卖的各类倡议书,建议学生们多去食堂或者正规餐厅就餐,不要经常食用食品安全没有保障的外卖食品。

外卖车辆能不能进入学校内,其实是两个方面的问题,第一个问题是

"校外人员能否进入校园"。公立院校除了有特殊的保密需求外,是应当向公众开放公共区域的,只是有些学校管理严格,会对所有进校人员进行登记,有些学校则已经逐渐开放,不会进行登记。大学校园逐步对外开放,已经是非常普遍的趋势了。第二个问题就是"外卖车辆能否进入校园"。现在禁止外卖车辆进入校园的学校并不少,通常是为了学生的安全,毕竟外卖车辆车速很快,而且很多送餐员往往会一边看手机一边送外卖,对学生的安全是非常大的威胁。从安全的角度考量,禁止外卖车辆进入校园,确实有一定的道理和好处。

真的没有折中的方法吗?如果既能让学生享受外卖的方便,又尽量保证学生在校园内的安全和食品安全,岂不是两全其美?有网友建议,可以在外卖配送高峰时间多安排一些保安,协调交通,也有人建议可以在学校内规划外卖路线,让外卖车辆在有监管的情况下运行,避免出现安全问题。但是由于实际操作的难度比较大,这些方法并没有被太多学校采纳。

四、结语

事实上,大学出台的每一项规定,对学生来说,都是一种非常现实的"教育"。这不仅包括具体的规定内容,也包括规定出台的过程。很显然,这方面恰恰是目前多数大学教育的软肋。高校到底要不要禁外卖,怎么禁,本质上是一个教育议题。大学有什么样的教育理念,就有什么样的校规及其制定方式,它所影响的不仅仅是学生的"外卖自由",更包括但不限于学生对自律与他律、自由与责任等概念的认知。明乎此,高校更应该慎重行使自己的管理权限,在校规的制定上,兼顾现实意义和对学生潜移默化的影响。

思考题

(1)结合案例分析高校禁外卖入校的深层次原因。

(2)高校应该如何处理好校园安全与外卖进校园的关系?

(3)高校应怎样满足学生的"舌尖"需求?

(4)随着网络发展,高校食堂与网络外卖应该是一种怎样的关系?

第二部分：案例教学使用说明

一、教学步骤

(1) 结合案例提出3—5个符合教学需要的启发性思考题,要求学生在课前完成案例阅读并进行初步思考;

(2)准备10分钟左右的课堂前言,简明扼要地概括案例的主要内容并介绍案例教学课的流程和安排;

(3)按6—8人/组对学生进行分组,为每组准备若干打印纸,以归纳讨论意见;

(4)各小组推选发言人,回答思考题,陈述小组观点,并以简要PPT为辅助;

(5)教师总结案例及各组发言情况,对案例涉及的理论进行简要阐释;

(6)布置作业:搜集案例有关信息,并以课后小论文的形式,自选角度提出更具体、完善的解决方案。

二、适用对象

本案例是针对参加"地方政府管理""行政伦理"等课程学习的MPA学生,公共管理学学术型研究生、本科生,及政府在职人员短期培训学习设计的。本案例也适宜于公共管理、政治学、社会学等学科的其他相关专业方向的研究生学习使用,本案例还适宜于具有一定的公共管理知识,对政府治理感兴趣的非专业人士、政府管理工作者自主学习使用。

三、教学目标

本案例教学主要有以下4个教学目标。

(一)促进学生对新兴业态发展遇到的监督问题的认知

本案例讲述了媒体对网络外卖进校园的讨论以及网络外卖与高校政策博弈的故事。快递进校园,外卖进校园,会给校园既有秩序带来一定的冲击,但并非不可解决,更不是无法管理。快递兴起之时,外卖面世之时,其实也都曾面临进小区的问题。所以外卖进校园不是问题,怎么进校园才是问题。解决怎么进的问题,需要转变管理理念。

(二)加强学生理论知识学习,提升学生理论修养

社会治理现代化前沿问题、公共危机管理、协调治理是学生应当掌握的重要理论内容,协调治理是保障市场各部门有序运作的重要条件。因此本案例对学生提出了更高的要求,要求学生尽量透彻理解案例所涉及的焦点问题,同时还需把握案例所涉及的一系列理论知识,并由此得出结论,加深理论学习、提高理论修养。

(三)提高学生透过现象看本质的分析能力

通过对网络外卖"禁"入还是"放"入案例的课堂分析讨论,学生能够透过案例中外卖与高校之间的博弈表象,深入分析在社会发展过程中,新业态的出现必然引发的诸多管理问题。本案例需要学生通过深入细致的综合分析,发现案例所反映的深层次问题,学会综合运用所学知识主动发现问题、分析问题,提高透过现象看本质的分析能力。

(四)提高学生独立思考以及解决实际问题的能力

学习本案例的学生中部分是具有政府部门工作经验的MPA学生。此案例的最大特点就是贴近其工作实际、涉及当前公共管理中的热点问题,对实际工作中的真实情景加以典型化处理,形成供学生思考分析的案例。本案例的教学需要学生通过独立研究和相互讨论的方式,提高自身分析问题和解决问题的能力,以便在工作中针对具体问题,正确识别风险、控制风险。

四、要点分析

本案例在一定程度上揭示了当下我国社会治理面临的通病,也就是对新鲜事物一般采取"一刀切"的方式。同时网络外卖也是社会关注的热点问题之一,其中包含了许多值得深入分析和探讨解决的问题。为达到本案例的教学目的,在此特拟出本案例值得讨论的问题要点。

(一)高校周边网络外卖泛滥,学生"舌尖安全"堪忧

目前,外卖供应商普遍存在资质不全等现象,如缺少营业执照、食品经营许可证、健康证等资质证件,其中不乏在车库、居民楼进行食品经营的外卖商家。这类专营外卖而没有实体店的商家,常常仅有一个狭小的空间作为厨房,或者隐藏在某个市场或居民区中,缺少实际有效的执法监管,隐匿性强,经营者自律性较差,存在大量无照经营、卫生环境不达标的商家。

外卖商家提供的配送餐盒主要是一次性塑料袋、塑料餐盒,长期使用会对人体造成伤害。塑料制品的保温效果并不好,在天气寒冷时,外卖在配送过程中很容易冷,食用口感大打折扣,易引发肠胃不适。另外,还有更多涉及食品安全的问题,比如外卖配送箱的卫生状况令人担忧,外卖配送人员的卫生状况和身体健康很难保证,外卖食品在分销过程中也可能产生二次污染。

(二)加强政府监管,确保网络外卖能够守住学生"舌尖安全"

政府部门和第三方平台是保证校园食品安全的两大监管主体,但是在实际监管过程中,两大主体都未尽到监管职责。第三方平台资质审查不到位,未能积极配合政府监管,而政府监管机制也不健全,未有效地与第三方平台衔接。

目前的食品安全"按照一个监管环节由一个部门监管的原则,采取分段监管为主、品种监管为辅的方式"进行监管,即工商部门、质检部门、卫生部门等分别负责食品安全的不同环节。食品安全是一个复杂的系统,每个环节彼此相联系,而这种分工无法确保食品生产的各个环节很好地

衔接,易产生职责不清晰、责任不明确等问题。工商机构等部门人员有限,市场管理的能力有限,而网络订餐食品安全管理比线下食品安全管理难度更大,各部门分管容易产生推卸责任、推诿工作的现象。此外,第三方平台的介入导致监管网络订餐食品安全的方式与线下实体店有较大的区别,主要表现为第三方平台具有对经营者准入资质的审查及对实际经营情况的监管等义务,也即第三方平台对经营者具有初步监管的责任,而线下实体店的食品安全问题则由政府监管部门直接进行监管。

因此,政府部门"各管各的"的监管模式已经无法适应网络订餐这种融合生产、流通及餐饮,又存在第三方平台介入监管问题的新型经济形式,政府监管与第三方平台监管的有效衔接工作势在必行。

(三)强化学生食品安全意识,守住自身"舌尖安全"

大学生的维权意识薄弱,订购外卖时很少主动索要发票等购物凭证,而外卖商家的经营模式较为简单,没有相对明确的法律规定,并不是所有的商家都会建立台账,一些商家甚至存在销售混乱的情况。这类商家的消费者活动无法得到质量保证,一旦出现食品质量问题,与运营商发生食品安全纠纷,大学生很难提供强有力的证据,大多数学生会选择放弃维权。校园网上订餐可以让大学生以较低的价格享用美食,这使得大学生更关注菜肴种类,忽视食品的卫生和质量,食材不新鲜等原因导致的学生肠胃不适现象屡见不鲜,而大多数学生在食用后产生不适也不会举报商家或进行投诉,维权意识相对薄弱。

五、课堂安排

本案例描述的事件发生于2016年间,虽然故事经过和内容并不复杂,但包含了不少值得讨论的主题,因此建议本案例教学的时间安排在3个课时左右。

在本案例教学中,学生是主角,教师是辅助,因此教师在课前需要将准备好的案例告知学生,让学生了解案例内容,并要求学生查找一些必要的资料,做好讨论学习准备。

在本案例课堂教学的流程上,建议安排以下4个环节。

(一)课堂前言

教师准备10分钟左右的课堂前言,简明扼要地概括案例的主要内容并介绍案例教学课的流程和安排,同时,还可结合案例提出3—5个符合教学需要的互动启发式问题,以了解学生对此次案例教学的准备程度和初步认识。

(二)讨论案例

讨论案例是案例教学过程的中心环节,教师应设法调动学生的主动性,引导学生紧紧围绕案例展开讨论,方式可以是全班一起讨论,也可分小组讨论。本案例教学中建议采取分组讨论的形式,按6—8人/组对班级学生进行分组,引导其围绕教师提出的思考题展开讨论。讨论中要鼓励学生充分表达自己的观点,每名学生都要发言,发言时间控制在5分钟内。此外还需各小组进行分工协作,将该组主要的观点做好记录并归纳为简要的PPT,推选小组发言人。案例讨论过程中,教师要尽量关注每组学生的进展,对讨论中出现的跑题或发言不活跃等情况,要及时介入,促使讨论顺利进行。此外,还可鼓励学生搜集生活中的相关案例,在课堂上分享,一方面加深学生对案例的体会和理解,一方面使得案例教学更贴近生活实际,以提高教学效果。

(三)观点陈述及互动

第三个环节为观点陈述及互动,每组各分配10分钟左右的时间,其中小组发言人有5分钟左右的时间陈述本组观点,另外5分钟供其他成员补充及与其他小组问答互动。教师在这一环节中要鼓励学生充分表述自己的观点,组与组之间增强互动、沟通和交流。

(四)总结案例及作业布置

在学生对案例进行分析、讨论,并得出结论之后,教师应总结案例及各组发言情况,做出恰如其分的评价。此外,对案例涉及的理论进行简要阐释,对学生讨论中不够深入、不够确切的地方,做重点讲解。最后布置作业,让学生搜集案例有关信息,以课后小论文的形式,自选角度提出更具体、完善的解决方案。

六、其他教学支持

(1)建议选择多媒体教室安排本次课堂案例讨论教学,以便播放视频、图片等案例材料,丰富教学形式。

(2)课前提醒学生,上课时每组至少携带一台手提电脑,便于记录小组观点并制作简易PPT以展示小组成果。

(编写:石炯灿 指导:欧书阳)

案例八:网约车新政"魅"与"惑"

第一部分:案例正文

案例摘要:随着网约车的普遍化和大众化,其自身借助互联网的发展优势,逐渐成为人们出行的便利工具,"网约车"也日益成为人们熟悉的热门词语,更入选了"2015年十大新词语"。但是,与网约车有关的诸多负面新闻也屡见报端,政府对此也逐步制定规范准则并出台相关管理政策。2016年7月网约车合法化在我国正式成为现实,交通运输部、工业和信息化部、公安部等正式发布《网络预约出租汽车经营服务管理暂行办法》。在该文件的指导下,北京、上海、广州、深圳等城市也相继出台了地方性管理细则。这些法规表明,政策规范下的网约车开始合法上路营运。这些规定改变了中国城市交通生态的现状。网约车合法化是我国社会发展的必然要求,为我国出租车行业的良性发展提供了重要的支撑和丰富的资源。本案例讲述的是网约车新政出台后媒体关于政策是否合理的讨论,以及司机和乘客对网约车新规的反应。

关键词:网约车新政;政府监管;社会治理

一、引言

2016年7月,《国务院办公厅关于深化改革推进出租汽车行业健康发展的指导意见》和《网络预约出租汽车经营服务管理暂行办法》出台后,北京、上海、广州、深圳在同一天公布了网约车的地方管理细则,为网约车合法上路运营提供了法律依据。但媒体也都不约而同地关注到,各地管理细则中网约车合法营运的相关条件严苛了许多,不禁让人思考地方政府是否过度解读国家文件。

二、网约车车主的幸福故事和"猫鼠游戏"

（一）王师傅的幸福故事

王师傅在一家物业公司工作，工作不忙，每天正点上班，正点下班。自从有了网约车 APP，王师傅便想尝试着做一做。2015 年 11 月，王师傅经朋友们推荐，经过严格审核，成了"易到"网约车 APP 的司机。第一天拉客时，只想挣点油钱、停车费，没想着赚大钱。但正赶上易到"充值返现"，乘客突然多得拉不过来，从下午 5 点下班开始接活，完成一个订单又来一个，一下子没注意干到晚上 12 点多。后来的每一天皆是如此。就这样利用下班时间和周末，王师傅踏踏实实地做起了易到司机，第一个月月底一结算，抛开油钱净得 1 万多元。这个收入比工资还高，让王师傅感到惊奇的同时又感到万分开心。

除了易到，国内当时还有滴滴和 Uber，王师傅在做了 2 个月易到后，也想尝试滴滴和 Uber，但总共做了两周时间，他就不再做了。2015 年 12 月底，王师傅又做回了易到司机。王师傅很幸运，接的客人越来越多，也有越来越多的客人成为他的熟客。王师傅自己还总结了一套"五星级易到司机标准"：给乘客开门，准备好饮料，乘客喜欢唠嗑的陪唠嗑，喜欢音乐的放音乐，等等。

对王师傅来说，现在从事易到司机这个职业已经不像开始时的兼职的心态了，毕竟月收入已经超过本职工作收入的三倍，所以他每天都以专职的心态去开车。也就在这个过程中，他还介绍了很多朋友做易到司机。王师傅是数百万易到司机的一个缩影，他们或许有本职工作，利用业余时间，开起了易到专车。下班后，每天多踩几脚油门，就可以多挣一份收入，而因为这份收入，王师傅这样的老百姓的日子就能过得幸福一点。

（二）猫鼠游戏

28 岁的小 D 自称是某企业的销售人员，工作时间灵活，所以选择用自己的车拉活儿。但他从不认为自己是黑车司机,他的车不是破破烂烂的廉价车,而是自己花20多万元买的轿车;他也从不像那些黑车司机,在小区外和地铁站口扯着脖子吆喝拉客还漫天要价。小D只接网上明码标价的约车订单,上门接送。从2012年起,他把自己的车挂靠在易到用车和滴滴专车这两个网约车平台名下。挂上网以后,小D的生意越来越火爆。国庆假期的一天时间里,小D就挣了三四千元,旺季的月收入更是高达三四万元。

某天他用自己的车送一个客人去机场,客人刚下车,他就被交通执法队员拦住了。身着制服的执法人员客气地请他出示车辆行驶证和手机,发现小D手机的叫车软件里有刚才的交易记录,当场判定小D驾车非法运营(俗称"黑车"),扣下了车辆、行驶本和驾照。小D听广播才知道,那天他遭遇了北京打击专车的专项行动,光北京首都机场附近就有十几辆"专车"被处罚。据说处罚极为严厉,罚款2万元,吊销司机驾照。以往抓"黑车"讲究人赃俱获,于是专车的约车、付款均在网上进行。结果逼得执法部门也开始"创新",比如也到网上约车平台查车号,列黑名单,在机场、火车站等地"守株待兔",突击检查专车司机的手机交易记录。小D就是这么"落网"的。

在很长的一段时间里,像小D一样,借助网络平台,利用私家车赚点外快的人,在城市里有很多,他们游离于交通执法者之外,与这些执法者形成一种"猫鼠游戏"关系。他们特别期待有一天能合法地、光明正大地用自己的私家车赚钱贴补家用。

三、"空姐"被偷拍

一辆车,一个隐藏的摄像头,每晚11点左右准时守候在机场外,专门接空姐的订单。连日来,一名特殊的"滴滴司机"在网络引发争议。这名"司机"的另外一重身份,是"熊猫TV"的网络主播,而他直播的内容,正是其在车内与空姐聊天的过程。由于涉嫌侵犯乘客隐私,滴滴公司已对这名司机做出了"即刻封禁"的处理。

一段"滴滴司机偷拍空姐直播"的视频在网络流传。在网传的直播截图中，人们可以看到，一名短发、身穿黑衣的男子手握方向盘，表情轻松。而在副驾驶上，则坐着一名身穿制服的空姐。截图上的弹幕显示，同时有5万人在线观看这段直播。

从视频中的画面看，这名司机将摄像头放置在了车辆后视镜附近。由于当事空姐并没有意识到正在直播，可以确定，摄像头系事先被隐藏。

该段视频最早在直播软件"熊猫TV"上线，视频中的空姐系国内某航空公司的工作人员。而视频中的司机，则是一名网络主播，微博认证名为"主播三胖"。在这名主播的直播间，共有超过16万网友订阅此账号。直播间提示显示，"主播三胖"每晚11点左右开始上线。

某航空公司空姐王女士透露："此人经常蹲守在机场出口，接空姐的单，他的车后座总是会放很多东西，借口让空姐坐在前排，方便他偷拍。"此前，她的多名同事曾有此遭遇。王女士介绍，事件发生后，公司曾经通过微信提醒空姐"在乘坐社会车辆过程中，不讨论与工作有关的内容"。

王女士提供的一张截图还显示，因"安置微型摄像头偷拍乘客隐私，上传网络直播，对乘客进行低俗诋毁、言语猥亵，受到多次投诉"，滴滴公司已经对这名司机"即刻封禁，等候进一步处理意见"。

四、"北上广深"相继出台网约车新政

网约车在现实生活中得到越来越广泛的使用，政府对此却一直没有正式的规范管理办法。为了明确乘客、车主以及平台公司之间的法律责任，更好地促进网约车的发展，2016年7月，在现实中存在了三四年之久的网约车，终归在我国得以合法化，国家出台的两份文件事实上允许了私家车加入网约车营运行列中。

在此之前，各地政府对网约车一直采取含混的态度，在很长的时间里既不公开表态表示支持，也没有一个城市宣布全面禁止网约车，政府总体上对网约车采取了宽容态度。2016年，网约车合法化终在中国成为现实。随着国家网约车合法化政策的落地，2016年10月8日，北京、上海、

广州和深圳相继在同一天发布了关于网络预约出租汽车经营服务管理暂行办法实施细则的征求意见稿或草案,来规范本地网约车的运行发展。

五、媒体反应

2016年10月8日,北京、上海、广州、深圳关于网约车要合法、合乘车要合规、出租车要改革这三大热点的管理新规,同时亮相政府官网,公开征求公众意见。

这一事关广大百姓日常出行的新规的出台,意味着在我国各大城市中一直存在着、却备受争议的新生事物,终于得以合法化。一个地方政策出台,首先需要符合更高层级文件的相关精神。当年的7月份,交通运输部等部门就已出台相关管理办法。在该文件中,更多的是列出负面清单,例如不得向第三方提供乘客信息,不得违规收费。在这一上位文件的指导下,北京、上海、广州和深圳在同一天向社会征求网约车管理的地方细则的意见。认真研读、比较后可见,这些细则所重点指向的是网约车如何符合监管条件才能合法上路营运。按照这些规定,过去我们乘坐过无数次的、改变了中国城市交通生态的大部分网约车,在没有取得合法营运资格的情况下,都有可能坐实为黑车。

网约车政策是事关城市百姓出行的民生大事,对于政策的适用性,每一个人都可以评说。因为我们每一个人都是网约车的用户,很可能比那些政策制定者更有经验,更有需求,更能够从实际角度提出意见。

仔细研读这些城市出台的网约车新规,会发现其与几个月前国家出台的两个文件相比,条件苛刻了许多,或有过度执行之嫌。

在京沪广深公布的文件中,京沪要求网约车必须有本市车牌、本市户籍、本市驾驶证,驾驶员申请之日前1年交通安全违法不超5次;沪深要求燃油车辆轴距达2700毫米以上;广州规定网约车交由他人营运最高罚3000元。以北京为例,现在北京执行的几乎是全世界最严的限牌限行政策了,但是出租车公司已经拥有了很多车牌,这是滴滴公司比不上的。从目前的草案看来,如果是本地人但没有1.8T排量以上的车,只能去传统出租车公司；如果滴滴想像传统出租车公司那样，自己提供本地车，恐怕没有实现的可能。

滴滴出行目前最主要的几块业务，滴滴出租、滴滴快车/专车和滴滴顺风车，除掉最后一个，前面两种大部分都是"专职司机"在运营，与出租车公司主要的运营模式并没有什么不一样——司机拉客、平台分成。但与传统出租车不同的是，滴滴没有自己固有的营运车辆。一方面，滴滴采用的是"众包"模式，整合社会私家车资源，公司只作为营运的平台。而出租车公司需要采购大量的出租车，并获得出租车牌照，或整合拥有出租车牌照的车辆挂靠在公司经营，营运成本较高。而滴滴有大量的社会车辆可资利用，也不需要养司机，司机自带"出租车"。另一方面，滴滴借助网络信息技术，通过网络平台接单并进行订单分配，融入 LBS 信息进行导航，比传统的出租车上街拉活、电话预约等方式要先进、要方便许多。也正是基于这两个方面的优势，滴滴打车，尤其是快车服务，比出租车更便宜，平台分成比出租车少，司机服务也相对更好。

从目前各地管理细则来看，政府对网约车的管制似乎与传统出租车公司是一致的。比如北京对这两者都要求本地户口、本地牌照，对车辆也做了相关要求，等等。但实际上有一个非常不公平的点在于，传统出租车公司已经占用了很多社会公共资源。平台公司要将社会资源进行合理整合利用，才能真正让网约车改变城市交通生态。在现代信息技术的支撑下，这是很容易做到的，也是你情我愿之事。出行需求和闲置车座间，终于开始有了对接的可能性。此时政府政策介入进行规范，规避相关的法律和安全风险，利于乘客与网约车依据相关政策规定形成契约。从这些管理细则可看出，政府更多的是依循管理经验，特别是对出租车的管理经验，为稳妥起见，最终制定出台了管理规定。这看上去或许安全，实则不然。因此，从本质上来看，政府的管制方式其实是限制了市场竞争。如果征求意见稿通过并最终执行，可以断言，在未来很长一段时间内，都不会出现能够动摇传统出租车公司的业务。

固然，地方政府依法依规管制滴滴之类的网约车公司是政府职责，但相比于人们对政府政策的诟病，其实更大的问题在于政府如何处理市场经济和固有势力的竞争。网约车存在的最大价值，其实在于借助网络技术支持，对传统出租车公司运营模式产生冲击，逆向逼迫政府解决传统出租车公司现有的问题。

所以，政府出台网约车管理规定，最根本的问题在于，如果把传统出租车公司和滴滴等网约车平台公司放在一起，政府是否会一视同仁。也就是说，在网约车冲击传统出租车业务时，政府会不会为出租车公司提供庇护的羽翼。

通常来讲，北上广深在管理新政方面具有极强的示范效应。如今人们所要求的，并非让出租车消失，而是追求更多样化、更便利的出行方式。新的时代已然来临，旧思维不适合指引未来。

六、政府监管难题

随着网约车的普及，网约车的法律冲突和监管空白问题对于政府监管部门而言也是难题。在现实生活中常常出现交管部门、城管部门等部门按照各自不同的法律规范对网约车进行查处，开展"打击黑车"行动的现象。监管部门通常采用蹲点执法等方式来打击网约车的运营行为，甚至会出现暴力执法的情况，导致网约车司机同监管执法部门之间的矛盾加深，这些执法行为也深受广大群众的质疑和批评。

网约车的合法化，在一定程度上解决了所谓的黑车问题，提高了闲置的机动车的利用率，但随之而来的政府监管难题也令人深思。难点在于如何处理其与传统出租车行业体系的关系，如何实现对它的监管既不低于现有行业监管的水平，同时有别于传统出租车的监管方法，实现分类有序监管。网约车合法化之所以会引起社会的争议，一方面是因为网约车服务处于我国法律的灰色地带，监管难度大；另一方面网约车合法化揭示了我国政府管理中的顽疾——与市场脱轨，执法简单粗暴，执法者与执法对象之间对立问题严重。

随着社会新技术的发展、执法环境的变化，政府应调整自己的管理方式，使之与新的商业模式相适应，在监管市场主体过程中，要注重发挥市场的决定性作用。政府对基于互联网技术发展的新业态管理应该坚持推进政府简政放权,探索建立事前、事中、事后的灵活的政府监管平台。从互联网发展的经验来看,网约车平台从追求自身利益出发,无论是在制度上还是管理上都将更为完善,过去由政府承担的责任将更多地转由社会和网约车平台来承担。

七、结语

网约车合法化,我国成为全球首例。地方政府所制定的政策不过是政府在社会治理中的一个缩影,一个循环已久的模式。其间暴露出来的政府干涉市场引导企业发展、地方政府监管困难、制定"苛刻"政策限制网约车发展等问题不禁让人们思考,网约车新政是不是过度解读了国家文件,是否有过度执行之嫌。同时也揭示了我国在社会治理中存在的诸多问题。政府如何制定人性化的政策,如何利用市场来促进网约车和出租车行业的发展,值得我们进一步思考和关注。

思考题

(1)结合公共政策理论,分析网约车合法化政策出台的深层次原因。

(2)在网约车合法化的进程中,政府应该如何促进网约车继续发展?

(3)在网约车合法化的进程中,如何平衡网约车公司与传统出租车行业之间的利益关系?

(4)政府如何运用更加人性化的政策,确保网约车合法化工作的顺利开展?

(5)政府在市场经济和固有势力竞争中应扮演什么角色?

第二部分:案例教学使用说明

一、教学步骤

(1)结合案例提出3—5个符合教学需要的启发性思考题,要求学生在课前完成案例阅读并进行初步思考;

(2)准备10分钟左右的课堂前言,简明扼要地概括案例的主要内容并介绍案例教学课的流程和安排;

(3)按6—8人/组对学生进行分组,为每组准备若干打印纸,以归纳讨论意见;

(4)各小组推选发言人,回答思考题,陈述小组观点,并以简要PPT为辅助;

(5)教师总结案例及各组发言情况,对案例涉及的理论进行简要阐释;

(6)布置作业:搜集案例有关信息,并以课后小论文的形式,自选角度提出更具体、完善的解决方案。

二、适用对象

本案例是针对参加"公共管理学""公共政策""地方政府管理"等课程学习的MPA学生,公共管理学学术型研究生、本科生,政府在职人员短期培训学习设计的。本案例也适宜于公共管理、政治学、社会学等学科的其他相关专业方向的研究生学习使用,本案例还适宜于具有一定的公共管理知识,对政府治理感兴趣的非专业人士、政府管理工作者自主学习使用。

三、教学目标

本案例教学主要有以下4个教学目标：

(一)促进学生对我国网约车新政的了解与把握

本案例通过描述媒体谈网约车新政以及网约车司机自身的故事，反映了我国网约车合法化过程中的一系列问题。虽然网约车对出租车行业在直观上有较大的冲击，但在巨大的市场需求下，网约车借助互联网平台不断强大，在市场中占了一席之地，对解决打车难的问题和促进经济发展有重要作用。本案例的学习讨论需要学生理解，在互联网的背景下，网约车合法具有一定的必然性，应客观分析其利弊。

(二)加强学生理论知识学习，提升学生理论修养

政府监管、政府治理、协调治理是学生应当掌握的重要理论内容，政府监管是保障市场各部门有序运作的重要条件。因此本案例对学生提出了更高的要求，要求学生尽量透彻理解案例所涉及的焦点问题，同时还需把握案例所涉及的一系列理论知识，并由此得出结论，加深理论学习、提高理论修养。

(三)提高学生透过现象看本质的分析能力

本案例在媒体谈网约车新政以及网约车司机自身故事的描述中揭示出政府在扮演管理和社会监管角色中存在的诸多问题。本案例需要学生通过深入细致的综合分析，发现案例所反映的深层次问题，学会综合运用所学知识主动发现问题、分析问题，提高透过现象看本质的分析能力。

(四)提高学生实际操作技能

学习本案例的学生中部分是具有政府部门工作经验的MPA学生。此案例的最大特点就是贴近其工作实际、涉及当前公共管理中的热点问题，对实际工作中的真实情景加以典型化处理，形成供学生思考分析的案例。本案例的教学需要学生通过独立研究和相互讨论的方式，提高自身分析问题和解决问题的能力，以便在工作中针对具体问题，正确识别风险、控制风险。

四、要点分析

本案例在一定程度上揭示了当下我国政府治理存在的通病,也就是面对新鲜事物一般采取"先不管,后管死"的方式。网约车也是社会关注的热点问题之一,其中包含了许多值得深入分析和探讨解决的问题。为达到本案例的教学目的,在此特拟出本案例值得讨论的问题要点。

(一)政府为什么要出台网约车合法化政策?

本案例中最明显也最值得讨论的问题,就是政府应该怎么应对现实环境的变化,调整网约车政策。

(1)公共政策调整是指在公共政策实施过程中,根据政策评估和监控所反馈的信息对原有政策中不适应政策对象和政策环境变化的部分,采取渐进的方式进行增删、修正和更新。

(2)公共政策具有三个特点:第一是渐进性;第二是局部性;第三是动态性。

(3)公共政策调整的主要内容包括:一是政策目标的调整;二是政策方案的调整;三是政策措施的调整;四是政策关系的调整;五是政策主、客体的调整。

(4)公共政策调整变动的原因一般有:一是决策者的变动;二是政策环境的变化;三是政策资源的限制;四是政策的失效或低效;五是政策的合法性受到质疑。

(5)就本案例而言,对网约车公共政策的调整变动主要是由于政策环境发生的重大变化。出租车是传统的群众出行的重要交通工具,关系民生,早已成形的出租车管理政策一直沿用至今。但随着网络技术的发展,网约车的出现给出租车带来了极大的冲击,原有的出租车管理政策随着这一政策环境的重大变化必须做出相应的政策调整。出台《国务院办公厅关于深化改革推进出租汽车行业健康发展的指导意见》和《网络预约出租汽车经营服务管理暂行办法》,是政策环境变化使然。

（二）政府应该如何加强网约车管理？

第二个值得探讨的问题就是政府如何采取更有效的方式对网约车进行监管。政府应该采取怎样的措施来监管网约车成为网约车新政的核心问题。本案例中，国家出台《国务院办公厅关于深化改革推进出租汽车行业健康发展的指导意见》和《网络预约出租汽车经营服务管理暂行办法》后，北京、上海、广州、深圳等地相继发布了关于网络预约出租汽车经营服务管理暂行办法实施细则的征求意见稿或草案。这些地方性文件对网约车提出了诸多"苛刻"的要求，如必须拥有本地户籍、必须满足三年以上的驾龄，甚至对车型也做出了一定的要求。以上海为例，在地方政策出台后，据滴滴平台统计，符合车型要求的网约车数量不足原来的1/5；已激活的41万余名司机中，符合新政中具有上海本地户籍的要求的司机不到1万名，网约车的司机将大幅减少。政府应该怎样管，怎样加强政策设计来减少政策风险，是本案例的中心问题。只有政府加强顶层设计，从政策层面出发充分考虑实际情况，才是解决网约车问题的根本出路，而不致进入"先不管，后管死"的恶性循环。

（三）如何确定网约车合法性问题？

本案例中值得深思的第三个问题是如何确定网约车的合法性问题。案例讲述了一个普通专车司机王师傅的幸福故事，也描述了小D被执法部门严惩的经历，网约车司机与执法部门之间的所谓的"猫鼠游戏"藏着网约车的合法性问题。在司机们的眼中，他们的目标是赚外快来增加收入，网约车平台只是达到目标的手段，这并不存在违法问题。而在执法部门和出租车司机的眼中，专车就是披上互联网外衣的黑车，与一般黑车不同的是这些专车服务更具隐蔽性和危害性。我国各地政府对网约车一直采取含混的态度，他们在很长的时间里既不表态支持，也不宣布禁止网约车，总体上采取了宽容的态度，但是在"打击黑车"的行动中常常将网约车同黑车一起打击。从上海交通执法部门认定滴滴专车因将私家车纳入其商业运营平台而存在非法营业行为，再到北京、上海、青岛、重庆等十个城市叫停了滴滴打车等网约车公司的专车服务，网约车自身的合法性问题也逐渐成为焦点。网约车跳出了出租车行业的管理规定之外,在与"法理"和"商规"逆行中,在不断的市场需求下逐渐强大,不管执法部门如何打击"黑车",网约车依然会"野火烧不尽"。因此,执法部门在加强监管的同时,有必要对网约车是否合法做出进一步的界定。

(四)如何保护传统出租车行业的合法利益?

长期以来各地出租车公司坐收行业垄断利润,出租车行业几乎成了一个垄断行业,而出租车司机群体却没有分享到相应利益,部分司机在生存压力下养成拒客、宰客的习惯,严重败坏了整体行业风气和口碑。随着互联网技术的发展,网约车平台迅速崛起,在共享经济模式的作用下,在巨大的市场需求的驱动下,网约车在不断地挑战着传统出租车行业的地位。本案例中,各地网约车新政的出台,其间接目的无非就是保护传统出租车行业的利益。上海出台的网约车新政明确禁止网约车到机场或者火车站接客,这无疑是为了保护机场或火车站周边的出租车的利益。随着网约车的稳健发展,网约车也一再遭到出租车司机的群体抗议,但是政府不能仅仅因为要保护垄断行业的利益而对新兴产业采取打压或是一禁了之的政策。毋庸置疑的是网约车对社会总体来说是有益的,虽然它的到来对出租车行业来说是出其不意的,但是它显示出了互联网技术改变社会的深度和广度。网约车平台并非就是传统出租车的替代,所以政府所要做的是平衡网约车与出租车之间的利益关系,尽可能使网约车和出租车的门槛管理保持一致,最终交给市场去选择,而不是人为地故意提高门槛。

(五)如何加强各主体间的协调和配合,实现协同治理?

本案例中值得讨论学习的第五个问题是如何加强部门间的协调和配合,实现协同治理。本案例只叙述了政府针对网约车出台的一系列政策,却不见网约车平台公司的意见,企业疲于做出应对,没办法将更多精力放在服务上。对新生事物一开始放任不理,然后倒向一个极端,极力抬高门槛,从严要求,这是中国很多行业管理的通病。媒体在谈及网约车新政时不约而同地认为地方政府过度解读了国家政策,政府作为决策者应该充分利用市场这只无形的手来调节市场,通过协同治理来达到双赢的目的。出租车行业不应一味地通过法律来保护自己的利益,还应该反省自身问题并且借鉴网约车发展的经验;网约车公司应该加强和政府部门的交流,通过协调和配合来完善网约车监管制度。只有互相沟通、彼此学习和借鉴才能实现共同进步,促进社会的发展。涉及多个主体的问题往往会由于相关主体间缺乏有效的协作与整合、职能部门间相互不支持而走向负面的结果。因此通过本案例的讨论学习,学生们能够思考如何加强主体间的协调和整合,实现共同治理。

五、课堂安排

本案例描述的事件发生于2016年间,虽然故事经过和内容并不复杂,但包含了不少值得讨论的主题,因此建议本案例教学的时间安排在3个课时左右。

在本案例教学中,学生是主角,教师是辅助,因此教师在课前需要将准备好的案例告知学生,让学生了解案例内容,并要求学生查找一些必要的资料,做好讨论学习准备。

在本案例课堂教学的流程上,建议安排以下4个环节。

(一)课堂前言

教师准备10分钟左右的课堂前言,简明扼要地概括案例的主要内容并介绍案例教学课的流程和安排的同时,还可结合案例提出3—5个符合教学需要的互动启发式问题,以了解学生对此次案例教学的准备程度和初步认识。

(二)讨论案例

讨论案例是案例教学过程的中心环节,教师应设法调动学生的主动性,引导学生紧紧围绕案例展开讨论,方式可以是全班一起讨论,也可分小组讨论。本案例教学建议采取分组讨论的形式,按6—8人/组对班级学生进行分组,引导其围绕教师提出的思考题展开讨论。讨论中要鼓励学生充分表达自己的观点,每名学生都要发言,发言时间控制在5分钟内。此外还需各小组进行分工协作,将该组主要的观点做好记录并归纳为简要的PPT,推选小组发言人。案例讨论过程中,教师要尽量关注每组学生的进展,对讨论中出现的跑题或发言不活跃等情况,要及时介入,促使讨论顺利进行。此外,还可鼓励学生搜集生活中的相关案例,在课堂上分享,一方面加深学生对案例的体会和理解,一方面使得案例教学更贴近生活实际,以提高教学效果。

(三)观点陈述及互动

第三个环节为观点陈述及互动,每组各分配10分钟左右的时间,其中小组发言人有5分钟左右的时间陈述本组观点,另外5分钟供其他成员补充及与其他小组问答互动。教师在这一环节中要鼓励学生充分表述自己的观点,组与组之间增强互动、沟通和交流。

(四)总结案例及作业布置

在学生对案例进行分析、讨论,并得出结论之后,教师应总结案例及各组发言情况,做出恰如其分的评价。此外,对案例涉及的理论进行简要阐释,对学生讨论中不够深入、不够确切的地方,做重点讲解。最后布置作业,让学生搜集案例有关信息,以课后小论文的形式,自选角度提出更具体、完善的解决方案。

六、其他教学支持

(1)建议选择多媒体教室安排本次课堂案例讨论教学,以便播放视频、图片等案例材料,丰富教学形式。

(2)课前提醒学生,上课时每组至少携带一台手提电脑,便于记录小组观点并制作简易PPT以展示小组成果。

(编写:邓聂涛　指导:欧书阳)

案例九："中国好声音"到"中国新歌声"更名背后的版权之争

第一部分： 案例正文

案例摘要：随着我国经济的发展,文化产业日益强大,人们对娱乐文化活动的需求日益高涨。近几年中华大地掀起了一股平民大众参与的各类"选秀"热潮,除了国内某些原创品牌外,也不乏引进国外作品版权的品牌。就我国的文化产业来说,知识产权一直是很多纠纷的根源所在,如今,引进国外的综艺节目引发的版权纠纷成了新的文化产业的热点问题。本案例主要反映了中国制作公司引进海外综艺娱乐节目,由版权纠纷引发的一系列问题,最终法院裁定版权归属易主,要求制作单位更改节目名称。本案例从公共管理角度,主要探讨作为文化产业主管的政府部门,在规范文化产业国际交流过程中,在引进相关文化品牌及产品的同时,要重视版权保护,包括我国的文化品牌的产权保护。本案例从一个侧面佐证了中国对知识产权的保护推进得越来越深。

关键词：文化产业；知识产权；综艺娱乐节目

一、引言

2016年7月6日,浙江卫视发布关于《2016中国好声音》节目将正式更名为《中国新歌声》的声明,声明中表示："为维护司法权威性,浙江卫视《2016中国好声音》节目将更名为《中国新歌声》,节目更名后仍将于7月15日如期播出。"浙江卫视的一纸声明引发了网友的广泛讨论和社会各界的广泛关注。

二、"中国好声音"横空出世

《中国好声音》节目前四季模式引进自 the Voice of Holland（荷兰之声）。the Voice of Holland 是荷兰 Talpa 公司（以下简称 Talpa 公司）独创的音乐类真人选秀节目，曾被引进到多个国家，如英国之声 the Voice（U.K.）、美国之声 the Voice（U.S.）、爱尔兰之声 the Voice of Ireland。《中国好声音》自2012年开播，由上海灿星文化传播有限公司（以下简称灿星公司）与浙江卫视合作制作播出。

2012年，国内版权代理公司 IPCN 从 Talpa 公司获得了 the Voice of……的独家发行权，并将制作权授予灿星公司。2012年《中国好声音》播出后一炮走红，为这类综艺节目打开了一扇大门，不但培育出一批歌手，也让制作方灿星公司赚得盆满钵满。

三、《中国好声音》引发"版权之争"

转眼四年过去，无论是节目制作模式、节目内容，还是后期配合，《中国好声音》都走上了轨道，2015年10月8日《中国好声音》第四季落下帷幕。2016年第五季也将沿用原有模式，在夏季之时敲锣登场。然而，当灿星公司紧锣密鼓地准备《中国好声音》第五季节目之际，随着节目的影响力越来越大，商品冠名及广告收入也随之水涨船高，作为原创版权所有者的 Talpa 公司自然也想从做大的蛋糕中分到更多的收益，与灿星公司在版权问题的谈判中矛盾加大，久未达成共识，引起不断风波，使灿星公司陷入了版权纠纷。

2016年1月20日，浙江唐德影视股份有限公司（以下简称唐德公司）发布公告，宣布与 Talpa 公司签订了《〈……好声音〉模式交易及合资公司交易意向书》。意向书表明，Talpa 公司向唐德公司授予《……好声音》（英文名为"the Voice of……"，以下简称《好声音》）节目相关权利，并向后者提供相关服务，具体内容包括唐德公司将拥有《好声音》的使用权，包括发行、营销、广告及其他开发模式，以及授权他人使用或开发的权利，同时，双方还将共同成立合资公司。

2016年1月22日,Talpa公司于香港提出临时禁制令,禁止星空华文国际传媒有限公司(灿星公司的母公司,以下简称星空华文公司)及其关联公司梦响强音文化传播(上海)有限公司(以下简称梦响强音公司)制作与播放《中国好声音》第五季节目。

1月28日,灿星公司方面发布声明称,Talpa公司不但违背国际惯例索要亿元天价版权费用,形同勒索,而且单方面撕毁合同,毫无信用。同时表示,公司目前正在进行的相关海选并不会终止,也不排除公司自主研发《中国好声音》的可能性。当日,灿星公司正式向唐德公司发出律师函,同时,星空华文公司已启动针对Talpa公司的国际诉讼,拟将在荷兰、英国和美国同步提起国际诉讼,状告Talpa公司单方面撕毁合约的行为。

1月29日,唐德公司在北京召开了与Talpa公司的签约发布会,正式宣布公司将在2016年全面进军电视综艺产业,并正式接受Talpa公司的 the Voice of……节目模式在大中华地区的独家管理、许可和应用的权利,总共花费6000万美元购买了 the Voice of……自2016年1月28日起至2020年1月28日间一共四季的版权,同时,双方还宣布将成立合资公司,共同在中国开发和运营Talpa公司拥有的其他近200个电视综艺节目版权。发布会上,Talpa公司负责人明确表示:灿星公司拥有之前几季好声音的所有权,但是他们并没有续约。

2016年2月,灿星公司使用"the Voice of China"的商标开启2016第五季节目的全国海选。

2016年2月5日,Talpa公司针对星空华文公司和梦响强音公司向香港国际仲裁中心提出仲裁申请,该仲裁申请书记载的Talpa公司提出的救济请求包括:裁定星空华文公司和梦响强音公司尽其一切能力阻止制作公司、广播电台和广播电台关联公司使用、许可或转让不当注册的商标和任何其他知识产权——包括但不限于与未授权的第五季 the Voice of China 相关的知识产权。

2月17日,灿星公司宣布,灿星将自主研发、原创制作《中国好声音》。《2016中国好声音》官方微博(归灿星公司所有)发布该节目新标识,不再使用"the Voice of China"字样及手握话筒图标,并将原有的"V"字造型的标志性LOGO换掉。该微博表示:"好声音换新装! 从燃烧热血的'火V',到更高大上的金属质感V,2016,好声音项目全面开始!"

3月7日,Talpa公司以侵犯 *the Voice of……* 节目的注册商标专用权为由,将第五季《中国好声音》电视节目海选运营方梦响强音公司等诉至北京市朝阳区人民法院。荷兰版权方认为,灿星公司未经许可在全国好声音海选中使用《好声音》商标版权是侵权行为,应立即停止侵权并做出赔偿。星空华文公司和梦响强音公司针对Talpa公司提出的仲裁申请做出答辩。

3月17日,北京市朝阳区人民法院官方微博发布消息称,因第五季《中国好声音》全国城市海选活动未经授权使用了与 *the Voice of……* 节目的注册商标几乎相同的图标与文字,Talpa公司于3月7日将梦响强音公司、北京正议天下文化传媒有限责任公司(以下简称正议天下公司)诉至该院,要求被告停止侵权、消除影响,并赔偿经济损失300万元。朝阳区人民法院已经受理此案,尚待进一步审理。

Talpa公司表示,该公司主要业务为开发、制作并发行电视节目模式。*the Voice of……*(中文译名为"……好声音")是其开发的一款歌唱比赛真人秀电视节目模式。2010年10月,该公司在荷兰注册了"the Voice of Holland"的文字及图形商标。截至目前,该公司已就该商标或源于该商标的商标,在包括中国、澳大利亚、美国和欧盟在内的70个国家和地区获准注册或提交注册申请。

其中,Talpa公司在中国注册的"the Voice of……"文字及图形商标,专用权期限始于2012年4月26日,其时仍受我国商标法律保护。此外,该公司还注册了手握话筒图形商标,专用权期限始于2011年3月18日,其时仍处于有效期内。

Talpa公司表示,其开发的 *the Voice of……* 电视节目模式于2012年进入中国市场,同年7月,《中国好声音》电视节目在浙江卫视播出。该公司通过许可的方式授权第一季到第四季《中国好声音》电视节目、该节目前期准备活动(如海选)及其他相关活动和商品使用上述商标。但是,自2015年10月起,梦响强音公司和正议天下公司在未通知Talpa公司、未经该公司许可的情况下,在第五季《中国好声音》全国城市海选及宣传中,大量使用了与该公司注册商标几乎相同的图形与文字,侵犯了其享有的注册商标专用权。二者的侵权行为主要包括:梦响强音公司在其主办的网站、发布运营的安卓系统和苹果系统手机应用软件以及各地海选现场与宣传中,大量使用了相关标识;正议天下公司也在其官方网站、海选活动现场及宣传中,使用了相关标识。

Talpa公司认为,二被告的行为属于在相同、类似商品或服务上使用相同商标的行为,相关公众在接触二被告的商品、服务以及宣传材料时,会对其来源产生混淆误认,因此构成商标侵权。

Talpa公司诉称,梦响强音公司曾在其网站公布《第五季〈中国好声音〉全国城市海选官方授权公司公示》。根据该公示可知,梦响强音公司以授权方的名义已在全国20多个省份的海选活动与来自全国的20家企业进行合作,包括正议天下公司。Talpa公司认为,二被告的行为导致了侵犯其注册商标专用权的行为在全国大范围发生,影响极其恶劣。因梦响强音公司和正议天下公司的商标侵权行为持续至今、获利巨大,且阻碍了自身市场运营及相关节目推广,损失极大,故Talpa公司将二被告诉至法院,要求二者立即停止侵权,在有关媒体显著位置刊登声明消除影响,并赔偿各项损失300万元。

面对Talpa公司的指控,《中国好声音》电视节目宣传总监陆伟在接受有关媒体采访时表示:"在第五季合作谈判破裂之前,我们用了'the Voice of……'标识,因为我们默认和原告是可以续约的。谈判破裂以后,我们没有办法购买这个节目的模式,所以现在节目标识和模式已经更改了。"对此,他进一步解释道,每年谈判续约的过程是漫长的,而节目的筹备工作却要很早开始,所以跟以往四季节目的制作惯例一样,在与原告谈判续约过程中,《中国好声音》第五季节目就已经开始制作,没想到原告最后将节目模式卖给了唐德公司,这才出现续约前《中国好声音》节目海选中使用了"the Voice of……"文字与图形的情况。陆伟表示,关于本案,好声音方面已有律师团队在准备应诉。

4月20日,Talpa公司在北京召开媒体说明会重申,目前中国地区只有唐德公司才拥有 *the Voice of* ……的版权。Talpa公司表示,*the Voice of* ……授权给全球64个国家,不可能有某一个国家能自己注册商标。"即使是小的改动也不代表就不是 *the Voice of* ……了,依然是翻版的。"

四、双方各执一词,转交法院裁定

5月6日,Talpa公司针对星空华文公司和梦响强音公司向香港国际仲裁中心仲裁庭提交《宣告式救济和禁令救济申请书》,请求宣告其拥有"中国好声音"五字中文节目名称。

6月7日,唐德公司向北京知识产权法院提交《关于诉前行为保全请求事项的说明》("诉前保全"指利害关系人因情况紧急,不立即申请财产保全将会使其合法权益受到难以弥补的损害的,可以在起诉前向人民法院申请采取保全措施),进一步明确了请求事项,包括"请求法院责令被申请人上海灿星公司和世纪丽亮公司立即停止在歌唱比赛选秀节目的宣传、推广、海选、广告招商、节目制作或播出时使用包含'中国好声音'的节目名称"。随后,为固定申请请求及明确担保事宜,北京知识产权法院对唐德公司进行了询问,最终确定了本案请求事项。

唐德公司认为,如果不尽快采取措施,会导致难以弥补的损害。唐德公司认为,2016年"中国好声音"的版权已归自己拥有,然而,灿星公司还在利用"中国好声音"的影响力继续做宣传和推广,此举严重影响了唐德公司的利益。

6月19日,《2016中国好声音》在浙江嘉兴举行新闻发布会,四大导师那英、周杰伦、汪峰、庾澄庆同台亮相。现场主办方公布,节目将采用全新原创模式,节目形式、舞台设计等环节都将进行改动,最为标志性的"转椅"环节也将被替换,导师将乘坐全新打造的"导师战车"冲向心仪的学员。节目计划7月15日登陆浙江卫视。

6月20日,根据唐德公司申请,北京知识产权法院做出行为保全裁定,责令灿星公司、世纪丽亮(北京)国际文化传媒有限公司(简称"世纪丽亮公司")立即停止在歌唱比赛选秀节目的宣传、推广、海选、广告招商、节目制作过程中,使用包含"中国好声音""the Voice of China"字样的节目名称及相关注册商标。

根据我国法律规定,当事人(灿星公司)如果对北京知识产权法院做出的诉前禁令不服,可以申请复议一次,但复议期间不停止裁定的执行——即灿星公司的新节目仍然不能叫"中国好声音"。

6月20日,由灿星公司推出的《2016中国好声音》在浙江嘉兴开启首场录制。之前标志性的导师选人"转椅"替换成了"战车",遇到打动人心的"好声音",坐在"导师战车"上的4位导师,将从4.5米高的轨道顶端滑下,"冲刺"到学员面前。此前导师坐在转椅上背对选手的形式,变为在导师面前设置"声音之门",以遮挡导师视线。此外,节目的英文名不再是"the Voice of China",而是"Sing! China";代表胜利的"剪刀"手LOGO也不见了。

2016年6月22日,香港国际仲裁中心针对5月6日Talpa公司向该仲裁庭提交的《宣告式救济和禁令救济申请书》,驳回Talpa公司对其拥有"中国好声音"五字中文节目名称的宣告要求,驳回Talpa公司对临时禁制灿星公司和梦响强音公司使用"中国好声音"五字中文节目名称(以及制作新节目)的救济要求。

灿星公司副总裁、"好声音"宣传总监陆伟表示,会把香港国际仲裁中心的最新裁决结果,作为证据提交给北京知识产权法院申请复议,请他们在新证据的基础上做出裁决。

6月23日,唐德公司正式向北京知识产权法院提交了起诉状,状告灿星等公司实施了商标侵权和不正当竞争行为,索赔5.1亿元。

6月25日,浙江卫视向北京知识产权法院出具《关于"中国好声音"节目名称合法权益的声明》,声明指出:"一、'中国好声音'节目名称由浙江卫视独立自主创意、创作完成,并沿用至今。上述节目名称经过浙江卫视的使用和宣传,已经在相关公众中享有了较高知名度,相关公众基于该名称所识别的对象也只能是浙江卫视提供的有关服务,而非其他。因此,只有浙江卫视系'中国好声音'这一节目名称的合法权益人。更为重要的是,'中国好声音'这一节目名称完全是由浙江卫视逐级上报国家新闻出版广电行政管理部门并获批后进行合法使用的。此外2012年在节目首次播出期间,浙江卫视即通过所属子公司向国家商标总局申请并成功注册了'好声音'商标(注册号为11525974)。综上所述,浙江卫视对'中国好声音'节目名称拥有无可争议的在先合法权益,上述合法权益应当受到包括《商标法》《反不正当竞争法》等法律的保护。二、浙江卫视从未以任何方式许可其他个人或机构转授权第三方使用'中国好声音'节目名称,更不可能将其转让给任何第三方;未经授权,其他任何个人或机构都无权针对'中国好声音'这一节目名称主张权益;目前未经浙江卫视授权提出的任何权益主张行为,均是对浙江卫视合法权益的严重侵犯。三、坚定支持依法治国、尊重司法裁判,是浙江卫视一直秉持的法治理念……"

6月29日,针对复议申请,北京知识产权法院进行了公开听证。双方法定代表人、委托代理人均参加听证,并围绕复议申请理由进行了充分辩论。听证后,合议庭认为本案属于疑难、复杂、重大案件,经主管院长决定,提交审判委员会讨论决定。

6月30日,提交审判委员会讨论决定。审判委员会到会委员依法对复议申请人的主张、被申请人的答辩意见及相关证据材料进行了书面审查、讨论,并形成决议。

7月4日,北京知识产权法院就灿星公司等提出的复议申请,针对程序问题、唐德公司是否具有主张"中国好声音"节目名称权益的基础、是否具有胜诉可能性、是否具有紧迫性、是否符合损害平衡性、是否损害社会公共利益、担保金额及形式是否适当以及是否可以适用反担保解除保全等复议理由,依法做出复议裁定,驳回了灿星公司、世纪丽亮公司的复议请求,维持原保全裁定,责令灿星公司停止使用"中国好声音"节目名称,该中文节目名称最终归属仍等待法院裁决,并向双方当事人进行了传达。

为了避免版权争议,浙江卫视将《2016中国好声音》暂时更名为《中国新歌声》。

从司法层面上来说,灿星公司暂时无法使用"中国好声音"的名称制作节目,但从广电管理层面来讲,唐德公司也无法制作《中国好声音》。此次诉前保全法院支持了唐德公司,实际上浙江卫视并未受到禁制,依然可以制作节目。从广电管理层面来讲,两家卫视不可能播出两档《中国好声音》,而浙江卫视备案在前,所以唐德公司制作的 *the Voice of China* 节目必须另外取名,才能播出。

五、版权之外的利益之争

"中国好声音"版权之争暂时落下帷幕,在与唐德公司争夺"中国好声音"一系列的版权纠纷中,灿星公司落败,其在浙江卫视播出的新节目不得不暂时更名为《中国新歌声》。此外,已经有赞助商退出合作。《中国好声音》本是中国引进的"洋节目",与其说是灿星公司造就了《中国好声音》,不如说是《中国好声音》成就了灿星公司。该节目是灿星公司引进成熟的国外综艺节目模式进行本土化改造的节目,先于各类综艺节目在中国本土"开花结果",其节目形式和内容都得到观众好评,收视率的升高也为节目带来了大批广告商,广告收益惊人。一个不受期待的节目一时间变成了摇钱树,不论灿星公司还是Talpa公司都无比欣喜,然而在第五个年头却陷入了版权纠纷,这还得追根溯源,从头深挖原因。

(一)"引进类"节目的无奈

2012年,国内版权代理公司IPCN从Talpa公司获得了 *the Voice of……* 的独家发行权,并将制作权授予灿星公司。首次做引进节目的灿星公司对节目能不能火似乎并没有把握,于是只打算先做一个尝试,没想到的是节目一炮而红。虽然节目在中国播出了四年,但毕竟不是属于自己的原创节目,只有使用权的灿星公司依然要向荷兰版权方连年支付高额的版权费用,实为无奈。

(二)"蛋糕"变大,版权费飙升

第四季《中国好声音》总决赛中,优信二手车一条60秒的广告花费3000万元,让人记忆犹新。据知情人士透露,除了"中国好凉茶"加多宝

2.5亿元（此为2014年数据，2015年的冠名费制作方保密）的天价冠名费外，仅滴滴打车、vivo手机、高德地图、苏宁易购、百雀羚等品牌的广告费用，合计每年就高达20亿元左右。

最初灿星公司购买 *the Voice of*……节目模式的费用仅为一年200多万元人民币。按照国际惯例，购买节目模式的费用通常占节目整体制作成本的5%左右。所以，第一季的费用并不高，然而，随着《中国好声音》走红，第二年续约时，Talpa公司提高价钱，经过艰难的谈判，灿星公司同意将版权费用涨到一年1000万美元，这一价格比前一年增长了近3000%。陆伟曾在采访中表示："在随后的两年时间里，Talpa公司一直坚持不懈，不遗余力地向国内其他制作公司推销，企图寻找高价买主，不过因为没有找到合适的下家，所以2014年、2015年灿星公司仍以1000万美元的价格拿到续约。"

在 Talpa 公司"不按套路出牌"的背后，似乎也有其"难言之隐"。2015年5月份，英国独立电视台（ITV）以3.55亿英镑的价格，收购了Talpa公司。彼时，双方签订了对赌协议，在未来8年内，Talpa公司如果仍能实现约定的利润增长目标，并且约翰·德·莫尔（John de Mol）还留在公司董事会的话，其收购总金额将从3.55亿英镑涨到7.81亿英镑。

（三）唐德"天价"竞购版权

引起唐德公司觊觎的，也许还是《中国好声音》的吸金功能。值得注意的是，在此次Talpa公司与唐德公司的协议约定中，唐德公司以6000万美元的价格，购买 *the Voice of*……四年的模式使用权。也就是说，*the Voice of*……每年的模式费用为1500万美元，比灿星此前支付的1000万美元仍高出五成。

很多因素都可以影响海外引进综艺节目模式的价格，比如播出时长、播出平台等。再有，近几年中国综艺节目爆发，《爸爸去哪儿》《奔跑吧兄弟》等真人秀类综艺节目频出，瓜分了音乐选秀类综艺节目的市场份额，而音乐综艺类节目中，也有《百变大咖秀》《我是歌手》《蒙面歌王》等后起之秀，《中国好声音》可谓腹背受敌，地位大不如从前。在这样的背景下，

the Voice of ……真的还值如此高价吗?

对此,唐德公司董事长吴宏亮显然有自己的判断:"在我看来,这次合作是最简单的商业行为,自己算自己的账,看是否愿意承担这样的风险。我们看好这个栏目的价值,它在全世界180个国家都有这么大的影响力,这是非常不简单的,我们要尊重人家的知识产权,尊重人家的创意。唐德跟Talpa公司长期合作的基础是先借鉴经验,再加以中国特色元素转化,最后输出适合于本土的节目,这是中国创意行业的路,要创造出属于中国自己的原创类节目,大家一定要合作,一定要取长补短。"

作为买方的灿星公司4年前在版权谈判中无疑存在失误,不仅对4年后的市场情况缺乏预见,在一些原则问题上也缺乏应有的坚持,有些条款的细节也欠推敲。灿星公司的声明和一些媒评中用到了Talpa公司"单方面撕毁合同""索要天价模式费""挑动各方哄抢"等表述,但灿星公司后来强调"国际惯例""世界各国公认的模式节目收费标准",问题的关键在于灿星公司与Talpa公司的原合同里有无写明相应条款,若当初能把合同条款订得更严谨,板上钉钉,不留法律漏洞,恐怕可以避免很多纠纷和争议。

六、结束语

长达半年的《中国好声音》"版权之争"已经暂时落下帷幕,"中国好声音"更名"中国新歌声"是国内知识产权问题纠纷中的一个代表性案例,也是文化产业管理、对外文化交流中常见的问题。分析这一案例,可以探讨一个文化品牌、一种文化呈现模式能够吸引如此多的追逐者,这一现象背后的深刻的社会文化、社会心理等因素。还可以探讨,行使文化管理职能的政府在推动对外文化交流、对文化产业有效监管的过程中,如何引导相关文化产业更好地引进适合国情,或者经过改造后适合国情的文化模式或项目。还可以更深层次地探讨,强调尊重知识产权、强化版权管理的同时,政府可以如何在政策上、在具体措施上,更有力地支持、推动原创性文化产品的繁荣。同时,拥有原创文化成果以及有力地维护自己的知识产权依旧是我们应当关注和努力的方向。

思考题

(1)结合案例,利用所学的理论知识分析"版权之争"的原因。

(2)在引进海外节目的过程中,如何保障购买方和版权方的合法权益?

(3)在文化产业快速发展的形势下,如何维护文化成果的知识产权?

(4)如何规范和监管好海外引进文化类作品或成果的版权费用标准?

第二部分:案例教学使用说明

一、教学步骤

(1)结合本案例提出3—5个教学所需要的启发性思考问题,要求学生在课前查找案例相关资料阅读,并进行初步思考,将事件全过程进行梳理,简要写出事件中的要点和关键信息形成"主要线索线";

(2)准备约10分钟左右的课堂前言,简要地概括案例的主要内容并介绍案例教学课程的流程和安排;

(3)按6—8人/组对学生进行分组,为每组准备若干打印纸,以归纳讨论意见;

(4)各小组推选发言人,回答思考题,陈述小组观点,并以简要PPT为辅助;

(5)教师总结案例及各组发言情况,对案例涉及的理论进行简要阐释;

(6)布置作业:搜集查找案例有关信息、类似案例的相关资料并以课后小论文的形式,自选角度提出本案例以及类似案例的具体、完善的解决方案。

二、适用对象

本案例是针对参加"公共管理学""地方政府管理""公共文化服务"等课程学习的MPA学生,公共管理学学术型研究生、本科生,政府在职人员短期培训学习设计的。本案例也适宜于公共管理、社会学等学科的其他相关专业方向的研究生学习使用,本案例还适宜于具有一定的公共管理知识、法学知识,对此感兴趣的非专业人士、政府管理工作者自主学习使用。

三、教学目标

本案例教学主要有以下四个教学目标：

(一)增进学生对我国现阶段文化产业中存在的类似问题的了解

本案例通过对综艺节目更名背后的版权之争的论述，反映出我国文化产业中广播电视电影服务存在的外国综艺节目引进后版权归属不清的现象及其问题。对我国文化产业发展来说，对版权问题的关注始终是必要且重要的。通过对本案例的学习讨论，学生需要理解，我国是一个发展中的社会主义国家，同时也是一个开放的国家。这种开放不仅表现在经济上，也表现在精神文化上，我们可以引进国外的优秀文化成果，学习其他文化的优秀成果，也要清醒地认识到，我们应重视我国的文化。另外，对于文化产业中存在的问题和争议，应当予以正确认识，纵观前因后果，客观分析其利弊。

(二)帮助学生深入学习知识产权知识，提高理论修养

知识产权是人类在社会实践中创造的智力劳动成果的专有权利，在21世纪，知识产权与人类的生活息息相关，这也是公共管理领域的重要理论知识内容。因此本案例对学生提出了更高的要求，要求学生尽量理解案例所涉及的焦点问题、知识产权问题，同时还需把握案例所涉及的一系列相关理论知识，并由此得出结论，加深理论学习、提高理论修养。

(三)提高学生透过现象看本质的分析问题能力

本案例揭示的是当前文化产业中存在的文化自主创新、文化成果版权的问题。本案例需要学生通过全面了解、深入细致的综合分析，发现此类事件所反映的深层次的问题，学会综合运用所学知识主动发现、分析问题，提高透过现象看本质的分析能力。

(四)提高学生实际操作技能

学习本案例的学生中的一部分是具有一定工作经验的 MPA 学生。

此案例的特点是贴近其工作实际、涉及当前公共管理中的热点问题,把实际的问题和现象形成供学生思考分析的案例。本案例的教学需要教师引导,帮助学生通过独立研究和相互讨论的方式,提高自身分析问题和解决问题的能力,以便在工作中针对具体问题形成正确认识。

四、要点分析

本案例反映了当下我国文化产业中的现实问题、社会关注的热点问题,包含和反映了一些应当深入分析和探讨的问题。为达到本案例的教学目标、实现教师和学生均有收获,在此拟出本案例值得讨论的问题要点。

(一)政府在促进文化产业发展、有效监管文化产业市场中的角色定位是什么?

在市场经济条件下,要更好地促进文化创意产业的发展,政府必须遵循市场经济规律,明确政府的角色定位。市场经济发展的历史充分证明,市场不是万能的,也有失灵的时候,这时就需要政府的介入。第一种情况是市场无法实现社会资源整体有效配置,特别在处理市场主体利益纷争时,市场不能解决总量问题,不能排除垄断、不当竞争和过度竞争等不良因素,本案例中的版权费用的监管就有垄断之嫌;第二种情况是市场机制无法解决效率以外的非经济目标,就文化产业而言,商业文化、大众文化是必要的,但一些符合国家利益、群众喜闻乐见的非效率性的文化,就需要政府来供给;第三种情况是文化市场需要健康发展,特别是在对外文化交流、引进相关文化节目模式的过程中,政府的监管角色不能缺少。首先要明确相关规制,其次是出现纷争时,政府要按照相关法律法规及市场规则,介入仲裁。本案例中,相关规制缺失是导致纷争的重要因素。发生纷争后,政府能依据市场经济规律介入仲裁,这是政府应当扮演的角色。

(二)如何在"文化产品引进"的过程中规避版权费用单方面提高?

灿星公司与荷兰版权方是在达成协议的基础上进行交易的,在引进海外节目的过程中,如何更好地保障双方的合法权益是案例中值得探讨的第二个问题。在案例中,购买节目模式的费用似乎并没有在双方签订合同最初形成具体标准,因此,出现了第二季版权方提高版权费用,而购买方灿星公司经过艰难商议才与其达成一致的情况。可以发现,如果引进娱乐节目方面的相关规定和标准是模糊的,那么在引进的过程中就很可能出现类似的问题。因此,要保障双方的合法权益,避免受到后续谈判的纠纷困扰或承受过大的损失,首先应提高市场主体自身的权益意识,其次应逐步健全和完善权益保障渠道和机制,从而在机制上保障引进方和版权方二者的合法权益。

(三)如何维护知识产权,维护文化作品版权问题?

案例中引起我们思考的第三个问题就是如何维护知识产权,维护自己的文化作品的版权免于纠纷的困扰。从政策法规看,我国已经制定了相关的知识产权法,以维护和保护相关权益。案例中出现的版权纠纷问题,不能单独认定其原因在于版权方提出提高版权费用,也有购买方本身在制订版权合同时不注重细节的原因。因此,在知识产权、版权、著作权相关的协议制订和签订上,有必要加以重复推敲,查阅相关法律法规,提前做出应急的解决方案,防范之后可能产生的纠纷。

(四)如何提高我国文化产业自主创新娱乐文化节目的能力问题?

本案例值得讨论的第四个问题,即如何打造我国自主创新的娱乐文化节目。以《中国好声音》为代表的"引进类"综艺节目种类不少,近几年频频活跃在中国的电视屏幕上,由中国制作方进行本土化改造后,吸引了大批中国观众的追捧,但从本质上来说,它们几乎都属于"洋娃娃"。中国观众在观看时也发现了此类节目与原节目不乏相似之处。而这一现象的原因之一是"先头部队"开始引进节目,节目效果较好,引得其他人也纷纷效仿。而更深层次的原因在于,我们缺乏属于自己的原创节目,也可以说,我们自主创新娱乐文化节目的能力还没有达到较高的水平。因此,努力提高我们对本土文化的宣传、创新能力,打造具有中国特色的娱乐文化节目就显得极为重要。

五、课堂安排

本案例的事件发生于2016年,事件经过和内容基本围绕"版权归属问题"展开,其中包含了一些值得探讨和思考的主题,因此,建议本案例教学的时间安排在3个课时左右。

在本案例教学中,学生是主角,教师为引导、辅助之角色,教师应在课前将案例提前告知学生,让学生了解案例事件经过及内容,并要求学生查找一些必要的相关资料,做好小组讨论学习的准备。

在本案例课堂教学的流程上,建议安排以下4个环节。

(一)课堂前言

教师准备10分钟左右的课堂前言,简要概括案例中的事件经过、主要内容和课程安排,可结合案例提出3—5个符合教学需要的互动启发式问题,以了解学生对案例教学的准备程度和初步认识。

(二)讨论案例

讨论案例是案例教学过程的重点环节,教师应调动学生的主动性,引导学生围绕案例展开讨论并提出自己的思考,方式可以是全班一起讨论,也可分小组讨论。本案例教学建议采取分组讨论的形式,按6—8人/组对学生进行分组,可利用头脑风暴法进行讨论,引导学生围绕教师提出的思考题展开讨论。讨论中要鼓励学生充分、平等地表达自己的观点,每人必须发言,可以对某些问题有争论。此外每个小组需要进行分工协作,将本小组主要的观点做好记录并归纳整理,制作成简单的PPT,推选一位小组主要发言人,其他成员补充意见。在对案例讨论过程中,教师要尽量关注每组学生的讨论的进展,对讨论中出现的跑题或发言不活跃等情况,要及时介入,促使讨论顺利进行。同时,还可鼓励学生课前、课后查找收集相关案例,在课上分享,提高教学效果。

（三）观点陈述及互动

第三个环节为观点陈述及全班互动，每一小组分配10分钟左右的时间，其中小组主要发言人利用5分钟左右的时间陈述本组主要观点，另外5分钟供其他成员补充意见，并与其他小组进行问答互动。教师在这一环节中要鼓励学生充分表述自己的观点，增强学生之间互动和交流。

（四）总结案例及论文布置

课程即将结束时，在学生对案例进行分析、互动讨论，并得出结论之后，教师总结案例和各组发言情况，做出适当评价。此外，对案例涉及的理论、相关法规进行简要阐释，对学生讨论中不够深入的地方，做重点讲解。最后，布置作业，让学生查找收集案例中的事件的有关信息和类似事件的资料，以课后小论文的形式，自选角度提出具体、完善的解决方案。

六、其他教学支持

（1）建议选择多媒体教室安排本次课堂案例讨论教学，以便播放视频、图片等案例材料，丰富教学形式。

（2）课前提醒学生，上课时每组至少携带一台手提电脑，便于记录小组观点并制作简易PPT以展示小组成果。

（编写：吕梓萌　指导：欧书阳）

第二辑

单一课程案例

案例十:"多门"到"一门"之路有多远?

第一部分:案例正文

案例摘要:民营经济是推动我国经济高质量发展的重要力量。但是,当前民营经济营商环境的发展仍受到来自政务服务方面的诸多制约。这也导致政企交流不畅,亲密关系难以维持,清白关系难以构建。B区作为省级民营经济综合改革示范试点,在新一轮机构改革前率先成立民营经济发展服务局,通过优化政务服务职责体系、简化服务流程、畅通诉求渠道,切实为民营企业解决生产经营中的实际问题,形成了"只进这一个门""只找这一家"的政务服务模式。本案例通过对B区民营企业政务服务中"多门"到"一门"的模式转变的调研,分析政府在优化营商环境、构建亲清政商关系中的职责,剖析该模式在运行中尚存的困难,总结归纳可复制推广的政策经验。

关键词:政务服务;民营企业;营商环境

一、引言

民营经济是推动我国经济高质量发展的重要力量。党的十九届四中全会提出,要健全支持民营经济、外商投资企业发展的法治环境,完善构建亲清政商关系的政策体系。B区民营经济撑起了该区经济的"半壁江山",已成为推动该区经济社会发展的主力军。自2018年7月其所属直辖市全市民营经济发展大会召开以来,B区在落实习近平总书记在民营企业座谈会上的重要讲话精神、执行C市民营经济发展大会工作部署的过程中,高位推动、密集调研、对症下药,着力营造一流营商环境。

2018年,B区被确立为全市民营经济综合改革示范试点,建立"区委区政府主要领导、区级分管领导、牵头单位"三级问题化解机制,于全市率先成立民营经济发展服务局,使民营经济帮扶政务服务实现从"多门"到"一门"的转变,从而聚焦企业的难点、痛点、堵点,"一病一方""一企一策"地制定化解措施,真正解决企业共性问题和历史遗留"个案"。

2017年11月,B区召开民营经济发展大会,成立了民营经济发展促进中心(后又成立民营经济发展服务局),它为区正处级全额拨款公益一类事业单位,核定事业编制10名,内设办公室、经济发展科、创业指导科等三个科室。B区民营经济发展促进中心主任表示:"民营经济发展促进中心要为民营企业搭建服务平台,创新服务方式,构建'亲''清'新型政商关系,全力为民营企业服好务。"

二、"多门"之困:民营经济发展的重重阻力

B区作为C市的后花园,早在民国时期,在文化、经济、教育等方面就得到了大力发展,先后涌现出了多位卓越名人,以及许多大小不一的民营企业。随着C市成为直辖市,全市经济飞速发展,在几个主城区中,B区早期的发展速度却处于劣势地位。

民营经济发展促进中心成立前,多家企业在发展过程中纷纷表示,政府给予的支持力度不够,办事机构过于冗杂,政务效率不高,融资渠道不通畅,缺乏宣传推广……

(一)办事慢、办事难

发展态势较好的规上企业代表C市长江造型材料(集团)股份有限公司负责人A总和C市顺多利机车有限责任公司负责人B总在发展民营经济推进会上反映,在筹备注册、企业经营、变更完善等手续过程中,有些部门之间沟通和衔接不畅通、政企信息不对等、某些公职人员怠工,这些问题导致政府办事效率低、多头管理沟通难。政府部门间在推动民营经济发展中没有很好地形成合力,就无法服务好当地企业的综合发展。

（二）企业融资、运营成本高

C市国贵赛车科技股份有限公司（以下简称"国贵公司"）负责人C总曾表示企业融资成本高。尽管央行多次降准降息，但受抵押物不足（诸多中小企业租赁的土地、厂房不能作为抵押物）的影响，企业融资需要中介担保，融资成本偏高。银行对企业抵押物要求严格且折扣比例高，缺少土地、厂房等固定资产的中小企业难以实现银行贷款。

多头管理，容易让企业出现"多门"之困，好比教育孩子：多人争着管孩子容易观念不一致，反而管不好孩子，多人都有监护权容易出现责任推卸的情况，最终多个家长"治标不治本"，反而会成为孩子的困扰。

三、只找这一家：政府主导的破解道路的探索

为有效解决民营企业在发展过程中遇到的实际困难，B区政府提出了"只找这一家"的新型政务模式。政府和企业的关系由以前的"你找我"转变为"我找你"。传统模式是"你找我"，即企业办理事务需要去找对应的相关部门解决处理，该模式已成为民营企业处理相关事务的常规模式，但在处理过程中出现的多跑路、白跑路等问题严重影响了企业的发展。B区成立的全市第一个民营经济发展服务局，标志着"我找你"的创新政务模式的实行，即政府要当好民营企业的"娘家人"，建立三级问题化解机制，将共性与个性相结合，聚焦企业的难点、痛点、堵点，"一病一方""一企一策"地制定化解措施，着力化解企业共性问题和某些历史遗留难题。民营经济发展服务局居中协调民营企业和多个政府部门的关系，为整个区民营经济的发展主导、推动出台利好政策，也为解决个别民营企业的困难想办法，例如，民营企业有手续需要办理、完善时直接找到民营经济发展服务局，以前需要去多个部门办理的手续，现在可以直接在民营经济发展服务局一并处理，相关协调问题由民营经济发展服务局与政府其他部门内部协调解决。这些都是"我找你"模式的主动作为。该模式有意识地将政府与企业之间的协调沟通的模式从企业自己多头沟通转化为政府内部协调统筹组织。

B区聚焦"放管服"改革,推进"最多跑一次"改革,建构"只找这一家"模式。在民营经济管理中,从事务受理到办结,企业只需一次上门,甚至零上门。

(一)推进"最多跑一次"改革

B区持续深化"放管服"改革,从推进"最多跑一次"改革工作着手,全力打造一流营商环境。梳理公布"最多跑一次"事项64项,审批服务事项的审批时限总压缩率达到67%,高频事项基本实现"最多跑一次"。B区还推行首问负责、全程代办、一次性告知、联审会审、缺席默认等制度,建成区级政务服务"一张网",推动实现"马上办、网上办、就近办"。民营企业需要办事时只找民营经济发展服务局这一个部门就行,即"只找这一家",民营经济发展服务局这"一门"就能极大地帮助民营企业解决难点、痛点、堵点,使得民营企业办事"最多跑一次",办事方便高效。

(二)深化商事登记制度改革

B区推进"多证合一"改革,率先启动"三十一证合一"改革工作,推行一套材料、一表登记、一窗受理注册登记的"一站式"服务。推进"证照分离"改革,推进一批事项由审批改为备案,实行告知承诺制,增加审批透明度和可预期性,推动"照后减证"改革。推进"证照联办"改革,对餐饮、文化、旅游、农业、科技等行业的工商企业登记和涉企证照事项,实行"一窗受理、并联审批、一窗出件"政策。推行"网上办、马上办、随地办、辅导办"服务机制,深入推进注册登记电子化等改革,企业开办时间压缩至2个工作日。试行市场主体住所(经营场所)登记申报承诺制,推行"住改商"负面清单管理制度,实行企业名称自主申报制度。推进信用体系建设,建成"双随机、一公开"智能化跨部门联合监管平台,建立行政执法公示制度和行政处罚群众公议制度,涉企执法满意度稳步提升。

(三)推进工程建设项目改革

B区按4个阶段6类项目分类压缩审批时限,基本实现工程建设项目政府部门审批时间控制目标:一般社会投资项目审批时间控制在50个工作日以内;带方案出让土地的项目审批时间压缩至20个工作日以内;一般工业项目从取得土地到开工,审批时间压缩至15个工作日以内;政府投资项目审批时间控制在80个工作日以内;不动产一般登记业务审批时间压缩至5个工作日以内;水电气业务审批时间均压缩至20个工作日以内。

"放管服"改革方面成绩显著,B区深入推进"互联网+政务服务"和"全渝通办"改革,在区、镇两级实施政务服务"一窗式"改革。一窗综合受理率达85.5%,企业开办时间压缩到2个工作日以内;行政许可事项时限压缩比全市第一,即办件率、只跑一次比率、一次不跑比率均居全市前列;上线全市首个民营经济智能服务平台和"自己人"APP,实现推送政策、反映诉求、宣传企业等多种服务智能化。在全国纳税人满意度第三方测评中,B区名列全国第13位、全市第1位。

四、"一门"之畅:通畅亲清的政商关系

B区以建立全市第一个民营经济发展服务局为标志,推出了一系列促进民营经济发展的举措,许多民营企业受益而飞速发展,"多门"到"一门"改革之所以成功就是因为拥有了通畅亲清的政商关系。

政府部门上门服务,倾力推动民企做大做强。B区自2017年11月起,面向民营企业开展大走访活动,问需求、解问题、鼓士气,两个月累计走访服务民企3700多家,解决大小问题和困难732个。

企业要想做大做强并获得持续竞争力,需要投入研发,不断推出新品,需要畅通销路,扩大市场份额,需要做大规模,以此来摊薄上下游各项成本。这一切,如果依靠企业一己之力,往往需要很多年。B区政府在助推民营经济的发展中,就针对有着不同问题的企业主动提供不同的上门服务。

例如,对于神驰机电这样一家传统制造企业而言,工业互联网所涉及的人才、技术、研发平台,个个都是"拦路虎"。唯有通过改革创新,企业才能走出一条路。B区科技局走出机关大门,深入企业一线,对神驰机电的产品属性进行研究,并在全国范围内选择了一批云服务商和大数据人才,优中选优推送给企业。同时,在B区科技局的协助下,神驰机电搁置多年

的工程研发中心也最终建成。有了这些援助,神驰机电很快建立了产品大数据体系。简言之,它的每一台电机都能从技术上实现运行数据的及时回传,电机运转得怎么样、有无潜在故障,在后台数据库中一目了然。凭借这一体系,企业可随时给客户提供发电机运行情况的预警,并为下阶段的无人值守和智能化奠定了基础。"通过对产品提档升级,我们不仅获得了国外品牌厂家的大量订单,还直接抢占了终端市场。"神驰机电相关负责人说。目前美国、加拿大几家主要机电超市旗下的近2000家零售卖场都把神驰机电的产品摆上了货架,并且在此次新冠疫情期间产品的全球销量仍未出现下滑。

再例如,针对扶持像国贵公司这样的民营企业做大做强,B区形成了一套专门的服务体系。科技主管部门主动上门,扶持企业加大产品研发力度,国贵公司的面世产品由此前的几十个增加到目前的上千个,在研产品有4000多个。

市场监管部门上门,辅助国贵公司注册国际商标,以品牌力量赢得更大国际市场。在税务部门、商务部门的帮助下,国贵公司在香港设立子公司,获得了更大的外汇收支自主权。C市管委会、建委、环保、消防、安监等部门上门,召开现场协调会,优化审批流程,对新厂房进行预验收,确保项目能如期竣工。

"政府对大力发展民营企业的倡导,以前更多是发文件,但现在不同了,他们亲自上门,有时还是领导带队,座谈会一开就是几个小时,把企业各个方面的经营状况问得很详细,对反映的问题,当场就布置人员落实,后面还要问办得如何。"负责人C总说。国贵公司2017年到2018年的业绩的成倍增长,很大程度上来源于C市B区不断优化的营商环境。

可以看到,B区政府部门的服务贯穿于这家企业创设和发展的全周期。从转型之初的彷徨困惑,到研发突围,再到做大做强,每一步,都能看到政府部门帮扶的影子。这种帮扶不是让企业去翻看文件,申领补助,不是给予普惠性的扶持政策,而是精细研究企业面临的市场环境,洞察企业的生产经营行为,从而给出有价值的应对策略。政府在不同的发展阶段给予不同的辅导,持续提供帮扶,终于培育出了一家优质民营企业。

五、"一门"缓压：主动帮扶应对疫情压力

对于民营企业来说，市场的变化与竞争是可以预测的，但是面对非市场因素引发的各类不可预测的风险，民营企业常常束手无策、难以应对。当这样的不可测风险发生时，就需要发挥社会主义市场经济体制的制度优势。例如，2020年初，突发的新冠疫情，对于不少民营企业而言都是一场风险与机遇并存的生死考验。物流受阻、供应链中断、市场销量断崖式下滑，每一条都可能将企业逼到生死边缘。各地政府快速反应，从不同角度给予民营企业支持，帮助他们扛住压力、渡过难关。

B区依靠已经形成的"只找这一家"的"一门"制度，在做好疫情防控工作的同时多措并举，统筹引导各类民营企业复工复产，主动帮扶民营企业尽快恢复正常的生产运营秩序，减少效益损失，在扛住疫情压力的同时促进民营经济稳中向好发展。

B区作为当时C市主城区唯一的防控低风险区，在保持新冠病例"零确诊"的同时，身为全市唯一的民营经济综合改革示范试点，在推动民企走出困境并实现持续增长方面该如何做出表率？B区的做法是由民营经济发展服务局领导小组统筹，各相关部门主动作为、步调一致，从多个维度为民企发展提供支持。由此，B区民企没有被疫情打垮，反而在整体上都有所发展。

（一）抓龙头企业，以产业链带动复工

其实，和全国大部分地区一样，在疫情中仅仅是推动民营企业开工复产，B区都一度困难重重。

为帮助企业复工，B区制定了一个全面帮扶的行动方案。具体而言，该方案涉及财税支持、要素保障、法律帮助等，旨在切实减轻企业在疫情期间的负担。B区区政府牵头，B区民营经济发展服务局协调多个部门，共同成立了6个工作小组，分片区上门服务，指导疫情防控，组织了29名机关工作人员，对拟复工复产企业进行指导检查，提出问题，落实整改，保障企业尽快复工复产。还出台了工业企业复工复产规程，编制了申报"流程图"，制作了"一图看懂申报复工复产流程图"电子版。

广大中小微企业是复工中的困难户。为此,B区民营经济发展服务局在实践中摸索出一套方法:抓住龙头企业,以产业链带动复工。

以主打产品为小型电机的神驰机电为例,上游有200多家中小微企业,遍布于B区10多个街道和镇。神驰机电牵头,上下游通力协作,每年创造30多亿元产值。

龙头企业必须率先复工,给上游信心,否则整个产业链都没办法恢复活力。B区政府派出一支工作组赴企业紧急调研,很快,一个分头行动的方案出炉:上游企业有资金困难,由神驰机电通过预先支付货款的方式提供帮助,对某些品类的产品,甚至可提高采购单价。企业缺乏防疫物资,由所在街道管委会、镇政府和神驰机电共同提供帮助。物资需求数量不大的,可以无偿提供;数量大的,则提供采购渠道。

同时,由神驰机电提供上游企业名单,B区民营经济发展服务局召集相关部门,逐一走访,派专人指导制订防疫预案,完善复工申请手续。2020年3月初,神驰机电产业链上的全部企业都顺利实现复工复产。

(二)选派"亲清特使",构建亲清政商关系,助力民营企业发展

作为全市唯一的民营经济综合改革示范试点,B区着力打造亲清政商关系典范区,从各个涉企部门选派公职人员作为"亲清特使",为重点企业提供结对服务。疫情期间,B区抽调251名机关干部到全区规模以上民营企业担任驻企服务专员,指导企业疫情防控和生产经营两不误。为帮助民营企业渡过难关,形成为企服务长效机制,搭建起政府与企业沟通的桥梁,B区将完成驻企服务任务的251名机关干部全部转换为"亲清特使"(加上之前选派的,全区共有"亲清特使"290名,其中党外干部50多名),持续为对接企业提供服务,实现规上企业"亲清特使"全覆盖。B区还召开"亲清特使"选派工作动员部署会,强调"亲清特使"的使命,把"亲"体现在行动上,把"清"融入骨子里,积极打造亲清政商关系典范区,有效推进民营经济综合改革示范试点建设,为推动B区民营经济高质量发展贡献力量。

(三)数字化转型,助推企业提质增效

复工复产只是第一步,企业要获得不俗的发展业绩,以科技为核心的创新、以创新为核心的转型升级是关键。

科技引领,推动企业转型升级。在这方面,B区的创新做法之一是搭建工业互联网平台,引导企业建设智能生产线或智慧工厂,并引导其上云上平台,以数字化手段来提升企业生产经营的效率。

2019年智博会期间,C市工业大数据制造业创新中心在B区挂牌成立。该中心立足C市,面向全国市场,对B区而言,无疑是近水楼台。为了充分发挥优势,B区拿出3000万元专项资金,引导大企业建设数字车间和智慧工厂,鼓励小企业上云上平台。

工业互联网为民营企业的高质量发展带来了不可想象的推动力。众所周知,民营企业以中小微企业为主,一般很难拿出足够的资金来对生产线进行智能化改造,生产的每个环节仍以人工操作为主,效率低下,缺乏竞争力。

但有工业互联网这样的基础设施,小企业也能实现自动化生产。以位于B区的C市百湖机械制造有限公司(以下简称"百湖机械")为例。不久前,在B区民营经济发展服务局的指导下,这家企业的几台机床都装上了传感装置。机床运转全过程的实时录像,以及温度、压力、能耗等物理指标,都会及时上传到C市工业大数据制造业创新中心的数据库。

数据库有多个用户端:企业端,管理者随时打开手机,都可以远程查看自己公司设备的运行情况;政府管理端,可随时通过后台调看任何企业的生产情况,管理起来也更精准。在设备上网的同时,C市工业大数据制造业创新中心还为用户提供了远程协同办公工具。

凭借这些技术手段,百湖机械设计、加工、销售等不同岗位上的员工,不需要见面,在各自家里通过一根网线就能完成产品设计、优化、加工、销售等。操作人员在线上接到指令后,去工厂启动机床,设定好生产参数,装入物料,就可以离开。下一个生产加工环节的操作人员根据进度,到车间完成相关操作后即可离开。

C市宏扬电力器材有限责任公司,也是受益企业之一。这家企业的

主营业务是输电线路铁塔、铁塔用地脚螺栓、微波塔用地脚螺栓、非标金具及类似钢结构的生产、安装及服务等。疫情发生以来,该企业率先进行数字车间改造,结合传感器技术、物联网技术和工业大数据技术等,进行生产过程管理、设备状态预警管理、环保预警、能耗监控、成品质量管理等,解决了多个行业关键共性问题,以工业互联网平台推动自身数字化转型。

(四)全方位多维度,帮扶早已成为常态

用工业互联网这样的科技手段推动企业转型升级,是B区客观研判经济形势、客观认识企业竞争新阶段后做出的战略选择。与此同时,从各个维度优化营商环境,从企业的实际需求出发定向定点给予帮扶,等等,在B区早已成为常态。

C市银河试验仪器有限公司(以下简称"银河公司"),是一家专注于环境与可靠性试验设备及订制产品等个性化产品的制造、研发的民营高新技术企业,企业综合竞争实力位于同行业前列,多种产品处于国内领先、国际一流水准。

乘势而上,企业要保持领先,还得重新规划和布置车间生产线,通过生产流程的优化来提升产品良品率。但是,改动生产线涉及办理复杂而烦琐的环保手续。B区民营经济发展服务局照例派相关负责人带队巡查企业,当在银河公司了解到其难处时,B区经信委一行人立即展开调研,将银河公司当时的生产经营情况、困难诉求,以及解决问题的建议一一记录,并形成报告。

该报告经领导班子讨论通过后的第二天,B区经信委相关负责人立即找到B区生态环境局领导,并陪同其多次前往银河公司现场勘察、答疑和指导。在B区经信委的协调下,银河公司生产流水线变更位置最终获得批准。

充分挖掘位于B区的综合性大学XN大学这座"富矿",为民营企业"嫁接"科技资源,是B区在创建全市唯一民营经济综合改革示范试点中的创新举措。歇马曲轴有限公司(以下简称"歇马曲轴")就是受益者之一。歇马曲轴是国内最早研发摩托车曲轴总成的企业之一，目前在摩托车通机曲轴制造行业中综合实力名列第三。对于行业头部企业来说，产品多元化是必然之选。在B区经信委的牵线搭桥下，歇马曲轴与XN大学工程学院教授团队合作，由公司提供资金和管理团队，教授团队提供技术，共同研发通机新产品，目前已成功开发出1-3kW变频发电机、2kW便携式发电机、3.5kW静音变频发电机等系列产品，并实现了量产，提供了更加精良的焊接设备。

"B区区委、区政府出台了系列支持企业复工复产的政策措施，区民营经济发展服务局等部门深入调研，帮助企业攻坚克难，才使我们增强了信心，敢于扩大生产规模。"C市红岩建设机械制造公司相关负责人表示。

六、建好"一门"之路：未来道路的自信与制度完善

B区在帮扶民营企业"迈坎""跨越"的过程中，主动作为，靠前服务，不断优化营商环境，全面助力民营经济高质量发展。

为了让这道门牢固，为了让这道门通畅，为了让民营企业进入这道门并实实在在地解决"痛点""难点"，为了让民营企业"只找这一家"的意识（有困难就找民营经济发展服务局）越来越强，B区采取了一系列政策和措施。

（一）高位推动，密集调研，对症下药

民营经济撑起了B区经济的"半壁江山"，已成为推动经济社会发展的主力军之一。原来，B区在落实习近平总书记在民营企业座谈会上的重要讲话精神、执行C市民营经济发展大会工作部署的过程中，着力营造一流营商环境，采取的措施之一是高位推动，密集调研，对症下药。

在破解"准入难"方面，B区率先研究政策，制定非必须招标国有投资工程建设项目备选承包商随机抽取实施细则50条，规范和指导B区非必须招标国有投资工程建设项目选取承包商。B区还制定进一步促进建筑业改革与持续健康发展的实施意见10条。

在破解"融资难"方面，B区开通"B区金融"官方网站，直接融资数据

科技公司,为企业提供精准金融"画像"并进行资金联动投放。围绕营造良好营商环境、帮扶企业上市挂牌、发挥财政引导作用和依法维护金融秩序等方面,提出有额度、有标准、可落实的具体措施15项。

(二)深度改革办事流程,企业从"跑断腿"到"最多只跑一次"

B区聚焦"放管服"改革,在民营经济管理中,先后推进"多证合一"、商事登记、工程建设项目审批等领域改革。在全市率先启动"三十一证合一"改革、建设政务服务一体化平台(B区三级服务网)和推行证照免费快递服务。

"64项最多跑一次"、率先启动"三十一证合一"改革、不动产一般登记业务审批时间压缩至5个工作日以内,这是B区出重拳、显实效的改变。

(三)政府10亿"红包"破解"企业难"

为了给企业缔造一块投资的乐土,B区在校地合作、金融服务、资源保障、政企交流上做足了"功课"。常态化组织开展企业总裁高级研修班培训,提升民营企业家管理创新能力。深化校地合作,打造环XN大学创新生态圈,建立"苗圃—总部—生产"功能对接的孵化体系,挂牌成立全市首家环大学创新生态圈知识产权运营平台("天生有为"众创空间)。在XN大学全球校友会上设立招商引资(智)联络总部,通过全国C市商会会长联席会暨知名企业家B区行、重点项目集中签约暨集中开工、环XN大学创新生态圈揭牌、第二届西洽会、中国科学院院士(所长)B区行等重大活动,外引内培,壮大市场主体,激发市场活力。

(四)改革创新举措层出不穷,工业互联网为民营经济赋能

通过工业互联网为民营经济赋能,同时构建产业生态,让工业互联网产业成为一个新的经济增长点,类似的改革创新之举,B区层出不穷。随之而来的民营经济发展成效也亮点纷呈。

在科技管理机制改革创新方面,B区深化项目评审、人才评价、机构评估改革,优化科研项目评审管理,改进科技人才评价方式,完善科研机构评估制度;打造环XN大学创新生态圈,成立全市首家环大学创新生态

圈知识产权运营平台。

2019年，B区新增高新技术企业36家，有效期内的国家级高新技术企业累计达到121家。新增科技型企业257家，累计达623家。高新技术企业和科技型企业的增幅和数量均创历史新高。

（五）出台民企发展规划，培育优势产业集群

优化营商环境，就是解放生产力，就是提高综合竞争力，厚植企业发展的沃土，打开投资兴业之门，吸引更多优秀企业落户B区。B区在"外引内转"上狠下功夫——出台《B区促进民营经济发展规划》、培育壮大500亿级汽车全产业链集群、累计培育9件中国驰名商标……

尊重资本规律，推动产业集聚。B区是国家最早布局的全国三大仪器仪表基地之一，拥有四联集团、横河川仪等30余家国有和合资企业。以此为基础，B区培育出泰捷仪表、大正仪表、嘉渝仪表、精科仪表等160余家民营仪器仪表企业。产业集聚，区域集聚，规模效应明显，B区由此成为全国最大的仪器仪表生产基地。市级智能传感器特色产业基地和特色产业（新材料）示范基地已落户B区。截至目前，B区仪器仪表产业规上企业产值同比增长8.8%。其中民营仪器仪表规上企业产值同比增长8.8%，占仪器仪表产值比重24.9%。按照产业集聚发展的相关规划，B区将全力打造中国仪器仪表城。

（六）构建亲清政商关系"三部曲"

自习近平总书记用"亲""清"阐述政商关系以来，B区积极落实关于建立"亲""清"新型政商关系的要求，大力营造亲商重商的氛围。

1.列清单。

出台构建亲清政商关系公职人员正负面清单20条，出台推动民营经济大发展、激励党政干部担当作为办法，公职人员政务服务中不作为、慢作为、乱作为责任追究办法，损害发展环境行为问责办法；制定B区党政干部容错纠错工作机制，规范公职人员与企业交往，让民营企业发展安心、顺心。

2.建联盟。

成立"B区企业廉洁联盟",定期为会员企业提供"廉洁锦囊"。指导、支持会员企业加强法律、税务、廉政风险等内控机制建设,引导企业践行"永不参与行贿"承诺。发布企业构建新型政商关系的"亲清8条",完善领导干部联系民营企业、非公经济人士接待日等制度,引导、鼓励企业家说实情、建净言。选取民营企业较集中的国家大学科技园所在街区,集中打造亲清新型政商关系示范街(园)区,以点带面,推进亲清新型政商关系典范区建设。

3.搭平台。

搭建交流平台,与全国各地商协会签订友好关系协议,加强深入交流,促进招商引资和项目落地。搭建宣传平台,开设"大力发展民营经济"宣传专栏,召开民营经济表彰大会、民营企业家座谈会,挖掘优秀企业家典型案例,在全区上下营造重视民营经济发展、尊重民营企业家的浓厚氛围。搭建培训平台,出台加强民营企业负责人培训的意见,实施民营企业培训计划,着力培育更多具有全球战略眼光、市场开拓精神、管理创新能力和社会责任感的优秀民营企业家。

七、结语

B区以大数据智能化引领转型升级,以改革的思路,找准制约民营经济发展的"痛点""堵点",精准发力,聚焦行政审批"放管服"改革、亲清新型政商关系、体制机制创新、思想观念解放、干部作风转变,从而通过优化政务服务职责体系、简化服务流程、畅通诉求渠道,切实为民营企业解决生产经营中的实际问题。

从总体上看,B区2019年新增贷款发放企业38家,金额达1.03亿元;统筹投资10亿元建立中小微企业产业园;持续减税降费,预计全年减税12亿元,年度降低企业水电气价格成本约6900万元;组织70家企业申报2019年国家高新技术企业……

B区全区市场主体累计52589户。其中,民营市场主体累计50781户,民营企业累计15447家。规模以上民营工业企业数量为181家;民营高新技术企业数量为80家;市级科技型企业数量达到470家,民营科技型企业占比超过80%;科研平台数量达到92个,其中民营科技型企业科研平台12个。

从规模和质量上看,民营企业都实现了飞跃式的高质量发展。

从数量上看,2019年B区新增民营企业同比增长33.26%,增幅居全市第一,国家级高新技术企业、市级科技型企业中民营企业分别占80%和90%,市级民营科技型企业同比增长超过3倍。民营经济增加值占GDP比重高于全市平均水平,纳税占比达75%以上。

从质量上看,2019年B区新增企业中从事信息技术、生物技术、现代服务业等新兴行业的有1366家,民营企业占比27%,同比增长57%。

2018年B区被中国企业联合会评为"营商环境十佳城市"。B区联合区纪委监委、区委组织部等部门开展科所长评议,表彰一批服务民企的科级骨干标兵,严抓一批负面典型。深入挖掘各级各部门服务民营经济干事创业的亮点做法和区内民营企业创新创业的典型案例,通过广播电视、网络、报纸杂志、宣传栏等多种载体,让社会各界了解民营经济、支持民营经济,在全社会形成鼓励、支持民营经济发展和尊重民营企业家的浓厚氛围。同时在总结分享经验和宣传推广B区民营经济管理案例时,也不断完善全区民营企业的政务服务体系。"多门"到"一门"民营经济管理综合改革影响力巨大,在全市乃至全国都起到了良好的带头作用。

B区在民营企业政务服务从"多门"走向"一门"之路上取得了显著成果,对建好"一门"之路充满自信,但在实践中尚存在困难。民营企业的政务服务改革之路仍需要不断探索完善,这样才能让"只找这一家"模式常青常新。

讨论题

(1)政府应构建什么样的职责体系促进民营经济发展?

(2)政府如何在民营经济的发展中畅通亲清政商关系?

(3)如何破解民营经济营商环境发展中的政务服务制约?

(4)如何破解B区"只找这一家"模式运行中存在的实际困难?

第二部分：案例分析

一、案例背景

(一)政策背景

(1)支持、促进民营经济发展是新时代我国重要政策导向。

党的十九大报告指出，要"支持民营企业发展，激发各类市场主体活力"，"努力实现更高质量、更有效率、更加公平、更可持续的发展"，"构建亲清新型政商关系，促进非公有制经济健康发展和非公有制经济人士健康成长"。十九大报告直接使用"民营企业"的概念，既表明党对民营企业认识的逐步深化，又表明党对民营企业为改革开放和经济社会建设做出的贡献的充分肯定。中共中央、国务院印发《关于营造更好发展环境支持民营企业改革发展的意见》，从优化公平竞争的市场环境、营造精准有效的政策环境、健全平等保护的法治环境等多个方面，提出了支持民营企业发展的28条措施，支持、促进民营经济健康发展成为我国未来一段时间必须毫不动摇坚定的重要发展方向之一。

(2)地方政策利好推动B区民营经济综合改革示范试点建设。

B区所在的C市发布的《关于大力发展民营经济的意见》要求进一步清理和减少行政审批事项，要求各区县(自治县)人民政府、市政府各部门特别是领导干部要进一步解放思想、转变观念，满腔热情支持民营经济发展。C市B区积极贯彻党的十九大报告对民营经济发展做出的重要论述，落实市委、市政府对全市民营经济发展的重要部署，抢先抓住政策机遇，2017年首先挂牌成立B区民营经济发展服务局，并在2018年底被进一步确立为所在市的民营经济综合改革示范试点，为进一步加强全区民营经济的管理、协调和服务工作，促进民营经济健康发展赢得良好先机。

(二)实践背景

(1)民营经济发展障碍亟须破除。

虽然民营经济在经济社会发展中发挥着日益重要的作用,但其在发展中仍存在许多桎梏。在平等保护产权、平等参与市场竞争、平等使用生产要素等方面还有不少问题。一方面,民营企业所有制歧视、市场竞争秩序不规范、生产要素使用不公平等现象依然普遍存在;另一方面,民营企业扶持政策少、事项办理难、发展机遇少等也成为民营经济健康发展的阻力,民营经济发展亟须破除这些障碍。

(2)促进民营经济发展需要政府积极作为。

民营经济在市场竞争中面临的体制机制障碍大多来源于政府管理不当、扶持不够,要让民营经济创新源泉充分涌流,让民营经济创造活力充分迸发,政府应该更加有所作为。政府要主动围绕民营企业在成立、生产经营、发展壮大中存在的困难,结合地区产业特色和优势,转变思想观念,创新扶持方式,敢于担当,积极作为,多措并举帮助民营企业解决实际困难,完善民营经济发展一系列扶持政策,真正为民营经济服务。B区成立民营经济发展服务局,正是政府在促进民营经济发展方面做出的主动探索和创新。

二、案例缕析

(一)"一门"VS"多门":"只找这一家"模式的创新之处

(1)民企办事从"一对多"到"一对一"。

在民营企业的成立、生产、运营至注销的全过程中,涉及工商、税务、社保、质检等多方面的日常业务,日常业务的复杂多样进一步使得民营企业必须同时接受多个政府部门的管理,因此也就形成传统的多门模式(见图1)。在这种传统模式下,民营企业要维持正常运转,就必须在多个主管部门之间来回周旋,当遇到需要多个主管部门共同解决或办理的事项时,更是疲于协调沟通,其本质是"一对多反映诉求"。在本案例中,B区"只找这一家"模式突破了传统模式对民营企业的禁锢和限制(见图2)。

其本质是"一对一反映问题",与传统"多门"模式的根本差别在于接受民营企业问题的受体"从多到一"。通过两种模式的对比,我们可以发现,在"只找这一家"模式下,民营企业反映诉求和解决问题只需要跑B区民营经济发展服务局这一个政府部门,避免以前在多个主管部门间来回奔波的现象,建立了归一化的民营企业诉求反馈机制,极大地减少了民营企业与政府沟通交流中产生的服务成本,使民营企业能够回归到自身发展的主线上。

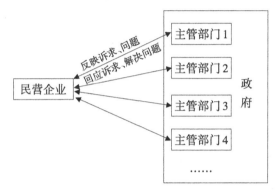

图1 传统多门模式

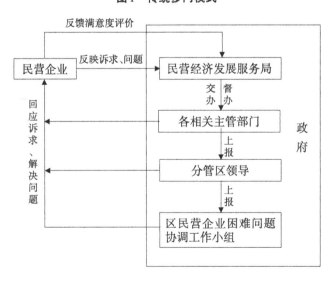

图2 "只找这一家"模式

（2）服务民企从"你推我让"到"互联互助"。

在传统"多门"模式下，各主管部门在接收民营企业的诉求后，由于缺乏压力机制，有时会出现态度消极、处理拖沓、互相推诿等问题，政务服务效率低下。在B区"只找这一家"模式下，问题解决和诉求回应制度化地分为三个层面：第一，较为简单的事项，将会由民营经济发展服务局交给相应的主管部门，并设置办结期限，督促主管部门主动上民营企业办理，政务服务由被动转为主动；第二，主管部门处置难度较大、部门层面无法解决的问题，则提呈分管区领导研究解决；第三，分管区领导解决仍有困难的，提呈B区民营企业困难问题协调工作小组会议研究解决。民营经济发展服务局对各主管部门形成压力机制，将民营企业和政府的外部协调转换为政府内部的上下左右协调，避免了"踢皮球"的现象，形成小问题限时处理、大问题联动处理的服务体系，民营企业政务服务的效率与质量都得到了保障。

（二）"只找这一家"模式下政府的职责体系

政府职责自政府出现以来便一直饱受争议，学术界关于如何处理政府和市场关系、"掌舵"还是"划桨"等话题的讨论也从未停止。随着民营经济在经济社会发展中的作用越来越大，民营企业越来越重要，政府职责体系也要随着国家发展需求不断优化调整。在推动我国经济高质量发展、促进民营经济健康发展的政策背景和实践背景下，B区成立政府序列内的民营经济发展服务局、推动民营企业政务服务由"多门"走向"一门"，是政府主动探索推动民营经济发展的一条创新道路，也是政府对自己在服务和管理民营企业方面的职责体系的优化调整。政府主动关心民营企业成长，促进民营经济发展，已成为政府经济调节职责中最重要的一方面，促进民营经济发展的政府职责体系也逐渐完善，政府正承担着对民营企业的主体培育、困难纾解、要素保障、引导创新、风险防控等重要职责（见图3）。

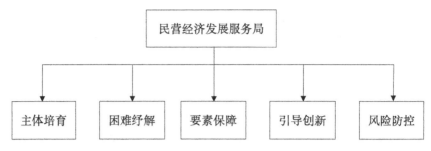

图3 "只找这一家"模式下政府职责体系

（1）主体培育职责。

"只找这一家"模式中民营经济发展服务局承担了B区民营经济主体培育的职责。在了解本地产业结构的基础上，民营经济发展服务局放宽市场准入，鼓励新兴产业立足扎根，吸引外地企业入驻本地，帮扶主导产业中的各大民营企业创新发展、转型升级，扶持中小民营企业快速成长，制定了"大企业顶天立地、中小企业铺天盖地"的培育计划。选择在行业或细分领域内具有全国领先潜质的区内优势企业，动态建立成长型微型企业培育库和"顶天立地"目标企业库，"一企一案"重点培育，壮大市场中的大中小各类非公经济主体。

（2）困难纾解职责。

针对民营企业发展中的困难，"只找这一家"模式下的政府树立了新的服务理念。政府改变了以往对民营企业所有制的态度，真正将民营企业同国有企业一样当作"自家人"，主动走访民营企业，了解其发展困难，树立主动服务、靠前服务的理念。民营经济发展服务局畅通了政企交流渠道，各级领导干部加强了与民营企业的联系，建立起与民营企业家的常态化联系制度，建立起民营企业与政府一对一沟通交流的渠道，固化"线下"走访机制，多方面了解民营企业发展中遇到的困难。坚持问题导向，积极纾解民企困难，建成系统化、完备化的困难纾解机制，从各个民营企业发展的实际情况出发，针对性提出困难纾解方案，真正为民营企业排忧解难。

（3）要素保障职责。

民营企业的成长发展离不开金融、用地、人才等各方面要素的坚实基础,B区民营经济发展服务局自成立以来,就围绕民营企业生产经营的要素瓶颈制定了一系列保障政策。通过出台金融机构降低民营企业融资抵押要求的鼓励政策,及时帮助民营企业与金融机构进行协调,为民营企业发展提供金融资金要素保障。通过清理现有闲置和低效用地,积极打造在全市乃至全国都具有较大影响力的生产性服务业基地和民营工业园区,做好对用地存量指标的优化利用,为民营企业提供用地要素保障。通过成立卢作孚培训学院,专门开展民营企业家培训工作,常态化组织开展企业总裁高级研修班培训,提升民营企业家管理创新能力,开展系列引才活动,为民营经济发展提供人才要素保障。

(4)引导创新职责。

面对B区民营经济优质企业少、创新能力差、高新技术民营企业和现代服务业民营企业占比低且实力弱等发展困境,B区民营经济发展服务局承担对区域内民营企业的引导创新职责,在综合研究国家和所在市的产业发展战略、供给侧结构性改革及自身的产业发展条件的基础上,进一步深入研究产业发展趋势,引导区内民营企业调整发展战略,突出现有产业特色和优势,加快淘汰落后产能;扶持鼓励有条件的企业转型升级、开拓创新,优化区域内民营经济产业布局,创新产品结构,提升民营企业经营管理和科研实力,加强科技创新,引导区域内民营经济紧跟国家产业结构和消费结构调整趋势。

(5)风险防控职责。

为保障民营经济稳定健康地可持续发展,在"只找这一家"模式下,政府还承担着民营企业运营风险警醒者的职责。民营经济发展服务局不仅关注大中小民营企业生产经营中容易出现的风险,还关注当地市场运行整体情况、民营经济整体走势、产业结构调整等方面容易遭遇的突发冲击和紧急事态,例如突发公共卫生事件、自然灾害等突发紧急状况。针对影响范围较大和容易出现的风险,健全风险防控、处理、恢复等一系列应对措施,编制对应的风险防控预案,并进行实时监测,建立民营经济发展重大风险联动处理机制,加强对民营经济发展风险的监控和管理,扼杀风险苗头,提醒众多在转型期的民营企业注意自身防御,避免民营企业遭受重创,协助民营企业渡过难关。

(三)"一门"建设下通畅亲清政商关系的构建

政商关系作为社会关系的一种,同样产生于不同社会主体间的交往行为。社会交换理论是研究社会交互行为的重要分析工具。在社会交换理论中,社会学家布劳首先引入经济学中的"成本—报酬"工具对社会交往行为的发生进行阐释,表明社会主体的交往行为是基于自身利益和拥有的资源,计算投入成本和可预期的社会报酬后做出的理性行为选择,其基本原则是互惠。其次,尽管双方行动主体都试图建构符合各自预期的互动关系,但交往行为往往受到各种约束条件的影响,从而造成互动结果,即双方社会关系的多样性特征。最后,互动双方在互动过程中的不同行为方式直接塑造了双方社会关系的多元形成路径。在社会关系的形成中,动力因素、约束条件和路径因素三者共同构成其影响因素。

我国学者符平从社会交换理论出发,根据政商交往的目标和行为属性将基层政商关系划分为四种类型,并提出基层政商关系会随着动力因素、约束条件、行为路径等影响因素的变化而在不同类型中不断演变。因此,当我们将案例中的B区政府作为社会交往行为中的一方主体、民营企业作为另一方主体时,"多门"到"一门"的改革通过对动力因素、约束条件和路径因素的影响构建起了B区通畅亲清的政商关系。

(1)动力驱动:政商互动由"不亲"到"亲"。

政府和民营企业缺乏双向互动是政商关系不"亲"的症结所在。在传统"多门"模式下,各部门工作的主要动力集中在自己的本职任务方面,民营经济发展对其而言往往属于兼职任务,政府缺乏服务民营企业的动力,民营企业扶持政策少、办事难,政商双方长期处于民企单方面寻求政府办事的状态,民营企业对政府信任感低,政商双方互相不"亲"。而B区成立民营经济发展服务局后,促进民营经济发展成为政府的一项专职职责,"一门"凝聚动力,一改以往"甩手掌柜"的政府形象,在民营企业资金、用地、人才等发展要素方面出台一系列保障政策和优惠政策,主动关心民营企业发展成长。民营企业也在民营经济发展服务局的大力扶持下增强了对政府的信任感,政商互动从双方"不亲"到"亲",走出了政商关系"不亲"的困境。(见图4)

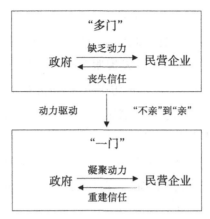

图4 动力驱动

(2)强化约束:政商交往由"不清"到"清"。

政商交往缺乏约束是亲清政商关系构建的一大阻碍。为规范"多门"管理下政商交往混乱不清的乱象,B区民营经济发展服务局从政府和民营企业双方入手,强化约束,规范政商交往。在政府行为约束方面,B区民营经济发展服务局建立政商交往行为清单制,公布公职人员正负面清单20条,明确规定政府该做哪些、不该做哪些;在民营企业行为约束方面,成立B区企业廉洁联盟,会员企业签订"永不行贿"协议,加强对民营企业政商交往行为的监督。通过强化对政商双方行为的约束,根治政商关系"不清"症结,促使政商关系实现由"不清"到"清"的转变。(见图5)

图5 强化约束

(3)优化路径:政商沟通由阻碍到通畅。

在传统"多门"管理下,政商之间长期存在民企问题不知找谁反映、反映后也得不到政府的高效优质解决等沟通阻碍。B区民营经济发展服务局自成立以来,通过健全线上线下相结合的政商沟通机制,建立归一化的民营企业诉求反馈机制,优化政商交流路径,让政商沟通变得通畅无阻。在线下路径方面,B区民营经济发展服务局设立非公经济人士接待日,组建由区委领导带头的线下调研走访小组,固化民营企业走访机制,尝试对口扶持、一对一了解民营企业发展困难等新举措,直接和民营企业负责人面对面沟通,下到基层倾听民营企业负责人的真实声音。在线上路径方面,B区民营经济发展服务局创新建立"直通车"制度,民营企业只需在"直通车"APP上传诉求、反映困难,政府后台接受后便会根据实际情况制定解决方案,简单问题线上回复,复杂问题政府联动解决、主动上门服务,民营企业不用奔波于各个主管部门就能解决问题,政商沟通的效率和质量都得到了保障。(见图6)

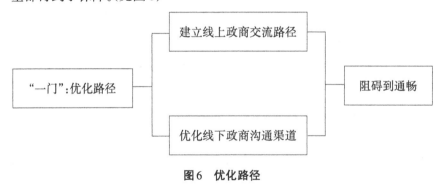

图6 优化路径

三、问题归纳

(一)政府和民营企业的思想观念转换难

(1)少数政府工作人员思想保守。

尽管助推民营经济发展是目前国家在发展机遇期的重要工作之一,但B区少数政府工作人员思想仍然相对保守,口头上喊着解放思想而在实际工作中却怕"压红线"、怕担责任,只怕不"清",不怕不"亲",对于拿不准或没有明确规定的事项不敢做,不愿主动到民营企业开展调研服务工作,不愿主动助推民营企业发展,只求安稳做事,不敢开拓创新,干事创业的积极性和热情不高。

(2)少数小微民营企业观念滞后。

部分小微民营企业的负责人缺乏企业家精神,观念相对滞后,开拓进取意识不强,小富即安、小富即满的思想仍然比较普遍。甘做小老板,不做大老板,怕冒风险,缺乏干大事、创大业的气魄,对政府出台的转型升级、创新创业等方面的政策持观望态度,安于现状,不敢率先做出改变,致使自身在徘徊中丧失机会,在犹豫中错失发展良机。

(二)促进民营经济发展的政策落实难

(1)政策推广难。

B区政府制定出台的促进民营经济发展的政策涉及范围广、数量多,在政策推广过程中容易产生宣传解读不到位、民营企业吃不透等问题。政府部门在对各项政策的宣传推广中,缺乏和民营企业的有效指导和对接,民营企业普遍反映对能享受哪些政策不清楚、对怎么才能享受不明确。部分政策程序复杂,激励性差,力度较小,导致民营企业对相关政策红利享受不充分。

(2)政策执行难。

民营企业政务服务虽然从"多门"走向"一门",但这并不意味着民营经济发展只与民营经济发展服务局有关,与其他政府部门毫不相干,这反而更强调所有机构部门的统筹与合作。一方面,现阶段B区推动民营经济发展的任务重、政策多、要求较高、任务量较大,少数单位除本职工作外兼顾民营经济发展的时间精力不足、积极性不高。另一方面,各项政策均从全区层面提出总体要求,部分单位工作人员在政策执行的理解方面不到位、专业技术上有所局限,在细化工作责任、分解梳理任务、按时完成任务上可能存在责任不清、标准不一、路线不准、行动不顺等问题。各项政策在执行过程中易遭遇来自各个部门的协调梗阻。

（3）政策反馈难。

一方面，目前促进民营经济发展相关政策的评估主体仍是以政府自身和民营企业为主，但政府容易落入既当裁判员又当运动员的困境，民营企业也可能会出于利己主义的心态，对政策实施评价失之偏颇。因此，政策反馈缺乏公平公正的第三方主体。另一方面，政策实施效果评估体系不完善。据了解，目前对促进民营经济发展工作情况的评估主要采取年中督查、年底考核的方式，由于考核内容涵盖范围有限，无法充分反映政策的科学性和落实情况。

四、解题之道

（一）提高政治站位，加快思想转变

加快政府工作人员和民营企业经营者双方的思想观念转换，首先要深化认识，学习贯彻十九大关于"毫不动摇巩固和发展公有制经济，毫不动摇鼓励、支持、引导非公有制经济发展"精神，深刻认识民营企业对推动经济高质量发展、创造高品质生活的重要作用，鼓励政府工作人员敢于担当、积极作为。其次是正向引导，进一步解放思想，大力宣传民营经济的重要地位和作用，有效破除"重国企轻民企""重招商轻营商""重审批轻服务""重外企轻本地企业""重大企业轻中小企业"等认识桎梏，建设良好民营经济发展环境。最后是凝聚共识，加快政府工作人员和民营企业经营者双方共识的达成，加快改革红利释放，免除小微民营企业开拓创新的后顾之忧。

（二）强化全程把控，推动政策落地

（1）强宣传破解推广难。

面对宣传讲解不到位、民营企业吃不透的政策推广难题，民营经济发展服务局要加强政策宣讲，充分运用官方和民间的各个渠道，通过微信、微博、报纸、新闻发布会等多个平台宣传、解读已出台的帮扶政策和配套政策，组织各相关部门、行业协会、民企负责人等开展政策研讨会、学习论

坛等活动,全方位提升民营企业对政策的了解程度。探索开通方便、快捷的政策咨询回复渠道,如微信公众号快捷回复、微博答疑等,保证对较为简单的问题能及时作答,确保民营企业能够及时充分享受政策红利。

(2)定任务破解执行难。

为消除涉企政策执行过程中的协调梗阻,对各政策执行部门,可根据政策文本要求分解细化任务,将每一项任务具体化,并用表格的形式将本单位职责范围内的每一项任务以"谁的责任""需要做哪些事""在什么时间做"和"要达到何种效果"的形式清单化,制作任务总表和任务清单,让工作要求清晰化、可操作化,让涉企政策的执行流程规范化、通畅化,提高政策的可操作性。并运用任务清单倒查工作落实情况,各政策执行部门自行对照清单开展工作并定期自查任务完成情况和工作落实情况,确保各项促进民营经济发展的政策落到实处。

(3)多渠道破解评价难。

针对涉企政策评估难题,B区民营经济发展服务局一方面要不断完善涉企政策评估体系,建立起科学的政策评估指标和评价模型,另一方面要加快引入第三方中立机构调研评价,制定第三方调研评价机构清单和待评估政策清单,每年以"双随机"方式(即随机抽取评价机构、随机抽取待评价政策)抽取第三方机构开展各项政策落实情况调研评价。同时广泛进行实地访谈调研,以"双随机"方式(即"各组组成人员随机抽取、各组调研企业随机抽取")组建政府民营经济政策落实情况调研小组,通过问卷调查、个别和集体谈话等方式,力争全面听取、收集民营经济经营者的真实声音,为后续政策推进提供真实有效的参考。

五、未来展望

不可否认,B区民营经济发展服务局自成立以来的各项创新举措确实极大地促进了当地民营企业的发展,这"一门"已经成功搭建起来并取得了良好的初期成效。但它作为政府机构改革的新兴部门,如果要在我国目前的战略发展机遇期甚至更长远的阶段始终坚守自己的职能定位、切实履行自己的各项职责,不断完善政策并推动"1+1+X"政策体系落实落地,保证推动民营经济发展的效用长期发挥,就还要持续深化"放管服"改革,加快改革措施的效用转换。要让"一门"成效牢固长存,民营经济发展服务局未来仍有较远的路要走。

(一)政府放权,民企放心

B区民营经济发展服务局通过"三十一证合一"、64项民企事项办理"最多跑一次"等简政举措,极大地压缩了民营企业注册、项目审批等事项的办理时长,为民企发展减负解压。未来B区民营经济发展服务局更是要持续简政放权,不必要、不重要的事项能放则放,必要、重要事项的办理程序能简则简,不断完善简政放权的正负面事项清单制度,谨慎避开事项"精简—膨胀—再精简—再膨胀"、权力"放权—集权—再放权—再集权"的循环怪圈,长期发挥简政放权实效,让民营企业不被烦琐复杂的行政事项所拖累,能够将精力时间更加集中在自身经营发展方面。最终实现从政府放权到企业放心的效用转换,让民营企业能够在B区放心立足置业、发展致远。

(二)放管结合,措施管用

政府在为民营企业解绑减压、放开对民企多余冗杂的管理权限的同时,为了市场秩序的稳定有序,还必须加强监管民营企业的生产经营过程,放管理权限,抓监管权力,才能在"一放就乱"和"一管就死"的两个极端中取得平衡。面对民营企业破坏公平竞争的市场秩序、违法生产经营等严重违背原则的行为时,民营经济发展服务局要及时监管,清理和废除地域歧视、限制民营企业参与和影响公平竞争的限制性规定,加强知识产权保护力度,严厉打击各类涉及民营经济的违法活动,管好用好政府权力,保障民营企业的合法权益。不能让政府出台的各项涉企举措在实施过程中变得形式化、扭曲化,要让各项涉企措施有用、管用,使其在具体实施的过程中发挥促进民营企业健康成长、民营经济高质量发展的作用。

(三)政服于企,企馈于社

服务是B区民营经济发展服务局设立的最根本宗旨,其机构性质根本上是服务性机构。民营经济发展服务局的成立,意味着B区政府正逐渐实现从以前重民营企业管理到现在重民营企业服务的转变。B区民营经济发展服务局要持续优化涉企服务,不仅要注重涉企服务的政策体系的完善,更要推动相关政策落地落实。政府要主动服务、上门服务,同时有计划地推进对民营企业的精准化、定制化服务工作,坚持"一企一案"针对性服务模式,让民营企业在政府的优质服务下快速成长,增加民营企业带动的经济社会发展效益,推动政府涉企公共服务的效应从民营经济的向上向好发展转换为社会整体发展水平的不断提高,从而让民营企业更好地担起社会责任、发挥社会作用,坚持走"政府服务于民企、民企反馈于社会"的可持续发展道路。

当前以及未来的国内外市场仍充斥着许多不确定性发展因素,突然暴发的新冠疫情对国内外市场造成严重冲击,正是对民营经济发展服务局和民营企业风险管理能力的一次"大考"。B区"一门"想要走好支持、促进民营经济健康发展的未来之路,必须预判风险,涵养能力。民营经济发展服务局要增强对地区、国家乃至世界金融市场和经济走势的研判预测能力,检测并防范民营经济发展中的动荡因素和风险因素;建立健全市场低潮时期和高速发展时期不同的扶持政策体系,坚持动态调整、"平战结合";加强对民营企业的风险管理培训,培养民营企业的风险识别能力和自身防御能力。"一门"要在管理中规避风险,在风险中把握机遇,方能实现长效之治。

六、结语

在我国推动经济高质量发展的重要关口,B区民营经济发展服务局通过创新民营企业诉求反映机制和政务服务体系,实现了政府服务民营企业从"多门"到"一门"的创新跨越。其背后是地方政府为适应经济发展需求、贯彻中央政策对自身职责体系进行的优化调整。民营经济发展服务局通过凝聚动力、强化约束和优化路径,进一步构建起政府和民营企业间通畅亲清的政商关系。但作为一种新型模式,"一门"之治在实际实施中仍遇到了许多困难,还需要在实践中不断克服困难。"一门"的未来道路也仍然道阻且长,需要不断深入推进"放管服"改革,加快将改革措施转换为实效,保持"一门"之治在推动地方民营经济发展中的长效作用发挥。

(编写:李钱华 刘玉婷 王涵斌 陈雅清 夏丽 指导:王斌)

案例十一:"微益坊"的协同联动之路

第一部分:案例正文

案例摘要:党的十九大以来,党中央高度重视打造共建共治共享的社会治理格局,政府、社会与公民的多元协同治理成为我国社区治理探索的主要方向。本文以重庆市南岸区南湖社区"微益坊"为研究对象,基于协同治理理论,试图探索社区多元主体协同治理的内在机理与优化路径,为社区治理创新提供经验和启示。案例分析表明在"微益坊"的多元主体协同治理过程中,存在社区居委会"错位"、社会组织"让位"、社区居民"缺位"的问题。推动"微益坊"多元主体协同治理,需要明确角色定位,制定责任清单;健全沟通、评估、监督体系,构建"微益坊"多元主体协同治理的长效机制。

关键词:社区治理;多元主体;协同治理理论;"微益坊"

一、引言

党的十九大报告指出,我国社会主要矛盾发生转变。为了有效回应新需要,解决社会的新矛盾,报告提出加强和创新社会治理,建立共建共治共享的社会治理格局,让多元主体逐步参与到社会治理中。

在此背景之下,各地进行了积极的社区治理实践探索,涌现出了许多优秀案例。其中,重庆市南岸区南湖社区的"微益坊"(以下简称"微益坊")脱颖而出。"微益坊"的治理主体是社区居民、社会组织和社区居委会,多方主体协同助力社区"微益坊"的治理。在党委的引导下,政府出资、制定宏观制度;社区居委会整合政府要求和社区居民需求,盘活资源,积极促成"微益坊"建立；社会组织作为平台纽带，联系社区与居民，提供社区服务，吸引居民参与治理；社区居民积极参与讨论，参加活动；最终形成了"党委领导、政府主导、社会协同、公众参与"的治理模式。"微益坊"作为孵化社会组织的基地、吸引凝聚居民多元参与社区治理的平台、服务社区居民的枢纽、资源整合的服务窗口，成为南岸区重点打造的社区治理载体。凭借其协同治理理念和特色化平台建设，"微益坊"获得了"2017年全国创新社会治理典型案例"称号。

二、案例描述：南湖社区"微益坊"

（一）"微益坊"为何物？

"微"意为微小，有细小、轻微、稍微和精妙的意思；"益"意为好处，有增益、利益、公益、权益的意思；"坊"意为坊间，有作坊、街坊、工作场所的意思。由此，"微益坊"可定义为社区的"微型公益服务场所"。2015年6月，"微益坊"于重庆市南岸区花园路街道南湖社区成立，占地面积约400平方米，它作为社会组织的孵化基地、活动基地和展示基地，坊内设置会议室、培训室、活动室、展览室等功能室。对进驻基地的社会组织，社区给予无偿提供活动场地、办公设备等硬件支持，并邀请专家对社会组织进行培训，给予专业的活动指导，协助社会组织"量身定制"发展规划，帮助其成长壮大。

（二）"微益坊"建立背景与起因

"微益坊"所在的南湖社区位于重庆市南岸区的中心地带，紧邻南坪商圈，面积1平方千米，有企业300多家，居民6416户，共22173人。作为典型的"老旧散"小区，社区存在着设施陈旧、活动场地有限、流动人口复杂、治安管理困难等突出问题。为此，社区广泛收集群众诉求并开展了大量的服务工作，但依然难以满足群众多元化的民生需求，群众参与度、满意度不高。

随着社区建设的深入开展，南湖社区尝试引入社会组织，将原来居民生活中的琐碎事务交由社会组织进行处理，实行"大事小事私事""三事分流",一是改变"所有问题找政府"的现象,逐步提升社区自治功能;二是有效解决居民日常的烦心事,提升社区的服务功能,走出以往"街道社区管得越多,矛盾似乎越多;管得越细,群众意见越大"的怪圈。但由于活动场地不足、资金有限,社工、义工专业化水平不高等问题,社会组织在社区治理中效能仍然较低。鉴于此,南湖社区探索新路,着力搭建整合社会组织的资源平台——"微益坊",用以解决社会组织的场地、资金、能力等问题,同时引导社区居民参与社区治理。"微益坊"的发展历程如图1所示。

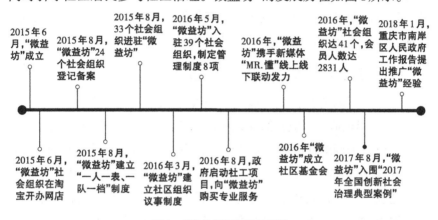

图1 "微益坊"发展时间轴

三、南湖社区"微益坊"治理成效

(一)整合资源:开源创新

搭建"微益坊"这样一个资源平台,社区最先面临的就是资金和场地的问题,不少社区因为不知如何盘活资金链犯难。而南湖社区却通过创造性的方式发挥现有优势,不仅做到将"微益坊"建立起来,而且使其顺利地运营下去,进而发挥"微益坊"整合资源的平台效应,通过街道、居民捐助、民泰基金会、社区公益站、自建网上商店等多种渠道获取资金,解决了"钱"的问题。

2015年6月,南湖社区积极争取街道资金,区民政局大力支持,鼓励社区居民自发捐助,周边企业(如:中国电子科技集团第二十六研究所、天台岗小学南湖校区)因社区内有亲属居住,也纷纷"慷慨解囊",由此建成约400平方米的"微益坊"。随后,"微益坊"建立社区公益站,为"微益坊"运作筹集资金。同年,"微益坊"孵化的社会组织(如"巧手工坊")在淘宝上开办"南湖微益坊"网店、组织"线上+线下"义卖活动,所得款项注入社区公益站。随着社会组织的不断增加,"微益坊"承受的资金压力越来越大,网上商店收入及建立之初政府投入的资金已难以支撑其日常活动。如何驱动"微益坊"引擎正常运行及避免其过度依赖政府资助,成为其发展的重大问题。2016年初,"微益坊"开拓先河,引入民泰基金会,使其与社区公益站相辅相成,民泰基金会为其提供项目启动资金,而公益站则更好地发挥基金会的撬动作用,放大基金效应。

(二)提供服务:私人定制,量体裁衣

"微益坊"内的社会组织展现出强大的活力,秉承着"菜单式提出要求,组团式提供服务"的思路,实现精准化社区服务。社会组织"谭嬢嬢工作室",致力于调解社区居民矛盾纠纷;"南八六"自治委员会开展义务巡逻,在抓获犯罪嫌疑人员、优化社区治安等方面发挥了积极作用;"无围墙的养老院"——"九九驿站",为老年居民提供全托和日托两种养老服务,切实解决了社区空巢老人做饭难、行动不便、无人照顾的问题;"微益坊"与重庆工商大学合作成立"小太阳四点半学校",招募志愿者,对社区内儿童进行课外辅导。"微益坊"通过多种服务解决了社区居民真切关注的"小事"和"私事",从而使更多居民热情主动地参与到"微益坊"社会组织举办的活动当中来。

2016年8月,政府启动社工项目,向"微益坊"购买专业服务。"微益坊"内的社会组织打出了"天天有活动、周周有表演、月月有比赛"的口号,为社区居民提供丰富多彩、生动活泼、健康向上的文化活动。例如,社会组织"时尚大妈"艺术团承办各类公益演出300余场次,社区公益站全年项目(活动)数超300个。其着力打造的30余个特色品牌社会组织充分发挥辐射带动作用,常态化开展政策法规宣传、免费法律咨询、义诊、文明劝导、治安巡逻等志愿活动200余场,助推居民自治、社会建设等工作。

(三)培育主体:一人难挑千斤担,众人拾柴火焰高

"微益坊"孵化了一批社会组织,培育了社区治理主体,社区治理从原

来的"独唱"变成了"大合唱"。2015年8月,"微益坊"成立短短两月,24个社会组织就入驻"微益坊",并在区民政局、区文化委登记备案;2015年10月,"心连心"党员帮扶基金、南湖人家报、翰墨香书画社、"南八六"自治委员会等9个社会组织进驻"微益坊";2016年初,吸引入驻文体、志愿互助、公益、社区事务、社区服务等五大类共39个社会组织;截至2017年底,入驻"微益坊"基地的社会组织达41个,组织类型涉及公益慈善、互助志愿、文体活动、社区服务、社区事务5类。此外,为进一步规范社会组织日常活动及增强社会组织同社区社工的联动性,"微益坊"制定了社区组织议事制度,以及志愿者积分管理办法等管理制度,做到年初有计划、年终有总结、全年有活动,由"草根"向"规范"转变。

"微益坊"在孵化社会组织的同时,唤醒了居民参与社区治理的热情,激发社区居民自发组建社会组织,参与社区治理。社区居民自创、自编的《南湖人家报》累计印发38期,共76000份;社区80后年轻人创办"互联网+"社会组织——"MR.懂";社区书法爱好者谢先生通过"MR.懂"刊登招收书法徒儿的广告,一周内有21名学生报名,谢先生将本次所收学费全部注入社区公益基金,支持"微益坊"发展;社区居民独家秘制冷吃兔美食的报道,吸引了南湖社区5个爱好美食制作的妈妈,共同成立了"妈妈厨房"社会组织,制作出牛肉酱、麻辣兔,月销售300余瓶,不仅与大家分享了美味,而且让大家看到了社会组织给居民带来的好处。

四、南湖社区"微益坊"面临的挑战

"社区多元主体协同治理"的构想无疑十分美好,然而诸多社区在实践中却屡屡碰壁。那么,"微益坊"在其发展过程中是否一帆风顺呢?通过实地调研得知,"微益坊"在取得成效的同时,也面临着诸多挑战。

(一)"一手遮天"的社区 vs "人微言轻"的居民

在许多问题上社区居委会和社区居民并未达成共识,访谈结果大相径庭。两者的矛盾冲突隐藏于社区与居民对"微益坊"的认知差异之中。"微益坊"建立之初,社区居委会并未广泛征集本社区居民意见,导致"微益坊"修建工作开展得如火如荼,社区部分"自家人"(居民)却浑然不知。因此,即便是在"微益坊"良好运转之后,还是有部分居民对此抱有排斥心理。

居民 A:什么听我们意见再修的？明明就是他们居委会自己要修,地也是我们的,钱也要我们出!

居民 B:他们社区建起来的地方以前都是我们的绿化带,直接就被他们推了(拔草、树)盖了楼!

居民 C:我不知道"微益坊"是干什么的,里面是搞什么的我不清楚,我没进去过。(而此时此刻"微益坊"的小楼就伫立在几位受访者对面,仅几步之遥)

居民 D:那些个跳舞的、唱歌的经常在"微益坊"里面排练,声音太大了,打扰我们休息!

受访社区居民纷纷摇头摆手,表示社区从未采纳过大家的意见,这与"微益坊"工作人员所述截然不同。

工作人员 A:在"微益坊"建立的时候,我们征求过居民的意见,政府出资为主要,居民出资为补充,但没有固定的出资比例,居民想出多少出多少,就是给一点儿都可以,我们没有要求每家每户都出资。

从两者所述内容的强烈对比中可知,南湖社区仍有部分居民认为自己没有从"微益坊"中获益,反而是社区居委会占用资源,破坏他们原有的生活环境;而社区居委会认为此举是在推动社区治理,建设和谐社区。

(二)"新"有余 vs"力"不足

一方面,"微益坊"内社会组织发展水平参差不齐,虽然许多社会组织在服务方式上有了创新,但不久之后许多活动便中途"夭折",缺乏持久的活力。

如:"巧手工坊"原为居民自发组建的社会组织,采用"线上+线下"的销售模式,在淘宝有自营商店,但由于销售手工作品业绩不佳,淘宝店铺已经关掉,手工作品只能在"微益坊"展示或者免费送人;"九九驿站"这一养老服务站目前的服务范围较为狭窄,现服务人数不多。而《南湖人家报》和《方寸俱乐部》等刊物发展势态良好,免费向社区居民发放20万份,让更多的居民了解南湖社区。

另一方面,社区居民虽然注册为社会组织会员,但由于有些活动并不适用于所有年龄段的人群,居民参与率不高。

居民E:平时我们不怎么参加活动,活动一般在小区外面的广场办,我们年纪大了,也不喜欢凑热闹,那儿有个跳舞的,你去问问她。

问:请问跟您一起跳舞的社区居民多吗?

居民F:不是很多,可能就两三个,跳舞的邀请了很多外面的表演团。

工作人员B:有些居民自己本身对跳舞、唱歌也很热爱,很积极,大部分都是退休的阿姨。

(三)管理机制道阻且长vs规范运行如何行万里路

"微益坊"建立之初制定了管理制度,但由于其可操作性不强,未能贯彻落实。如针对入驻社会组织制定备案制度,实行志愿者积分管理制度,对社会组织的日常活动和运作进行规范化管理;进行"微益坊"主题月活动安排,避免活动过于密集;等等。从访谈得知,"微益坊"规定各个社会组织负责人一个月要开一次会,反馈当月情况,但推行过程中存在人员召集难、缺席人数多等问题,负责人总是聚不齐,到场的人总是零零散散的几个,导致管理工作难以实现常态化、制度化。

一方面,在前期准入机制上,社区降低了部分要求以减轻招募负担,却也致使准入机制松散低效;另一方面,社区居民在监管社会组织活动的过程中明显"缺位"。"微益坊"在社会组织评估主体的筛选、评估标准的设定、信息的透明公开等方面都存在不足。实际服务评估由实施方自行开展,且缺乏完整的评估体系、专业的评估方法。由于缺乏专业的第三方评估机构,在服务前期、中期和后期,社会组织只能自我评估,难以保证评估的真实性、准确性。"微益坊"负责人和某些社会组织的带头人表示,"评估环节的标准在于照片等形式上的活动记录材料,缺乏居民等主体的参与"。

五、结语

近年来,多元主体协同治理成为基层社会治理改革的重要方向,各地实践仍处于"摸着石头过河"的阶段,经济发展状况、地域文化传统等差异更是使实现路径趋向多样化,推动社区多元共治任重而道远。但各地区的典型案例治理经验也无不为我们提供了可借鉴学习的范本。重庆市南湖社区"微益坊"从创建平台至初见成效,最终遭遇瓶颈等一系列尝试与波折,为社区治理带来了新思路与新思考。多元主体协同治理,角色定位精准是基础,运行机制完备是保障。

讨论题

(1)运用协同治理理论分析"微益坊"的运行机制。

(2)社区治理中如何提高群众参与的积极性和主动性?

(3)社区治理中多元主体协同治理长效机制建立的难点与突破口是什么?

第二部分:案例分析

一、分析理论基础:协同治理理论

(一)概念

协同治理是一个寻求有效治理结构的过程。协同治理中的各个主体(政府、社会组织、公民等)作为子系统相互协调、共同作用,构成一个有序的、可持续运作的有机整体。这个整体具备局部或子系统所没有的新能量,实现了力量的增值,使整个系统在维持高级序参量的基础上共同治理社会公共事务,最终达到最大限度地维护和增进公共利益的目的。这一过程虽然也强调各个组织的竞争,但更多的是强调各个组织行为体之间的协作,以实现整体大于部分之和的效果,产生协同效应。"协同效应"是指参与治理的各方,能够相互合作、相互信任、相互督促,以期能够提高治理成效,降低治理成本。

(二)特点

协同治理理论借鉴了协同理论和治理理论对于社会治理问题有价值的内容,并对两者进行了有机整合。它兼具两者的特点:一是治理主体的多元性;二是治理权威的多样性;三是强调子系统的协作性(即政府、社会组织、公民个人等子系统的相互协作关系,包括治理主体之间的法律地位平等和机会平等);四是系统的动态性(即各主体遵循动态和权变的原则,使系统在不断生成和转化的过程中达到更高级的平衡);五是自组织的协调性;六是社会秩序的稳定性。

(三)治理主体间的关系

各类治理主体之间的关系在实践中存在多种可能性,既包括负向的关系,如疏离、推诿、矛盾、冲突等,也包括正向的关系,如领导、协商、合作、互助等。在协同治理理论中,治理主体间的正向关系多用协同治理的概念来界定。

(四)案例选取背景

"微益坊"建立之初,定位为多元主体协同治理的平台、资源整合的服务窗口、社会组织的孵化器,为居民、社会组织、社区居委会三方互动合作搭建桥梁、提供载体,发挥参与主体的"协同效应"。而其在运行过程中,虽已有成效,但与多元主体协同治理的理想状态仍有较大差距,处于"总体分散、局部协作"的状态。因此,"微益坊"之建立初衷、现实状态、遭遇困境,都与协同治理理论相契合,将协同治理理论作为分析视角,对理解和认识"微益坊"治理困境、提出破解路径,具有重要的价值和意义。

二、"微益坊"运行机制:理想与现实

据协同治理视域下的主体关系分析可得,社区治理主体大致可以划分为两个"三角关系"(见图2)。第一个三角关系:街道党工委、办事处,与社区党组织、社区居委会之间主要是领导与被领导的关系。第二个三角关系:社区居委会、社会组织及社区居民之间为合作关系,三方合力共同搭建"微益坊"平台,实现社区的协同治理。

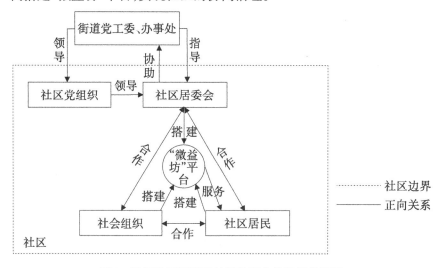

图2 协同治理视域下社区治理主体理想关系图

　　而南湖社区"微益坊"的现实状态与上述的理想状态有着一定差距，第二个三角关系为症结所在（见图3）。社区居委会"一肩挑"，社会组织的力量呈现相对弱势的状态，并没有达到理想的合作状态；社区居委会与居民之间缺乏沟通，形成矛盾冲突；而社会组织则疏离居民。这些问题一是导致"微益坊"平台提供的服务与居民需求不对口，二是导致居民对此产生排斥心理，平台搭建失去居民的支撑，没有形成合作治理的乘数效应。

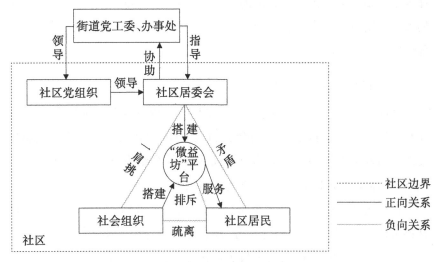

图3　协同治理视域下社区治理主体现实关系图

（一）社区居委会"错位"

　　社区居委会的"错位"主要表现在两个方面。一是尚未对社会组织制定专门化、体系化的管理制度，管理和评估缺乏制度化和规范化，对既有规定的执行力度也不够。具体来说，社区居委会建立了例会反馈制度，规定各个社会组织的负责人要每月开会来反馈本月情况，但该制度未得到有效贯彻推行，社区居委会未将管理工作常态化。

　　二是社区居委会行政事务多，时常忙于处理上级政府或者街道办事处的指令，有时忙于接待学习团队、媒体采访和上级视察，没有足够的时间和精力关注"微益坊"的发展。未做到"微益坊"建立之初所说的，对社会组织进行专业培训投资，而是将培训任务交由社会组织，也未承担培训费用,没有及时跟进工作和考察社会组织的运作情况。

(二)社会组织"让位"

"微益坊"作为孵化社会组织的基地、吸引凝聚居民多元参与社区治理的平台、服务社区居民的枢纽、资源整合的服务窗口,并没有发挥出应有的平台效益。举例来说,"微益坊"的场地资源利用率不高,有大量的房间空着,资源整合度低。比如"九九驿站",时常只有一两个老人来。南湖社区是由多个老社区改造建成的,老年人的人口比重较大,社会组织提供的大部分服务并不大符合老年人的需求,反馈机制也不健全,最终导致部分居民的参与度不高。

(三)社区居民"缺位"

社区活动居民参与度不高,居民参与社区治理达不到应有的广度、深度和力度。虽然社区居民作为会员加入了社会组织,但由于没有完善的渠道公布社会组织举办活动的通知,他们对社会组织举办的活动的时间、地点、内容知晓率不高,这就造成这些活动的居民参与度不高。

在评选年度优秀社会组织时,社区居委会依据社会组织提交上来的材料来评定,没有让居民参与评分,没有建立完善的反馈机制。

可将"微益坊"的理想状态与实际状态对比总结如表1:

表1 协同治理视域下社区治理主体理想状态与实际状态对比

参与主体	状态	参与主体投入资源	角色定位
社区居委会	理想状态	整合内外部资源;提供管理方法;整合政府要求和社区居民需求,并引导、组织社区居民和社会组织参与社区治理	社区治理法定自治主体
	现实状态	行政色彩过于浓厚,忽略社区居民参与社区治理的主体地位	"微益坊"平台的搭建者和建设者
社会组织	理想状态	为居民进行社区自治提供咨询和技术指导,培育居民的自治意识和社区自治组织	社区专业化服务提供者
	现实状态	过于依赖社区居委会,缺乏独立性,发展不健全,覆盖面不广;缺乏活力,组织之间各自为政,信息不对称	"微益坊"平台的孵化对象和主体

续表

参与主体	状态	参与主体投入资源	角色定位
社区居民	理想状态	参与公开讨论、民主表决,传达社区治理的意见并自发成立社区居民自治组织,广泛参与社区公共事务	社区治理主要参与者
	现实状态	社区活动居民参与度不高,居民参与社区治理达不到应有的广度、深度和力度	社区活动和服务的接受者

三、"微益坊"现存问题的原因剖析

(一)多元主体未在协同治理上达成共识

我国社区治理理念经历了较长的历史演变过程,传统社区管理为自上而下的管理模式,社区居委会与社区居民以单向渠道沟通为主,居民处于被动地位(见图4)。受传统社区治理观念的影响,有时社区居委会仍处于"任务导向型思维"中,偏向于向社会组织发布指令。

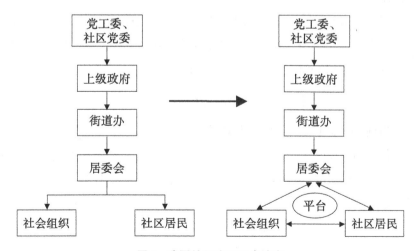

图4 我国社区治理理念演变

由于有些社会组织在人事、财务等方面对社区居委会存在着较为严重的资源依赖,一旦社区资源供给出现问题,社区服务就容易出现短缺状况,所受制约过强,直接导致社会组织缺乏独立性和自主性。而有些社区居民长期处于传统公共服务供给方式之下,主人翁意识仍处于萌芽状态。

(二)多元主体协同治理运行机制短缺

"微益坊"运行过程中各主体不相互配合的情况屡屡出现,平台效应发挥不佳,机制无法高效运行。究其根本就在于运行机制不完善,缺乏沟通机制、评估机制、监督机制以保障多元主体能在机会平等的条件下协同共治。

一是各主体沟通不畅。在机制实际的运行过程中,社区居委会因其他事务较多,疏于与"微益坊"入驻的社会组织沟通交流,对"微益坊"缺乏长远规划;有些社会组织缺乏自主性和独立性,与大部分居民交流不通畅;社区固定的沟通制度(社会组织负责人定期汇报制度和社区议事制度)执行力度不足。

二是评估体系不完善。对"微益坊"内的社会组织的考核方式主要有社区居委会评分、社会组织自评及互评、参考社会组织年终提供的材料等方式。而社会服务的接受者——社区居民本该最有发言权,却未被纳入评估体系内。

三是监督渠道单一。"微益坊"内事务公开的主要方式仍然停留在公告栏发布信息的阶段,新生媒体"MR.懂"模块单一、更新速度慢、透明度不高,没有很好地发挥出网络监督的作用。

(三)多元主体协同治理角色定位混乱

当前"微益坊"的治理主体主要为:社区居委会、社会组织和社区居民。但三者之间责任划分不清晰、角色定位混乱。社区居委会对社区事务"一肩挑",过度干涉社会组织各项事务,而未做好居民参与社区治理的引导者,未能充分发挥"催化剂"作用。有些社会组织对政府及社区居委会存在强烈的资源依赖,独立性不强,缺乏自我造血能力;未能整合居民需求,实现精准化服务。有些社区居民则缺乏应有的主人翁意识,对"微益坊"事务袖手旁观。

四、"微益坊"建立过程中的推力与阻力

根据上文三大治理主体之间的关系,可得出"微益坊"建立过程中的三对推力与阻力。

(一)社区居委会

推力:政府要求和社区居民的需求;引导和组织居民的职责。

阻力:缺乏体系化的管理制度;忙于处理上级政府或者街道办事处的指令,无暇顾及"微益坊"。

平衡点:角色定位为社区治理法定自治主体,而非"微益坊"平台的搭建者和建设者;避免行政化色彩过浓。

(二)社会组织

推力:社区治理的客观需要;政府鼓励入驻。

阻力:主要依靠政府力量建立起来,缺乏独立性;资金不足,运转困难。

平衡点:角色定位为社区专业化服务提供者;避免过于依赖政府,得到市场的资金支持,增强合法性与独立性。

(三)社区居民

推力:社区居民自身不断增长的需求;政府部门的引导。

阻力:社区居民与社区居委会矛盾激化,参与意愿低;自治意识不强。

平衡点:角色定位为社区活动的参与者和服务的接受者,使其切实享受到协同自治带来的便利。

五、"微益坊"路在何方

(一)明确多元主体角色定位,制定责任清单

社区居委会:在"微益坊"治理中,社区居委会应实现"去行政化",迈向"社会化",弱化浓厚的行政色彩,厘清上级行政事务和社区公共事务的边界;发挥社区居委会在提供制度保障、平台建设、资金支持方面的作用,在宏观层面制定社会组织的发展规划和纲要,引导、规划、扶持社会组织

的发展,避免过度干涉社会组织内部事务;考虑社区居民参与社区治理的现实层面,社区居委会应根据"微益坊"治理阶段及治理难易程度,让社区居民选择不同的参与程度,采取不同的参与形式。比如第一阶段为让社区居民在"微益坊"资金管理中起监督作用;第二阶段为广泛吸纳社区居民成为"微益坊"的社会组织的成员;第三阶段为鼓励社区居民自建志愿队伍等。

社会组织:充分发挥枢纽型组织的作用,一是与社区中活跃的居民建立良好的关系链,将这部分活跃的居民嵌入社会组织,挖掘社区领袖的资源,借助其影响力带动更多居民参与"微益坊"治理;二是在资金筹集上"广撒网",拓宽筹资渠道,如与周边企业、基金会多建立合作关系;三是发挥品牌社会组织带头人的作用,鼓励发展较为成熟的社会组织传授经验、提供专业化培训。

社区居民:在"微益坊"协同治理中,社区居民是最关键也最薄弱的一环,如何提升社区居民的主人翁意识和参与意愿成为核心问题,社区居民应意识到社区公共事务与自身的小事、私事密切相关;要主动反映自身利益诉求,为"微益坊"治理问题及成效积极"发声"。

(二)建立健全沟通、评估、监督机制,实现永续合作

第一,健全治理主体间的协商互动与沟通机制,化解矛盾冲突。

协同治理不仅需要各个主体各司其职,更需要各主体间进行协同合作,发挥合作治理的乘数效应。首先,搭建协商对话的平台,成立"微益坊"管理委员会,成员组成多元化,各主体共同协商制定委员会章程。其次,社区居委会、社会组织、社区居民应共同制定社会组织月度、年度发展规划,并公示。最后,借助新媒体平台("MR.懂"、社区微信公众号等),建立反馈模块和需求资料库,定期进行信息公开,保障社区居民的知情权,同时,社区居委会、社会组织要与社区居民进行交流互动,掌握居民动态需求,拓宽信息反馈渠道,化解矛盾冲突。进行居民对"微益坊"治理及其社区服务的满意度的调查,征集社区居民意见,对提出可采纳建议的社区居民发放小额奖励。

第二,完善社会组织及社会工作评估体系,明确工作成效与发展目标。

一是根据"微益坊"的阶段性情况,设定治理阶段性目标,建立治理成果阶段性评估机制。二是健全社会组织评估体系,并将其常态化、制度化、规范化。将居民纳入评估体系,根据"微益坊"实际情况,设计及调整评估指标体系,丰富评估材料来源,使评估结果更加完整、更加全面、更加客观。三是设定奖惩机制和谈话机制。在评估结果的基础上对社会组织进行分级,根据分级结果进行奖惩,并将获奖社会组织的名单加以公示,督促社会组织寻找问题根源并改进工作。

第三,创新"微益坊"运作监督机制,提升工作透明度与可信度。

社会组织评估、公益站资金收支、社会组织活动开展等都离不开社区居民的参与与监督,"微益坊"应创建社区居民参与监督的平台,让居民"发声"。创新监督方式,如借助"MR.懂"公开"微益坊"的财务情况、项目开展情况、年度考核评估结果等。一方面,这能够提升"微益坊"各项事务的透明度。另一方面,这能够提升社区居民对社会组织的信任度,缓解居民的排斥心理,提升居民参与热情,助力三方主体协同共治。

（编写:黄银花 谢若澜 任雅楠 徐美玲 曹锦纤 指导:欧书阳）

案例十二：医疗欠费"顽疾"待除

第一部分：案例正文

案例摘要：在提供医疗服务的过程中，依法收取医疗费用是医疗机构的权力，及时、足额缴纳医疗费用是患者应尽的义务。医疗欠费是医院管理活动中不可避免的话题，近些年来随着医院医疗服务形式和内容的不断丰富，医院不仅要思考如何优化医疗服务的供给，更面临着管理上的困境。而当前突出的医疗欠费问题就给医院管理带来了不小的困扰。在自负盈亏的医院运行模式中，医疗欠费已经成为一个长期困扰医院正常业务工作开展的问题，也成为医院控制成本中不可忽视的问题，影响着医院的良性循环和正常运转。基于此，许多医院在应对欠费问题上进行了许多尝试，成立专门的医疗费用管理部门并且严格把控缴费流程。但是医疗欠费现象是在个人、医院、政府等多方因素影响下形成的，这就决定了解决医疗欠费不能只依赖于医院管理机制的完善。因此，本案例通过对医疗欠费现象的剖析，探究政府在帮助医院破除医疗欠费问题中的具体作用，通过制度和政策的构建，采取多部门综合措施以破除医疗欠费之"顽疾"。

关键词：医疗欠费；医疗保障；政府政策

一、引言

每个医院都有一本医疗欠费账本，尤其是在2013年急重病人"先看病后付费"的政策试行之后，一些公立医院反映医疗欠费情况加剧了。在急救领域，某医疗机构对2016—2018年急诊科欠费情况进行统计，2016

年欠费23万余元,2017年欠费24万余元,2018年欠费19万余元。"先看病后付费"是基于诚信公益原则的民生保障政策,故而面临着患者失信等风险,容易导致大规模医疗欠费问题。2013年,根据国务院办公厅3月1日下发的《关于建立疾病应急救助制度的指导意见》,国家卫计委要求各地2014年9月底前设立疾病应急救助基金,用于解决急重危伤病、需要急救但身份不明或无力支付相关费用的患者的医疗救治问题。专家指出,早日落实这一政策,将为长期无法解决的医疗欠费问题提供有力保障。

从2015年11月实行城市公立医院医药价格综合改革以来,面对分级诊疗、药品零差价和取消材料加成等一系列改革,公立医院医疗收入面临着结构性调整,必须加强自身运营管理和成本控制,以保证医疗收入。医院也由规模效益型向质量内涵型方向发展。公立医院的发展面临新的挑战,不得不加强各种情况下成本的控制。据不完全统计,2015年全国医院"三无"病人("三无"病人一般指无身份、无责任机构或人员、无支付能力的病人,他们是易造成医疗欠费的主要群体)欠费30亿—40亿元。医疗欠费怎么来的? 谁在吃"霸王餐"? 该如何处理这类问题? 基于这些疑问,本文将通过各地医疗欠费案例进行相关研究分析。

二、医院医疗欠费"慢性病"

(一)王贵才文件夹的"隐痛"

王贵才是X医院医疗费用管理科科长,他的电脑里藏着这家医院的"隐痛"。15个文件夹,各类表格超过100份。

他常打开的一份表格显示:截至2020年6月1日,王贵才所在医院2019年尚未收回的医疗费用合计约753万元,欠费者有130人。全年从这家医院出院的8万多人里,666人欠过费;55个临床科室里,27个遇到过欠费。

王贵才和同事要做的,就是追讨欠费。他经手的单笔最大欠费是65万元。这个科室成立13年了,在2020年之前,名字一直是"医疗欠费管理部"。

很多医院都有一本欠费账本。在争分夺秒救治病人的医院里，欠费是一种"慢性病"。据王贵才介绍，始终收不回来的欠款，约占总欠款的30%以上。

他们专门和欠费者打交道。他们拨出的电话被当成过诈骗电话，也常被"拉黑"。大约三分之二的电话无法接通，接通后收到的不少回复也很敷衍，一直说"再通融通融"。有人干脆甩出一句"别再找我"。

（二）欠费不分贫富

欠费是不分贫富的。一名美籍华人被送到医院抢救时，为证明治得起病，他的亲属曾对医务人员亮出存折。一个多月后，他不幸离世，9万多元费用只交了3000元。家属后来表示，要让他们付费必须走法律途径。问题是，患者的儿子远在美国，始终不接电话。追讨只能搁置。

一名患者因大出血入院，不幸死在重症监护室。他女儿称，自己和父亲一共就见过三面，"出于道德顶多拿一万五"。还有一名肾衰竭患者，家属只愿意认领遗体，连遗物也不收拾。

欠费名单上有几位是无名氏，这些人的姓名栏里就标了收治日期，比如"无名氏05301"，代表这一年5月30日收治的第一个身份未知的患者。这些因突发情况被送来的患者，往往入院时就已昏迷。直到最后，医院可能都没有机会弄清他们的名字：有人不治身亡，也有人好转后，半夜溜走。

心胸外科苏医生认为，有的欠费者看上去并不缺钱，至少来探视的家属衣着光鲜，用着新款手机，吃饭就叫外卖，唯独就是不缴费。

王贵才不否认，医院出现过几个涉及"过度医疗"的欠费案例，但这也缘于两方面：有患者认为诊疗费用超出预期；还有一种，是患者家属坚持所致，在医生告知"希望不大"后，家属仍不愿放弃治疗。

这些欠费表格里，追款进度的备注形形色色。有的显示为"孤寡老人，无亲属"；有时一整页被"外来农民工"塞满；有的是家属交了几百元后"诉已尽力"；有的称是工伤，可没有雇主承担责任……有位打工的小伙子，因面部挫伤做了手术，还款压力落在了他父亲头上。那位父亲一共带着4个孩子，厂里发不出工资，房租一直拖着，他给王贵才一条条发短信："我一个无力的打工者，你说我怎么办？"

王贵才认为,他遇到的大部分欠费患者都是弱势群体,还有一些人是因病致贫的。"医院头痛,患者自己也头痛。"欠款里最少的只有几百元。有时候,家属会在收费处下跪希望免除费用。有位母亲去世后,她的独生女东拼西凑,最终还是差30多万元,直言"就算去坐牢也还不上"。

他还记得有一位胃出血患者,在重症监护室花了5000元,住到第三天就急急忙忙签字出院。对方告诉他,自己收废品谋生,"再住下去,一年收入都没了,如果你要医疗费就把我的垃圾车拖走卖了"。

（三）医生的无奈

在这家医院,以收治急危重症患者为主的神经外科、急诊科、心胸外科占了"欠费榜"前三名,其医疗欠费合计能占全部欠费的70%以上。

王贵才所在医院是当地最大的综合性三甲医院,一些患者是救护车送来的,还有的患者从乡镇医院转来,路上已颠簸了一两个小时。

这些人里,有喝农药倒下的;一氧化碳中毒的;车祸造成身体多处重型损伤的;还有人大动脉出血,耽搁半小时就可能丧命……医院对这些病人如果不紧急处理,几乎等于"夺命"。

临床科室的医生与患者第一次见面或已在监护室里,或在患者被送往手术室的路上。根据一些医生的经验,"那时候该产生的费用都已经产生了"。

不少科室主任找到王贵才:"又来一个要欠费的,怎么办?"他只能说:"先救,后面的我们来处理。"但他也无奈:"不给他们一颗定心丸,谁愿意一边劳动一边赔钱?"

神经外科副主任李医生经手过不少脑出血、脑外伤的患者,他说,此类患者出院最快要一两个星期,几个月甚至一年以上也是常有的。

李医生记得,科里有几张固定的床位,属于那些长期病号,严重的已成植物人。除了与家属不断沟通,他们只能看着欠费一天天增加。一名患者躺了两年,家属才同意接他出院。

在医疗欠费管理部成立之前,追讨欠费更多由医生和护士完成。医院宣教科科长、儿科医生林医生觉得,医生应该专心治病,要讲钱,尤其是在治疗效果不像预期那样好的时候,实在太难开口。"病人家属就一句话——你先把病治好。"

苏医生在这家医院工作20多年了。当一台急诊手术即将开始,她会条件反射般地猜测——"这会不会是一个要欠费的?"

她所在的心胸外科攻克了一项手术难题,随之而来的是,找来的危重患者越来越多,欠费也就越来越多了。遇上欠费者,"基本是做一台手术就亏几万元"。

在她的印象里,这些年,医院的耗材和药品都降价了,只有从手术费、护理费、治疗费等渠道才能获取效益。发生欠款,意味着手术费收不回来,医院还要垫付药品费和耗材费。

欠费窟窿有时要科室来填补。据报道,一位高危产妇在宁波一家三甲医院成功产子后跑掉,按照这家医院的规定,欠费的20%由科室来承担,只能几位医生来平摊4000多元的费用。

在王贵才所在的医院,欠费不会直接与医务人员挂钩。但欠费过多会导致科室的月度综合评分下降,对绩效产生一定影响。每个月初和月末,王贵才会分别生成当月欠费列表和年度欠费名单,发给临床科室,用于"预警"。

还有一些医生颇有微词:你们专门成立了一个科室,怎么都追不回欠款?

(四)催债之路

几乎每家医院都有一套关于医疗欠费的管理制度。但王贵才说,条款只是对内,对患者,他们没办法进行约束。

13年间,他们到法院起诉过209位欠费者,涉及欠款2000万元左右,但仅仅收回了部分。而且因为流程较长,收回欠款最长的花了2年多,最短的也要半年。一些人本就生活困难,连可供强制执行的财产也没有。王贵才不想再给患者增加律师费、诉讼费等负担,2019年至今,他没有起诉一位患者。

王贵才毕业于药学专业,没学过关于医疗欠费的处理技巧。医务人员所受的医学教育里没有应对欠费这一项。

这个看起来不像会"催债"的人只能自己琢磨沟通方法。进入医院工作28年，他因为工作和人红脸的次数不足3次，不少人形容他"文质彬彬"。有人得知他成了医疗费用管理科的科长还笑他："就你这样能追回钱来吗？"

他拨出第一个追讨电话，就挨了劈头盖脸的一顿骂。因为害怕对方听到"欠费"两个字挂断电话，王贵才总是核对几个数据后，才试探地问上一句，"是有什么困难才没来结账吗？"他不是强势的角色，没有什么"杀手锏"，也从未与处于灰色地带的讨债公司合作。

有些欠费者十分敏感，当面沟通时，会用手机录音。王贵才也经常被人搪塞，欠费者说"下个星期来"，之后是无限循环的"下个星期"。一位脾破裂患者比他高也比他壮，进了办公室直接掀起衣服，露出一道从胸口到腹部的伤疤，说自己"浑身是伤，脾也摘了，饭没得吃"，指责他向自己追债"良心何在？"

要解决问题，有时还涉及第三方。王贵才记得，有位40多岁的患者，是在车间发病晕倒的。家属认为是工伤，可工厂出于种种原因未给患者交保险，直到患者住院后期才开始给其补交。围绕工厂是承担前期医疗费还是全部费用的争议，直到法院调解结束，双方都未达成一致。不幸的是，医保卡办下来之前，患者去世了。这笔欠费，至今还在王贵才的表格里。

实名就诊制施行之前，找到患者就是挑战。如果对方经常更换手机号，或是碰上一些外地的患者，医院常常束手无策。一位曾上门讨债的工作人员记得，他们在村里讨债时，曾被人放狗追着跑。

国家卫生健康部门曾表示，各地需要设立疾病应急救助基金，用于解决急重危伤病、需要急救但身份不明或无力支付相关费用的患者的医疗救治问题。近几年，王贵才工作的医院所在市规定符合条件的困难患者，可以申请道路交通事故社会救助基金、疾病应急救助基金，该医院也设有慈爱基金。问题是，疾病应急救助基金封顶2万元。在王贵才看来，此类救助是"杯水车薪"。

该市已推行城乡一体的全民医保。苏医生说，在心胸外科，主动脉夹层患者发病急、进展快、病死率高,治疗费用也高,她记得,2019年因该病欠费的6个病人里,4人都是自费的外地患者。有人一直打零工,没有医保;有人来自农村,保险转接不到位;有位外地老人七八十岁,身体不好,无法回当地办理相关手续。

王贵才遇到过一个特殊的患者。一位女士来补交10年前的欠费,那时她19岁,刚工作就生了孩子,住院花掉4000多元,一直欠着。因为小孩入学必须要有出生证明,她才回到医院还款。

王贵才记得,在收费处排队的其他人听到此事,犯起了嘀咕:"还可以欠医院钱?"这也是他一直以来的顾虑。一方面,他希望公众注意到医疗欠费难题,另一方面,他也有些担心,"说多了会不会有更多人效仿,到最后欠费也多了"。

事实上,医疗欠费是国际性的难题。例如,在美国,商业保险覆盖较为全面,逃费与个人信用挂钩,但医疗欠费问题仍难以解决。在国内,保险更偏重于意外事故和重大疾病。王贵才认为,人们的保险意识不强,买得起保险的人相对经济基础较好。此外,国内的诚信体系尚不完善。"至少应该建立一个公开的信用体系,在医院间共享,提醒医生,也提醒患者自己。"他说。他记得有一名进行过血液透析的患者,需要定期复查,但已欠费。同事告诉他,这位患者换了一家医院治疗,在那里再次造成欠费。

(五)欠费数据还在涨

鲜为人知的是,电话被人"拉黑"最多的这个科室,收到过三面锦旗。它们并不在办公室的显眼位置。一面被放在材料柜里,另两面被台历遮住了大半。

其中一面"扶危助困"锦旗背后,是一个不幸的家庭。丈夫被车撞了,送到医院时已是植物人,妻子靠卖豆腐挣钱,还要养活两个孩子。丈夫前前后后住了一年院,花了40多万元。肇事司机一直没找到。妻子用了好几年的时间,东拼西凑还上了欠款。医疗费用管理科帮她申请过5万多元补助。

对老老实实还钱的患者,王贵才怀着同情和敬意。有些时候,他在电话里还没提关于钱的字眼儿,对方就忙不迭地讲起了筹钱进度。一位50

多岁的母亲做了心脏手术,由于体质较差,出现了严重感染,最终离世。对于20多万元欠费,她儿子承诺一定归还,一有积蓄就从广西跑到医院还钱。王贵才眼睁睁看着他头发白了,也少了。他父亲得了肺癌,家里还有两个小孩,他一人打两份工。他找王贵才商量,"全部还完可能还要比较长的时间"。

一位动脉瘤患者需要交1.8万元的费用,一开始只交了800元,他向王贵才保证,"到死也会还完"。他在外面打工,迄今还了三次钱:700元、800元、600元。

一个14岁男孩从高空坠落,最后在医院去世,家里交了十几万元,仍欠3万多元。每次打电话给他父亲,王贵才都要犹豫很久,"这等于是揭他的伤疤"。这位父亲还有一个孩子需要养育,他的妻子患上精神疾病,母亲又得了癌症。几乎每次通话,他都会突然哽咽:"请宽限一点时间,现在确确实实犯难了。"王贵才帮这个家庭申请到了一笔救助基金,那位父亲在电话里哭了起来,"都欠费了,你还这样帮我"。

王贵才很珍视这些。毕竟,不少欠费者以为政府的救助和医院的帮助都是理所当然的。为了帮忙申请救助,追债人要奔波在民政局、公安局、卫健局、人社局等部门。

他记得第一个加了微信好友的患者,是位40多岁的患者,对方已失去劳动能力,欠了9000多元。王贵才看到此人在微信朋友圈发筹款链接,就帮忙转发。那位患者后来向他道谢——因为他的转发,多了一连串的捐款。这位患者知道,是这个向自己讨债的人起了作用。

陈年旧账还躺在电脑里,2020年,王贵才又建了一份新表格:2020年前5个月,出院未结账患者已有80人,欠费金额超过345万元。

三、"欠费源头有几许"

每家医院都有一本医疗欠费账本。一项涉及全国27个省份630家不同规模的医院的"三无"病人欠费情况的调查显示,每家医院年均接待"三无"病人超过85人次。且医院规模越大,"三无"病人欠费越多。100张床位以下的医院,病人平均欠费为5.32万元,800张床位以上的医院,病人平均欠费为64.33万元。据此测算,全国医院"三无"病人一年欠费30亿—40亿元。医疗欠费怎么来的?谁在吃"霸王餐"?应该如何处理这类问题?

(一)急诊科是欠费"重灾区"

从大多数医院的医疗欠费来源来看,急诊科是"重灾区"。按照规定,医院救治危急重症患者,必须"先救治,后付费"。急诊科接收的"欠费"患者中有很多是车祸或各类纠纷事件中的伤者,而他们大多是救护车送来的"三无"人员。

广州市有所三甲医院,它几乎就在广州市的城市几何中心上,正因如此,危急重症患者多被送到该院急救中心。"医院目前产生的医疗欠费,90%都来源于急救中心收治的病人。"该院急救中心主任介绍说。

(二)无力付费、恶意逃费并存

产生医疗欠费的原因大致分为三个类型:第一类,受医疗技术的限制,患者认为疾病的愈后情况达不到他的期望值,因此不愿意付医疗费;第二类,由于交通事故、打架等意外,当事双方到医院看病后,谁也不愿意掏钱;第三类,患者,主要是无主病人,突发疾病被救护车或好心人送到医院,欠费产生后,患者确实没有钱付费。

四川某市人民医院遇到过一个没钱付费的欠费患者,该患者患有高血压、心功能不全、慢性支气管炎、肺气肿等多种疾病。他反复住院,每次的住院费从几千到上万元不等。由于他的家庭经济特别困难,无力支付住院费用,所有费用均由医院垫付。据统计,2013年,该院共收治"三无"病人及家庭经济特别困难的患者138人次,他们拖欠医院住院费用共计60余万元。

北京某三甲医院每年大约救治"三无"病人100多例。"一些'三无'病人治好就逃跑。民政部门每年拨给医院40万元专项费用,但这远远不够,医院仍要承担大部分。"该院急诊科主任说。

（三）财政补贴的缺位

医院"三无"病人的欠费，应由政府财政给予补助。然而，有些地方政府并没有专门的财政资金预算安排，或者安排的专项财政资金根本不够。

2011—2013年，四川某市第三人民医院共收治"三无"病人286例，医院没有驱逐、抛弃一个患者。3年内，该医院因"三无"病人累计支出医疗费用40余万元，且护理费与伙食费均未列入其中。其中急诊科室共接收"三无"病人260例，累计支出医疗费用20余万元；住院部共接收"三无"病人26例，累计支出医疗费用10余万元。这些费用全由医院垫付。

对四川某市10家三甲医院的调查显示，这10家医院2013年医疗欠费总计超过2000万元。欠费最少的医院，总额也超过80万元。

"按照现行规定，医院'三无'病人的欠费，应由财政给予补助。然而，各地财政一般没有专门的资金预算安排或预算不足，这些欠费只能由医院自行消化。无力付费、逃费的病人不可能完全消失，这时候就需要有'兜底线'的救助制度补位。只有完善救助制度，才能让医疗机构履行责任时不再心存顾虑。"中国社会科学院社会学研究所的研究员说。

（四）生命至上，"先救治，后付费"

在法律层面上，为了人的生命权得到最基本的保障，英美等国家以及我国法律都确立了紧急救治权。法律要求医疗机构对急危患者应立即组织抢救。紧急救治权明确了即使急危患者存在拖欠费用的情况，医院也要对其进行抢救，不得拒绝急救处置。这种法定性的、可允许的"先救治，后付费"的原则成了医疗欠费产生的潜在法律条件。基于生命权保障的"先救治，后付费"意在缓解患者费用压力，但是不少患者在病治好之后，人却跑了，欠费逃费，让医生、医院苦不堪言。在"先看病后付费"的惠民政策出台以后，病人恶意逃费的现象也在增加。部分患者以对医疗服务或医疗态度不满意为借口拒绝支付医疗费用，医疗纠纷导致医院欠费现象严重。这种恶意的医疗欠费现象使患者和医院产生了法律上的债务债权关系，医疗费用追缴符合法律规范。

四、结语

随着我国卫生事业的不断发展,医疗欠费问题已成为阻碍医院发展的重要因素之一。医疗欠费直接影响了医院的服务质量和服务水平,降低了医院资金的使用效率。医院方面为解决该问题付出了许多成本,这时候需要有"兜底线"的救助制度补位。只有完善救助制度,政府、医院、患者共同应对,才能真正解决医疗欠费问题。

讨论题

(1)分析医疗欠费背后的深层原因。

(2)分析"紧急救治权"与"医疗欠费"的矛盾。

(3)部分医疗欠费是由医生进行担保的,你认为在这类情况下欠费应该由谁负担,我们应如何解决医生面临的欠费负担?

(4)结合政策工具理论,分析政府应如何帮助医院破解"医疗欠费"难题。

第二部分:案例分析

一、产生医疗欠费的深层原因

医疗欠费发生的原因是多样的。正确分析其产生的原因是解决医疗欠费问题的前提。案例反映出的医疗欠费原因的共性,共有三类:

(一)患者自身原因

第一,突发事件造成欠费:严重车祸、治安案件、食物中毒等引起的患者欠费。根据我国医疗制度的有关规定,在遇到紧急情况时不论患者是否已经缴纳费用,收治医院都应对患者进行救治。但医院经常无法收取治疗费用,因为有些患者在医院急诊科治疗后没有结清费用便自行离开;有些危重症患者送入医院后,医院一直无法联系上其家人,费用一直由医院垫支;或者交通事故的双方在费用问题上不能达成一致,因此长期拖欠在医院产生的治疗费用。

第二,"三无"人员以及经济困难人员的欠费。"三无"人员大部分是被救护车送到医院的。有些患者基本没钱治病,还无亲无故,甚至神志不清。经济困难人员主要包括失业人员、低保户、城镇困难户、ICU重症患者等。若碰到大病,这些人一般难以支付费用,造成欠费。

第三,患者借口治疗效果不佳而欠费的恶意逃费。患者假借医院治疗效果不理想,或没有达到他们想要的治疗效果的名义而拒不支付医疗费用,这种情况在大中城市和具有一定文化、法律知识的患者中占较大比例。

(二)医院方面的原因

第一,医疗纠纷欠费。随着法治观念逐渐深入人心,人们的法律意识不断提高。医疗行业是一个高风险行业,在诊治过程中,有些患者或其家属会对医生、护士的服务态度、医疗技术水平、工作中的一些小失误等产生不满,故意找碴,拒交医药费。或者在医疗事故发生后,医院失理于人,收费不成,反而被索要赔偿。

第二,缺乏对已允许透支的患者的系统监管及对直接责任人的处罚措施。因急诊抢救患者的需要,行政总值班很多情况下都会给患者开通透支功能,但往往没有在抢救后及时关闭透支功能并找患者追讨欠款。另外,没有明确对直接责任人的处罚措施,导致这类行为的继续发生。

第三,在患者出院结算时不及时收费造成的欠费。患者入院时只预交了一定费用,在治疗过程中也会不断地续交费用,但是有时医护人员会因忙碌等原因而漏收费用,又或者患者提前出院,医院出现没有收取足够费用而办理出院手续的情况。

(三)其他方面的原因

第一,医院的性质造成患者误解。有些医院的非营利性质让患者误认为所有医院都是公益性质的事业单位。人们的观念并没有随着市场经济的变化而变化,仍停留在过去福利性、低收费性的医院性质上。

第二,上级或同级机关事业单位挂账。医院担负着医疗、急救、预防、保健等社会任务。当社会活动中有医疗、急救需求,医院都是先救治再结算,而到了向相应机关单位要账时,费用却被拖欠着。

第三,工伤事故导致患者拖欠治疗费。一些不良私企往往没有与工人签订劳动合同。一旦发生工伤事故,有些企业常拖欠工人的治疗费。

二、如何破解"紧急救治权"与"医疗欠费"之间的矛盾?

生命健康权是法律赋予公民的一项基本权利,对于急诊患者更是如此。法律规定急诊患者有权享有紧急救治权,与现实情况相反的是,部分医院医疗欠费制度的规定使得少部分急诊患者的紧急救治权不能够得到很好的保障,甚至威胁到部分患者的生命健康权。医院以及政府应该对医疗欠费问题予以高度重视,采取恰当的方法解决医疗欠费问题,使患者不至于因为付不起医疗费用而丧失生命。我国现阶段,政府在医疗费用的补偿中财政投入力度较小,患者不能够及时支付医药费用等使得医院自己承担医疗费用的现象频繁出现。

目前解决医疗欠费问题的方法很多,大多数医院普遍采用的是欠费责任制和科室负责制,将各个科室的利益与医疗费用联系在一起,并且每个科室的经济效益将影响到医师的晋职以及晋级。这种方法迫使医师采取先收费后看病的方式。虽然说医院要求为危重症患者开辟"绿色通道",但是依旧存在少部分危重症患者因不能够足额或全部缴纳医疗费用而无法享受医疗服务。这在侵害患者紧急救治权的同时,也严重损害了患者的生命健康权利。最近几年患者不能够支付医疗费用而无法享受医疗服务的现象时有发生,这从侧面反映出紧急救治与医疗欠费之间存在的矛盾。由此提出以下三点建议。

(一)建立急诊"绿色通道"会员制度

我国现阶段还无法对患者实施无偿医疗救治,这就需要借助社会力量建立患者急诊"绿色通道":首先要建立卫生行政机关主管的社团法人组织;其次要坚持以政府为主导,群众自愿参与的原则;再次要建立急诊会员急诊费用担保基金,这主要利用会员的年费来建立;从次要为会员发放能够随身携带的会员卡,以此确定急诊会员的身份;最后,急诊会员缴纳年费要采取累计的方式,累积到一定的数额可以停止缴纳,新会员一定要缴纳当年的会员费。

(二)建立急诊欠费共担基金

各个医院进行合作,建立急诊欠费共担基金是解决医疗急诊欠费问题的一种行之有效的途径。建立该基金需要符合以下条件:第一,要坚持政府指导,依法设立,并且特定行政区域内的医疗机构要共同参与;第二,该基金的资金来源是门诊患者,对前来就诊的患者按人次来收取,金额由政府确定;第三,设立基金管理委员会对基金进行管理,参与该基金的医疗机构需要委派人员来担任基金管理委员会成员,监督基金的使用。

(三)建立紧急救治欠费补偿基金

上述两项建议可以在一定程度上减少医疗欠费问题的出现,但当发生重大卫生事件以及交通事故时,巨额的费用支出仍然容易导致欠费。地方政府可以按照一定的比例投入财政资金用于建立紧急救治欠费补偿基金,如果患者没有医疗保险,并且遭遇到的是重大事故,由患者所在的紧急救治医院所属的卫生行政机关申请政府的紧急救治欠费补偿基金来支付医疗费用。

三、政府如何帮助医院破解"医疗欠费"难题?

当前,医疗欠费已经成为医院管理的一大难点,许多医疗机构的医疗欠费不断增加,医院管理和经营难度升级。另外,医疗欠费与追缴也加重了医患关系的紧张程度。医疗欠费问题亟待解决。从近几年医疗欠费情况可以发现,欠费问题产生的原因一部分是患者无能力缴费以及紧急救治"绿色通道"等。

可以借鉴政策工具理论来解决这个难题。政策工具分为自愿性工具、强制性工具以及混合性工具。由于医疗欠费问题的特殊性,自愿性工具的可实施性很小。因此,结合本案例从强制性工具和混合性工具两个方面提出建议。

(一)完善医疗保险和医疗救助基金等社会保障制度

"医疗欠费"的根源在于以医疗保险、医疗救助等为代表的社会保障体系尚不完善。只有建立完善的医疗保险制度和医疗救助基金才有望为"医疗欠费"解困,以救助制度对"医疗欠费"进行兜底保障。当前,医疗欠费对医院的财政状况和经营活动造成了很大的负担。政府和社会组织应合作建立社会医疗救助基金,重点解决因突发事件和经济困难而产生的欠费问题。在欠费的患者中,贫困家庭人员占比较重,但这些群体的支付能力很低,医院追回费用的成功率很低。因此需要建立政府主导、社会组织参与的医疗救助基金,缓解因欠费造成的医院财政运行困难。最终,构建起全民医疗保障体系,扩大社会医疗保险覆盖面,从根本上减少医疗欠费问题。

(二)严格管理患者住院预交、结算

首先,针对与患者关系良好的联系人,做好资料信息的登记、录入工作,并核对其真实性,为医疗欠费现象发生后的费用催缴提供条件。其次,科学制订和执行一日清单,让患者每一天的费用信息公开透明,对每日的收费问题进行清算,避免费用纠纷。在患者出院结算时,及时提供费用详情,杜绝结算滞后的问题,减少医疗欠费。在进行费用管理时,医院各部门各环节要进行动态监管,及时掌握患者缴费情况。详细留存患者相关信息,保障后续催缴费用信息的真实有效。

(三)多部门、多主体协同追缴医疗欠费

医疗欠费的产生涉及医院的多个部门和主体,不少医院都专门成立了欠费管理科以监管医疗缴费、进行费用追讨。医院各病房、科室要建立起联防机制,及时反馈欠费信息,在充分了解患者情况的基础上选择合理的治疗服务方案,在各治疗环节严格把控患者的治疗费用,减少欠费风险。落实催缴费责任制,构建起主治医生和护士的双重催缴模式,将管理职责分配到科室和个人,落实欠费催缴责任制并引入激励制度以激发相关人员催缴意愿。欠费严重的话可以建立专门的欠费管理队伍,以规范各类缴费行为,及处理后续相关事谊。

(四)提高医疗服务质量,减少医患矛盾欠费

近些年来,医疗器械、药品等费用增长快速,成为造成医疗欠费的重要因素。国家应当建立起科学的医疗产品供应体系,降低关键药物和器材的费用。加大卫生医疗用品的投入,增强产品的选择性,合理利用各类医疗资源,减轻患者的医疗费用负担。

另外,医院需要大力提高医疗服务质量。当前,各类医患纠纷频发,医闹事件层出不穷,这需要医院提高服务质量,提高群众的就医满意度。

在进行医疗服务时,注重提供最专业的医疗服务,转变相关医护人员服务态度,减少因医疗纠纷而引起的欠费行为。保证患者在就医过程中的知情权,各类医疗服务都在患者同意之后进行,杜绝医患双方的矛盾纠纷。

（编写:罗紫薇 雷蕾 陈绩 杜盼盼 江雪 阳耀 冉子康 指导:吴江）

案例十三 :"偷走的人生谁来赔偿"?

第一部分 :案例正文

案例摘要 :在中国社会,国家组织的各类考试是极其严肃的,违规作假者必会受到法律严惩。对于大多数中国人来说,全国统一的高考是改变他们命运的重要途径。但现实社会中,冒名顶替上大学的事件屡见不鲜,经过现代社交媒体的传播,这些事件的细节也被放大,人们不得不重新思量教育公平的问题。本案例聚焦陈春秀被人冒名顶替上大学一事,从她被改变的人生来思考冒名顶替、高考造假、暗箱操作等社会病象的背后原因,探讨如何回应高考公平、教育公平的呼声,如何从根本上保障每个孩子圆其"理所应当"的大学梦。

关键词 :教育公平;高考造假;冒名顶替

一、引言

自我价值的实现和拥有公平的竞争通道,是中国人的愿景,也是历代革命志士的理想。高考,寄托着中国人对公平正义的渴求,寄托着中国人对美好生活的期许,承载着无数家庭的美好希望。因此,高考的公平,历来都是牵动人心的特殊话题。这是一个不能被玷污的特殊领域。这种期待,是超越个体、辐射整个社会的。也正因为如此,高考中的不公平的事件,往往比其他问题更容易激发社会大众的集体愤恨。

然而,就是在高考这个特殊领域,而且是在高考录取结果上,有人竟敢有非分之想,假冒他人身份,冒名顶替上大学。这样的消息,简直骇人听闻。山东聊城冠县的陈春秀,发现自己上大学的机会被人冒名顶替地

"偷"走了。因为学历不高,陈春秀这些年四处打工,而顶替者在当地某街道办事处成了公务员,两人的人生历程被"换牌"。高考录取遭人冒名顶替的问题,为何会出现?"陈春秀"们被偷走的人生如何重来? 相关话题,在现代社交媒体诸如微博、微信、各大论坛上引发众多讨论。此等社会病象困扰着广大公众的心。政府、学校、社会大众应该如何为其加入一味良药,实现药到病除,留下清气满乾坤?

二、顶替案发生

(一)两个"陈春秀"

2004年夏天,20岁的陈春秀参加高考,成绩过了专科线,报了三个志愿,但直到这一年天气转凉,她都没有接到录取通知书。最后,她抱着落榜的遗憾外出打工去了。

2020年,在陈春秀落榜15年后,已成家的陈春秀,又重拾梦想参加了成人高考,考入曲阜师范大学。直到入学办理学籍,她才发现,学籍系统里有她当年的录取信息。

2020年5月21日,陈春秀经老师提醒,第一次在中国高等教育学生信息网(以下简称"学信网")上查看学籍信息。当她输入身份证号后,学信网显示,她于2004年9月1日,曾在山东理工大学国际经济与贸易专业(专科)入学,离校日期则为2007年7月1日。

系统信息显示,"陈春秀"当年被山东理工大学录取了,在这所大学读了三年专科。在学信网上,陈春秀看到,系统里的那位"陈春秀"跟自己身份信息一致,只有照片不是自己的。2004年高考,陈春秀填报的三个志愿里,前两个是上海的学校,最后一个正是山东理工大学。

陈春秀当时立即怀疑"是不是被人顶替了"。她和丈夫先后到冠县武训高中、冠县教育和体育局询问,得到的答复是,她的档案已经被调到了山东理工大学。

5月22日,陈春秀的丈夫李俊伟联系了山东理工大学招生办公室。

几天后,山东理工大学的调查小组来到陈春秀家中。他们告诉陈春秀,她被人冒名顶替了。

（二）山东理工大学的态度

山东理工大学的调查组还向陈春秀提供了一份她的"2004年普通高校招生考生电子档案"。这份档案中,所有的信息包括照片都是她本人的。档案显示,陈春秀的高考分数为546分(理工科),而2004年山东省理工科的专科线为519分。

6月3日,山东理工大学在其官网上发布了"关于对陈春秀进行学历注销处理的公示":"经过资料收集、学院联络核查和学校审核,我校2004级国际经济与贸易专业学生陈春秀系冒名顶替入学,经学校校长办公会议研究决定,我校将按程序注销陈春秀学信网学历信息。"这让陈春秀很不解,属于自己的学籍,为何轻易注销?本来山东理工大学就有责任审核学生的信息是否符合,事到如今,就只是注销了本该属于她的学籍,却没有其他任何补偿措施。

教育部门一直有对新生进行复查的规定。1990年,国家教委颁布的《普通高等学校学生管理规定》要求,新生入学后,学校应在三个月内按照招生规定进行复查。复查不符合招生条件者,由学校区别情况,予以处理,直至取消入学资格。凡属徇私舞弊者,一经查实,取消学籍,予以退回。情节恶劣的,须请有关部门查究。

但是,山东理工大学显然没有查出"陈春秀"的资格问题。陈春秀曾对媒体表示,山东理工大学给她的回复为:"当年都是靠肉眼看材料,这个顶替者材料比较全,做得最真,所以当年没有发现。"尽管已经通过了曲阜师范大学的成人高考,陈春秀还是向山东理工大学提出了重新入学的请求,但山东理工大学以"无此先例"为由拒绝了她。中国人民大学教育学院副院长周光礼认为,学籍遭冒名顶替是高校招生中的管理漏洞,高校也应承担责任,为被冒名顶替者提供继续学习的机会。根据《教育部关于实行高等学校招生工作责任制及责任追究暂行办法》的明确要求,错录了就应该承担责任。山东理工大学的态度引起了网友的挞伐。6月22日,山东理工大学通过官方微博发布通报称："近日,陈春秀女士通过媒体表达了重新到高校就读的意愿。山东理工大学对此高度重视,主动与其进行沟通,了解诉求,将积极协调,努力帮助其实现愿望。"陈春秀本就是学校通过正规方式录取的,不幸被"抢"走入学机会,但资格犹在。时隔16年,她已是两个孩子的母亲,如何让她兼顾家庭和学习,山东理工大学理应为她提供一些帮助。

(三)顶替者浮出水面

6月10日,媒体报道了陈春秀的遭遇。冠县当天的一份官方通报称,县委县政府第一时间责成县纪委监委、县公安局、县教育和体育局成立联合调查组。

次日,调查组通报,顶替者系该县某街道办事处工作人员,已被停职。冒名顶替者原名陈艳平,有两个身份证号码,其中一套身份信息因"无照片"于2012年8月8日被公安机关注销;另一套身份信息显示,她曾将姓名改为"陈春秀",之后进入了山东理工大学。2007年毕业后,她进入冠县烟庄街道办事处审计所工作。

据《新京报》报道,她的父亲曾在县商业局工作,离职后经营当地一家商贸公司,还与他人合伙开市政工程公司,在当地中标过多个政府工程项目,多为农村基建项目。她的舅舅曾任烟庄乡(现烟庄街道办事处)党委书记,后调至冠县审计局。

就在媒体报道的当晚,陈艳平一方通过中间人找到陈春秀的家人,希望"解决此事"。谈话中,中间人曾称,陈艳平的父亲通过中介花了2000元为女儿"买了个学籍"入学。

对这个说法,陈春秀的家人表示不能接受:"她连户籍都改了,一个中介能办成?""不是说多少钱能补偿这个东西,人生能给补偿吗?花多少个2000元钱,能把一个人生买断吗?我们就希望对方光明正大地来道歉,但他们始终也没消息、也没出面。"

他们很想知道,陈艳平是怎样顶替陈春秀进入大学的。"对方是怎么了解她的状况的?怎么把通知书截走的?档案怎么提走的?为什么顶替的同样都姓陈？这些都要弄清楚,讨一个公道。"得知自己被冒名顶替这件事后,陈春秀一直觉得自己很委屈。

6月13日,联合调查组通报,烟庄街道办事处已对顶替者陈艳平解除聘用合同,县纪委监委对其立案审查,并将其涉嫌违法线索移交公安机关,公安机关正组织开展调查。

6月15日,冠县联合调查组披露,陈艳平的高考分数为303分(文科),比当年文科类专科分数线低了243分。

陈春秀从初中开始学习就特别用功,每次考试都是班里的前几名。初中毕业后,陈春秀考入了当地的重点高中武训高中,当时一个村也就一两个人能够考入这所中学。陈春秀家里认为,"既然孩子学习那么好,不让她上不就怪可惜了"。陈春秀的哥哥学习成绩不如她,父亲说谁学习好就让谁上。她的哥哥没有读下去,一直在家务农。看到新闻说的顶替者的分数,陈春秀的心里很难受。这是多大的差距!

(四)曲折的顶替过程

山东省相关部门的调查情况通报如下:

2004年陈艳平高考成绩为303分(文科),未达到专科一批录取分数线。陈艳平父亲陈巨鹏和舅舅张峰请托时任冠县招生办主任的冯秀振,帮助陈艳平顶替他人上大学。7月26日,冯秀振与陈巨鹏商定以陈春秀(高考成绩为理科546分,高于当年专科一批录取分数线27分)作为冒名顶替对象,并安排县招生办工作人员王新英打印出陈春秀的准考证交给陈巨鹏。经咨询山东理工大学后得知陈春秀录取通知书已发出,陈巨鹏找到时任冠县邮政局副局长的李成涛,谎称来拿女儿的录取通知书,持本人身份证从县邮政局拦截了陈春秀的录取通知书。

陈巨鹏取得陈春秀录取通知书后,冯秀振利用县招生办统一发放考生档案的便利,将陈春秀的档案交给陈巨鹏。为使档案相关信息与陈艳平一致,张峰找到时任武训高级中学校长的崔吉会,崔吉会安排副校长兼办公室主任李建民和学生处主任郭兰忠,在贴有陈艳平照片的空白高中毕业生登记表上加盖了武训高级中学公章,张峰加盖了烟庄乡政府公章,伪造了姓名为陈春秀、照片及相关信息为陈艳平的高中毕业生登记表,并替换到陈春秀的考生档案中。

2004年8月,张峰以外甥女考上大学但户口丢失为由,找到时任冠县公安局烟庄派出所所长的任书坤为陈艳平出具虚假户口迁移证明,任书坤违规安排户籍民警郭伟伪造了名为陈春秀、地址为烟庄乡东南庄村的户口迁移证。2007年7月陈艳平大学毕业后,陈巨鹏再次找到任书坤请其帮助伪造新户籍,任书坤违反规定,以户口补录为名将有关材料上报时任县公安局分管副局长的王俊朝签字同意后,伪造了名为陈春秀的新户籍。

2004年8月31日,陈艳平到山东理工大学经济学院报到,由于所持报到材料不全,张峰请时任该校教务处处长助理的杜言利协调,帮助陈艳平办理了入学手续,经济学院未对其身份进行实质性审核。9月中旬,山东理工大学部署新生资格审查工作,经济学院安排该院学生科具体负责此项工作,但因该校新生资格审查程序设计不够严密,且相关人员未认真履职,未能发现陈艳平冒名顶替陈春秀入学的问题。

2007年10月,冠县统一招聘事业单位工作人员,时任冠县人事局人事争议仲裁办公室副主任的冯桂秋把关不严,未发现陈艳平相关信息不一致的问题,导致其通过审核参加此次招聘考试并被聘用。2020年5月27日,陈春秀到冠县招生办查询本人高考信息,冠县招生办工作人员张洪春在其符合查询条件的情况下,仍要求其到村里开具介绍信,违反了《山东省人民政府办公厅关于做好证明事项清理工作的通知》中关于"六个一律取消"的规定。5月28日,陈春秀到冠县公安局万善派出所要求查找冒名顶替者,派出所民警张建勋、郭东勇工作失职失责,未能及时查找、比对出冒名顶替人员,造成不良后果。

(五)被偷走的人生

根据媒体报道,陈春秀的父亲曾因病被列入建档立卡的贫困户,到2018年终于脱贫,但年收入也只有8000多元。他表示,如果回到当年,女儿能考上大学,"肯定砸锅卖铁也要让她上"。

但那年,陈春秀没有等到她梦想中的录取通知书。她在食品厂、电子厂做过工人,在拉面馆当过服务员,还当过收银员。当她在电子厂工作时,饭钱要从工资里扣,她为了省钱,不舍得吃好的,体重掉到了80多斤。如果不被人顶替,能够大学毕业的话,她不会是现在这个状况。

结婚后,陈春秀回到冠县,成了一名合同制的幼儿园教师,月工资1000多元。工作之余,她一直保持学习的习惯。经过多年的奋斗,她和丈夫李俊伟在县城有了车子和房子。

李俊伟知道陈春秀一直有着上学的梦想,非常支持她参加成人高考,没想到就发现了这么一件大事。"现在家人都在等着调查结果,也已经委托律师,后续会走正规的法律途径来解决这个事。"多年来,陈春秀一直渴望上大学,在自己两个孩子的教育上倾注了很多心血。"她说当年没考上大学,是被迫的选择,希望孩子将来能够有自由选择生活、工作的权利。"陈春秀一家最后表了态:"我们无意去伤害另一个人的人生,就希望给自己的人生讨回一个公道。"

（六）冒名顶替并非个例

高考严防漏洞,冒名顶替并非容易之事。其间暗箱操作环节众多,绝非顶替者本人就可完成。2004年的湖南罗彩霞案,冒名顶替者王佳俊的父亲王峥嵘是隆回县公安局政委,通过选中受害人、拦截通知书、伪造身份证、冒名去报到一系列操作,让被顶替者罗彩霞浑然不觉。近期的仝卓事件,虽不是冒名顶替,却也是在学籍上作假。虚假的应届生学籍拔出萝卜带出泥,时任临汾市人大常委会副秘书长、办公室副主任的仝天峰等十几名政府系统人员被挖出问题。针对陈春秀事件,山东聊城冠县纪委监委对其立案审查并将涉嫌违法线索移交公安机关,对案件中所涉及的人员,将依法依纪依规严肃处理。山东242人冒名顶替取得学历的事件被披露后,山东省教育厅在官方微博发文表示:"无论是历史原因,还是顶风违纪,我厅始终坚持零容忍的态度,发现一起,坚决查处一起。"北京师范大学教授檀传宝表示,与以往的零星案例出现相比,这一历史遗留问题被批量挖出和清算,对于高考的制度和程序补漏有实际意义。"迎来集中爆发期"未必,但是目前开展全国性专项清查、接受更严格的社会监督十分必要。

檀传宝指出,许多教育问题,社会病才是根源。不解决社会制度的完善问题,不斩断支配教育腐败的黑手,形形色色的教育问题还会层出不穷。不过,北京勇者律师事务所主任易胜华指出,冒名顶替学籍牵扯到招考工作各个环节上的不少人,涉及的罪名也很多,包括伪造国家机关公文、行贿、受贿、玩忽职守等,目前还没有专门的法律,他认为有必要制定相关的司法解释,进一步明确和规范。易胜华也表示,按目前的处罚来看,犯罪成本很低,不够科学。由于有些冒名顶替的行为年代久远,法律规定的刑事追诉时效已过,可能无法追究涉案人员的刑事责任,但民事赔偿责任是可以追究的。

三、后续处理

2020年6月20日,山东省纪委监委机关、省教育厅、省公安厅等部门单位组成工作专班,与山东理工大学等有关单位一起,对聊城市冠县陈春秀被冒名顶替上学等问题进行了调查核实。根据以上调查情况,依规依纪依法对有关人员进行处理。

2020年7月初,教育部统一公布了教育部以及全国31个省(区、市)教育行政部门和招生考试机构2020年的高考举报电话,欢迎广大考生、家长及社会各界人士及时反映和举报涉及2020年高考安全的线索。教育部及各省(区、市)将会同有关部门根据举报线索第一时间核查处理,坚决维护高考公平公正。

2020年10月13日,《中华人民共和国刑法修正案(十一)(草案)(二次审议稿)》提请全国人大常委会会议审议,提出:盗用、冒用他人身份,顶替他人取得高等学历教育入学资格、公务员录用资格、就业安置待遇的,处三年以下有期徒刑、拘役或者管制,并处罚金;组织、指使他人实施前款行为的,依照前款的规定从重处罚。

近年来,冒名顶替上大学的事情频现报端,引发公众普遍愤怒。但对相关人员的处罚,一般是以滥用职权罪、行贿罪、受贿罪等罪名追究,冒名顶替者却往往置身事外。冒名顶替在刑法中尚无对应罪名,存在立法空白。民之所望,政之所向。正是在此背景下,法律的适时"亮剑"显得格外必要与有力。《中华人民共和国刑法修正案(十一)(草案)(二次审议稿)》不仅关注到了冒名顶替者的犯罪行为,更加大了对组织者、指使者的处罚力度。在广受公众关注的几起破坏教育招考公平的案件中,除了冒名顶替者本人"积极作为"外,更有相关人员的大力推波助澜。这些人凭借其占有的财富和享有的社会地位大行贿赂之风,侵占别人的受教育权利,阻断了正常的社会上升渠道。基于此,法律必须重拳出击,制度藩篱必须扎牢,斩断冒名顶替者背后的"黑手",维护教育领域的一方净土。

四、媒体声音与百姓所盼

(一)媒体声音

人民网报道称,从"陈某某冒名顶替陈春秀上大学",到"242人涉嫌冒名顶替入学",连日来,当事人和山东有关部门被卷入风口浪尖。如今,"陈某某"被单位解聘、学历被大学注销,相关责任人被查处,这契合了舆论期待。面对公众追问何以堵住漏洞的诉求,山东省教育厅在回应中坦言,将通过强化高中学籍管理、签订考生诚信承诺书、严查考生身份信息、强化信息公开、开辟网上查询通道、严格执行入学资格复验等措施,完善全链条管理责任体系。事实上,这些做法已在各地践行,如果能够不折不扣地落实,将最大限度地堵住漏洞,遏制冒名顶替上大学的现象。回应冒名顶替入学事件,就该迅速而全面、真诚而准确。这是履行职责的体现,也是直面舆论监督的体现。冒名顶替入学牵涉多地多部门,唯有正视舆论监督,正视大众诉求,正视制度规束,并真正进行"实事求是、认真负责的调查",才能更好地推动事态向好发展,才能获得民众的信任。

《南方日报》报道,冒名顶替上大学拟入刑是对教育公平底线的捍卫,重申了"知识改变命运"的教育信条,是避免"被偷走的人生"悲剧发生的有效举措。法律作为一种事后惩戒方式,其形成的威慑力可以警戒不法者。与此同时,事前防范同样值得重视,要通过多种技术手段,守护好每一名学子准时到达的录取通知书。

《中国青年报》评论,严把资格审查关,让高考公平看得见。近期,多地启动2021年高考报名工作。据报道,不少地区着重强调了审查报名资格的重要性,严格审查考生报名资格。比如,山东要求,注重特殊考生的资格审核工作,对提交申报资料的真实性进行严格把关,严防弄虚作假。对于凭虚假材料报名、骗取资格的考生,一经查实,将依法依规取消其当年参加考试或录取的资格。从报道看,多地在制度设计上确实加大了对高考报名资格的审查力度。而要使上述努力见效,既需要审查人员练就火眼金睛,不放过任何一个疑点,也需要强化审核机制。比如,在条件允许的前提下实行二审制,如果第一批人看走眼了,第二批人帮他们纠错。同时,对审查人员本身也需要"审查":他们操守如何? 能不能经得起信任? 有的地方提出,"谁主管,谁审查;谁签字,谁负责"。这一工作责任制和责任追究制,势必能让审查人员多一份压力,督促他们更好地履行责任。如果审查人员多一些使命感,就能变压力为动力,更加兢兢业业。此外,有的省份要求各报名点、县(市、区)招生考试机构和市招生考试机构在报名结束后,应根据省考试院有关工作程序和要求对所有报考的考生资格进行自查、复核、审定并公示。一般来说,这种要求也是审查机制的"标配"。如果真正做到严格自查、复核,也许能够发现一些漏网之鱼。

(二)百姓期盼

追责从来都不是终点,如何防止类似事件再次发生,才是大家更加关注的焦点。山东省的发布会显示,媒体报道、社会关注的冒名顶替入学事件,大多发生在2006年前,当时由于信息化手段不足、信息公开渠道不畅、身份鉴别技术限制等历史原因,相关人员得以采取违法违规手段获取入学资格。而近年来,山东省则充分利用信息化手段,不断加强对考试、录取、入学等各环节的管理,采取多项措施,防范高考冒名顶替行为的发生。在招生录取环节,针对群众关心的热点难点问题,完善制度规则,出重拳堵塞漏洞,切实维护高校招生公平公正。

第一,扎紧制度"笼子"。严格执行《普通高校招生违规行为处理暂行办法》高校考试招生管理工作八项基本要求,落实高校招生"六不准""十严禁""30个不得"等招生工作禁令,确保招生过程严格规范。

第二,坚持"阳光招生"。"阳光招生"工程是教育部在《关于高等学校招生工作实施阳光工程的通知》中指出的以公平公正为核心、制度建设为基础、有效监督为保障的招生工作体系。强调加强高校招生社会监督,建立国家、地方、学校的多级招生信息公开制度,认真落实招生信息"十公开"。加强高校招生内部监督,建立高校招生工作"集体研究、集体决策"的管理制度,纪检监察部门全程监督高校招生工作,鼓励高校聘请社会监督员参与招生工作,实现体制内和社会公众"双重监督"。

第三,加大违规查处力度。加大对违规招生的监督检查力度,坚持发现一起、查处一起、零容忍。认真开展新生入学复查,对弄虚作假、考试舞弊、骗取加分资格或企图冒名顶替的新生,坚决取消其入学资格并严肃处理;报到入学的取消其学籍,不予新生学籍电子注册;同时配合公安、纪检监察等部门一查到底,依法依纪追究有关人员的责任。

冒名顶替上大学,严重损害了他人利益,破坏了教育公平和社会公平正义。严把高考报名资格审查关,早发现问题,早解决问题,那些企图靠不正当手段获得利益的人就不能得逞。维护教育公平、呵护高考尊严,就是守住公平正义的一大底线。让公众对高考乃至对未来更有信心,这在当下具有重要意义。

五、结语

涉及高考公平的事件会触动大家最敏感的神经,引发众怒。对很多人来说,高考就是改变命运最公平的途径。只有高考,能让寒门子弟实现"鲤鱼跃龙门"。对国家来说,高考更是国家筛选人才的重要渠道,是维护社会秩序稳定的重要制度。一言以蔽之,教育公平事关国家未来,容不得舞弊造假,容不得一丝亵渎。破坏高考公平、教育公平的人,都应该付出应有的代价。

对于被冒名顶替的人来说,被顶替的不只是一个名字,更是一个可能更好的人生。党的十九大报告中提到"努力让每个孩子都能享有公平而有质量的教育",党的十九届五中全会也指出要深化教育改革,促进教育公平。在教育和高考问题上,我们要让每一个孩子在同一条起跑线上,都能有同等的机会用个人奋斗开启更美好的明天。

讨论题

(1)分析冒名顶替背后的深层原因。

(2)分析如何实现教育公平。

(3)冒名顶替的具体行为模式有哪些?各类模式的区别和联系是什么?

(4)对冒名顶替的三类主体,应当分别作何处罚?

(5)从各行为主体的角度探讨如何治理冒名顶替上大学现象。

第二部分:案例分析

　　本案例贴近生活,紧跟当下公共管理中的热点问题。当前我国正推进国家治理体系和治理能力现代化,对经济、政治、文化、社会、生态等各方面的治理都提出了更高的要求。冒名顶替上大学事件作为社会关注的热点问题之一,其中也包含了许多值得深入分析思考和探讨解决的问题。为达到本案例的教学目的,在此特拟出本案例值得讨论的问题要点:

一、冒名顶替上大学事件发生的深层次原因

　　自1977年恢复高考以来,我国一直以公开、公平、公正的原则组织考试,择优选拔录取优秀人才进入大学深造。然而冒名顶替上大学的事件却不断滋生,不仅违背了我们选拔培养人才的初衷,也违反了教育公平公正的原则。从冒名顶替者、以权谋私者和其他中间人三类主体来看,可以找出以下几点原因。

　　一是诚信意识的淡薄。在现实社会中,固守诚信道德规范的人可能穷困一生,而投机取巧之人却可能通达显耀。因此有些人对诚信"敬而远之"。有时候"诚信"也被人作为处世的手段和工具,需要的时候用来装点门面,不需要的时候就被扔到一边。公民的诚信意识没有真正地整体性地提高,必然导致诸如"冒名顶替"这样的事件的发生。

　　二是公共权力得不到有效的制约和监督。从许多的冒名顶替事件来看,冒名顶替无非是利用公权力为自己或亲近的人谋私。任何以权谋私的共犯都知道这是违法违纪行为,但为了自己的亲属或上级,或为了捞取好处,便顶风作案。而他人有时为了人情,如果不是涉及自身利益或迫不得已,就选择睁一只眼闭一只眼。

　　三是学校招生办及相关部门的核查不力。在过去,由于核查技术制约,核查效率和准确性往往不尽如人意,学校要直观地判断该学生和参加高考的学生是否为同一个人免不了产生误差,这使得从中做手脚变得容

易。再加上时间短任务重,即便能查出一两个,也总还会有漏网之鱼。

二、如何确保教育公平的实现

陈春秀事件后,媒体又相继披露了多起冒名顶替上大学事件,引起了广泛的关注和讨论。之后我国拟修法将冒名顶替上大学行为认定为犯罪。从仝卓事件到陈春秀事件,可以说是从对立的两个面揭露了围绕高考产生的不公现象。一面是特权群体利用手中特权为自己获得又一次应届生身份,另一面是无权无势的人被特权群体压迫,丧失上大学的机会。实现教育公平仍然任重而道远。

要确保教育公平的实现,可以从以下三个方面努力:

首先是教育机会公平。2018年修正的《中华人民共和国义务教育法》规定:"凡具有中华人民共和国国籍的适龄儿童、少年,不分性别、民族、种族、家庭财产状况、宗教信仰等,依法享有平等接受义务教育的权利,并履行接受义务教育的义务。"同时规定每个孩子都必须接受九年义务教育,也就是大家有同一条起跑线,这也可以看成机会公平的一部分。

其次是教育条件公平。教育过程中涉及一系列的资源配置,如师资力量、教学资源、投入经费等,保证资源的公平配置,合理分配教育资源才能保证求学者受到有效的教育。

最后是教育制度公平。制度公平涉及考试的权利、程序和录取,即报名自由,考试过程防止作弊、漏题等措施和录取核查等多方面的制度配合。陈春秀被冒名顶替的原因之一就是制度上的漏洞和监管的缺失,这才使非法分子有机可乘。

三、冒名顶替的具体行为模式

参考过去的许多冒名顶替事件和其采取的手段、中间环节,冒名顶替的行为模式可以划分为直接被冒名顶替行为模式、自动放弃被冒名行为模式、冒用学籍自行考试行为模式和自己交易被冒名行为模式。

直接被冒名顶替模式是在被冒名顶替者不知情的情况下,冒名顶替者直接对其进行替代,冒用其身份、成绩和机会上学。被冒名顶替者的权益受到严重影响,其人生轨迹就此改变。

自动放弃被冒名行为模式是冒名顶替者在他人主动放弃考试成绩或上学机会的情况下,冒用其身份、成绩和机会上学。被冒名顶替者往往以其他方式实现再次高考,其权益似乎没有受到严重影响。

冒用学籍自行考试行为模式是冒名顶替者冒用他人学籍,自己参加考试并依据此成绩被录取上学。虽然考试成绩是冒名顶替者本人的,但是被冒名顶替者的信息被他人冒用,由于其身份证号等个人信息已在教育部被注册,被冒名顶替者会面临无法继续上学等问题。

自己交易被冒名行为模式是被冒名顶替者同意冒名顶替者冒用其身份、成绩和机会上学,甚至有积极配合、索取好处的行为。在被冒名顶替者看来,其权益没有受到侵害,被冒名顶替上学具有"自愿性"。

以上四种行为模式在某些情形下具有一定的联系。例如,直接被冒名顶替、自动放弃被冒名和自己交易被冒名三种行为模式是冒名顶替者在身份、成绩和机会方面进行的全方位替代;冒用学籍自行考试行为模式虽然成绩是冒名顶替者本人考取的,但是由于存在身份冒用,上学的机会亦会被冒用;在直接被冒名顶替、自动放弃被冒名和冒用学籍自行考试三种行为模式下,被冒名顶替上学者开始并不知情,是在自身权益受到严重损害时才发现被冒名顶替上学的事实;在自己交易被冒名行为模式下,被冒名顶替者或其亲属是知情的,甚至与冒名顶替者进行了利益交换。

四、冒名顶替涉及的三类主体应当如何惩处

冒名顶替的三类主体分别是冒名顶替者、利用职权对冒名顶替进行加工者和其他中间人。

冒名顶替者包括冒名顶替者本人和冒名顶替者的亲属。对于这类主体应依法追究其刑事责任。

利用职权对冒名顶替进行加工的主体包括教育部门行政管理人员、中学行政管理人员、户籍管理人员、高等学校行政管理人员、学校教师等,

对于这类主体可以采取撤销党内职务、降低岗位等级、给予其党内严重警告等处分。

对于其他中间人,依据共同犯罪理论确定具体罪名即可。由于我国刑法适用的时间效力采取从旧兼从轻的原则,因此犯罪的司法认定一般以行为时的立法为准。现行制度框架内冒名顶替上学问题的刑法规制只能是在已有案件凸显犯罪特点的基础上,预测现行制度规定是否能够对类似行为予以有效惩治。

五、如何杜绝冒名顶替上大学的情况出现

作为上大学的直接主体——个人,应该牢牢守住诚信的底线。要从根本上转变扭曲的社会心态,营造诚信的社会环境。针对冒名顶替事件,要对高中生开展诚信教育,使其树立正确的荣辱观。

政府部门和高校有关部门作为保证教育公平公正的两大主体,在实际的监管过程中,都未尽到应尽的监管职责。高校招生机构对入学新生的资质审查不到位,未能积极配合政府监管;而政府监管机制也不健全,导致非法分子有机可乘。

在打击和遏制冒名顶替事件的过程中,我们要做的不仅是查处这一件冒名顶替事件,还要为维护教育公平公正编织起一张严密的网。这一过程中两大主要监管主体的作用都不可忽视。政府部门要认真查处每一起冒名顶替事件,分析其背后存在的漏洞,进而完善相关的制度,重拳出击,建立起合理有效的监督体系和奖惩机制。同时,网络舆论在陈春秀事件中也发挥了至关重要的监督和督促作用,政府应借助网络和媒体加大对冒名顶替危害性的宣传力度,在防假、打假过程中发挥媒体的积极作用。作为另一大监管主体的高校,最为直接的措施就是严格审查新生资格,借助互联网、大数据等现代化信息手段对录取的新生信息进行全面的核查,严防冒名顶替。

(编写:李兵兵 和子瑞 罗志豪 唐睿 魏嘉洪 朱晋鹏 吴杰 指导:吴江)

案例十四:"后真相"与"反转新闻"

第一部分:案例正文

案例摘要:新媒体时代,新技术和网络传播手段的更新和发展,使得"后真相"以及"反转新闻"越来越受到公众的关注。同时,"后真相"以及"反转新闻"的出现也带来了诸多挑战,无论是对个人、媒体、舆论环境,还是对整个社会都造成了影响。基于这一背景,本案例从"后真相"的角度出发,选取"广州小学生被体罚吐血"事件和重庆万州公交车坠江"女司机遭炮轰"事件作为主要研究对象,研究"反转新闻"的成因,并从政府、媒体、受众等角度探讨治理反转新闻的对策。

关键词:后真相;反转新闻;影响;对策

一、引言

(一)"后真相"时代

2016年年底,《牛津词典》公布了年度热词"后真相(post-truth)",同时给出了解释:相对于客观事实的陈述,民意更容易受情感和个人信念的影响,也可以理解为在这个时代,事实本身退居第二位,而人们对事件本身所持的态度、带有的情感占据主导地位。"后真相"一词辐射的范围从政治领域延伸到社会领域,一开始,"后真相"是指真相变得不再重要了,情绪和观点的传播裹挟着舆论,影响到政治决策,这主要发生在欧美国家的政治领域。到后来,"后真相"的使用扩展到社会领域,泛指那些引起公众广泛关注的假新闻,与谣言和"反转新闻"相关联。

(二)反转新闻

"反转新闻"是指由于新闻报道失实而造成剧情反转的新闻。它有三个内涵:

一是一种新闻现象,即指同一新闻事件的报道在事实、价值、情感等方面出现一次或多次的显著变化,甚至向相反的方向发生变化。它既是对客观事件的反映,又是媒体和受众选择性认知、传播和构建的产物。

二是新媒体时代的新现象,尤其是在"后真相"时代,"反转新闻"经常发生,它不是某一媒体的产物,而是新旧媒体和受众从多渠道、多层面制造的产物,是一种复杂的新闻传播现象。

三是"反转新闻"境况下的"舆情反转",不仅是某一新闻的戛然而止,也是下一阶段新闻报道的对象和情况反转的重要条件。"舆情反转"在"反转新闻"中不断被发展,它是"反转新闻"中的有机组成部分,不是舆论后果。

二、"广州小学生被体罚吐血"事件

(一)后真相

2020年5月30日,一位广州小学生的妈妈(刘某)在微博发帖,称其女儿被小学班主任刘老师体罚吐血,自己凌晨2时被老师威胁殴打,还送了老师6万元,并在微博贴出多张带有"血迹"的照片。微博发出后,舆论瞬间被"引爆",该条微博迅速登上热搜榜。微博转发数以百万计。

其实从5月17日起,这位妈妈就开始发微博爆料其女儿遭老师体罚的事情,而她30日发布的微博长文,更是将此事的受关注度推向了高峰,很多微博上的"大V"都跟着转发,甚至有人给这位妈妈发的微博买热搜。一天之内,该条微博有四百多万人点赞。随后,这位妈妈又发了数条微博,皆是与该事件有关的,她呼吁"请大家关注我,帮我女儿多多转发一下,我替可怜的孩子谢谢你们了",还放上了刘老师的微博。网民们纷纷跑到刘老师的微博下"恶语相向",还贴出了老师的照片,发表"这样的人一看就不是什么好人""体罚学生,这样的人怎么能为人师表""希望'恶师'能得到严惩,正义得到伸张"等言论。

事件发生后,广州教育局高度重视,立即联合公安等部门迅速介入,成立专项调查组对该事件进行调查。就在大家都等着看警方将如何处置这位"恶师"时,事情却出现了反转。

5月31日,广州白云警方发出通报,经调查取证,发帖人刘某承认其发布的女儿因遭体罚吐血、凌晨2时被老师殴打、送老师6万元等情节,系其为扩大影响而故意编造的谎言,照片展示的衣服"血迹"实为化妆品,其女儿目前精神状态良好。据接诊医院反映,就诊过程中患者及其家属均未提及患者的哮喘病史和吐血的情况,目前刘某亦无法提供其女儿哮喘诊断的有关病历证明。与此同时,警方在调查中还发现了刘某涉嫌雇请人员进行网络炒作的相关证据。

6月1日,广州白云警方通报:鉴于刘某的行为严重扰乱公共秩序,社会影响恶劣,涉嫌寻衅滋事,警方已经立案侦查,并依法对刘某采取刑事拘留措施。同时,微博也关闭了刘某的账号。

(二)反转新闻

2019年12月,刘某认为其女儿在学校受到体罚,先后在班级微信群、朋友圈及微信个性签名处发布诅咒、辱骂、威胁老师的言论及图片。2020年3月28日,刘某通过微博持续编造其女儿被老师体罚及被老师索要照顾费等虚假信息。半年时间内,她不断地报复"体罚"学生的老师,长期在朋友圈、微博肆意侮辱老师和其家人,她还公开了老师的住址,甚至将老师及其家人的头像印成T恤到处发放。为了获得更高赔偿,同年5月30日,刘某发布微博称其女儿被班主任体罚致吐血,并上传伪造的带血的衣服、鞋子等照片。为提高网络关注度,刘某向马某支付760元购买增加粉丝量、点赞及转发等服务,后马某将该业务转包给一非法网络平台,致该微博被转发140万余次,"广州一小学体罚哮喘儿童至吐血抢救"的微博热搜被网友阅读5.4亿次,讨论19.6万次,引发网络及公共秩序严重混乱。

事实的真相是老师的确让学生跑了十圈,刘某的孩子跑跑走走停停,共完成9圈。但是跑完后没有出现吐血的情况,校服上的血迹为化妆品。

老师凌晨2时藏在垃圾站殴打家长、家长给老师6万元照顾费等情节都是这位母亲编造的。对于这位体罚学生的刘老师，学校已经在2019年12月暂停刘老师班主任职务，并对其进行全校通报批评、免去其品德学科组组长职务等处理。

三、重庆万州公交车坠江"女司机遭炮轰"事件

(一)后真相

2018年10月28日，重庆万州区长江二桥上一辆公交车与一辆轿车相撞后冲破护栏坠入长江。这一事件迅速牵动成千上万人的心弦。媒体报道非常迅速，事件发生后不到5个小时，某官方媒体就以"重庆万州区坠江事故涉事小轿车驾驶员已被警方控制"为题作了该事件的报道：

"10月28日10时08分，重庆万州区发生一起公交车与私家车碰撞后公交车坠江的道路交通事故。目前，涉事小轿车驾驶员已被警方控制。

"记者从相关部门获悉，该公交车(车内人数待查)由万州区江南新区往北滨路行驶，当车行驶至万州长江二桥桥上时，与一辆由城区往江南新区行驶的小型轿车(车内只有驾驶员)相撞，造成公交车失控冲破护栏坠入长江，小型轿车车辆受损。

"公交车坠入长江后，相关部门正在积极搜救。小型轿车驾驶员已被警方控制，并在医院接受治疗。相关事故原因正在调查中。

"记者了解到，事故现场位于万州区长江二桥中段，道路全宽20米，双向四车道，设有道路中心实线。"

该报道出来后，多家媒体争相以"重庆公交与轿车相撞坠入长江，系轿车女司机逆行导致"为题报道此事，而且现场照片显示女司机穿的是高跟鞋。人们的义愤以及对女司机固有的偏见，引得舆论山呼海啸般地对所谓的"肇事女司机"进行谴责，铺天盖地谩骂女司机，以致整个女司机群体受到影响。

（二）反转新闻

悲剧发生后，公安机关为调查事件缘由，先后调取监控录像2300余小时、行车记录仪录像220余个片段，排查事发前后过往车辆160余车次，调查走访现场目击证人、现场周边车辆驾乘人员、涉事车辆前期下车乘客、公交公司相关人员及涉事人员关系人132人。

警方经过对驾驶员冉某事发前几日生活轨迹的调查，发现其行为并无异常。事发前一晚，驾驶员冉某还与父母一起用晚餐，未饮酒，21时许回到自己房间，精神情况正常。事发时天气晴朗，事发路段平整，无坑洼及障碍物，行车视线良好。车辆打捞上岸后，经重庆市鑫道交通事故司法鉴定所鉴定，事发前车辆灯光信号、转向及制动有效，传动及行驶系统技术状况正常，排除因故障导致车辆失控的因素。

第二天，警方的通报证明了——女司机是正常驾驶，是无辜的。而后，在一众媒体的尴尬无言中，舆论反馈零零散散地持续着，包括指责媒体不实报道、猜测事故原因、讨论抢救进度等，直至公交车坠江原因正式公布。悲剧祸端竟是"司乘打架"，舆论随之再次沸腾。

10月31日，潜水人员将车载行车记录仪及SD卡打捞出水后，公安机关成功恢复SD卡数据，提取到事发前车辆内部监控视频，这才还原了事件真相。

公安机关对22路公交车行进路线的36个站点进行全面排查，通过走访事发前两站下车的乘客，证实当时车内有一名中等身材、着浅蓝色牛仔衣的女乘客，因错过下车地点与驾驶员发生争吵。公安机关综合前期调查走访情况，与提取到的车辆内部视频监控相互印证，还原了事发当时情况。

10月28日，公交公司早班车驾驶员冉某离家上班，驾驶22路公交车在起始站万达广场发车，沿22路公交车路线正常行驶。事发时系冉某当日第3趟发车。9时35分，乘客刘某在龙都广场四季花城站上车，其目的地为壹号家居馆站。但由于道路维修改道，22路公交车不再行经壹号家居馆站。当车行至南滨公园站时，驾驶员冉某提醒到壹号家居馆的乘客在此站下车，刘某并未下车。车辆继续行驶途中，刘某发现车辆已过自己的目的地站,当即要求下车,但该处无公交车站,驾驶员冉某未停车。10时3分,刘某从座位起身走到正在驾驶的冉某右后侧,靠在冉某旁边的扶手立柱上指责冉某,冉某多次转头与刘某解释、争吵,双方争执逐步升级,并相互有攻击性语言。当车行驶至万州长江二桥距南桥头348米处时,刘某右手持手机击向冉某头部右侧,冉某右手放开方向盘还击,侧身挥拳击中刘某颈部。随后,刘某再次用手机击打冉某肩部,冉某用右手格挡并抓住刘某右上臂。10时8分,冉某收回右手并用右手往左侧急打方向,导致车辆失控向左偏离越过中心实线,与对向正常行驶的红色小轿车相撞后,冲上路沿、撞断护栏坠入江中。

乘客刘某在乘坐公交车过程中,与正在驾车行驶中的公交车驾驶员冉某发生争吵,并攻击正在驾驶的公交车驾驶员冉某,实施危害车辆行驶安全的行为,严重危害车辆行驶安全。冉某作为公交车驾驶人员,在驾驶公交车行进中,与乘客刘某发生争吵,遭遇刘某攻击后,应当认识到此类行为会严重危害车辆行驶安全,但未采取有效措施确保行车安全,而是放开方向盘还击刘某,其行为严重违反公交车驾驶人职业规定。乘客刘某和驾驶员冉某之间的互殴行为,造成车辆失控,致使车辆与对向正常行驶的小轿车撞击后坠江,造成重大人员伤亡。

讨论题

(1)探讨"新闻反转"与"舆论反转"的联系与区别。

(2)如何才能减少"后真相"与"反转新闻"的出现?

(3)结合案例,分析政府应该如何应对"后真相"与"反转新闻"。

(4)分析"后真相"与"反转新闻"的负面效应。

第二部分:案例分析

一、"后真相"与"反转新闻"的负面效应

(一)影响政府公信力

政府公信力是指政府依据自身态度、行为和能力获取社会公众信任的情况和程度。它是政府行政能力的客观反映,体现了政府工作的权威程度、民主程度、服务程度和法治建设程度;同时,它也是社会公众对政府的评价,反映了社会公众对政府的满意度和信任度。相比之下,在危机环境中,政府的公信力更容易被影响,从而导致政府公信力下滑。从"反转新闻"形成的过程中,可以看出公众很容易将视线聚焦在热点事件的处理上,一旦政府应对不当,即使是细微的瑕疵和不足之处,公众也会倾向于用负面舆论不断夸大政府的不当处理行为,以致引发舆论危机。正如"广州小学生被体罚吐血"等"反转新闻",公众的目光集中于此类事件,政府处理速度的快慢、最终的结果是否符合公众的心理预期等都能引来公众对政府的评判。其实"反转新闻"本身就已经对政府的公信力产生了不良影响,过多的"反转新闻"无疑将政府在网络管理上的空缺暴露在了公众的视野下。在当今的信息时代,网络媒体的发展一日千里,只有经受住网络舆论危机带来的冲击和压力并采取及时有效的危机应对策略和措施,才能重新树立公众对政府的信任和支持,提高政府的影响力和公信力。

(二)影响媒体公信力

新闻媒体因为其专业化的信息采集、发布、传播工作,而被公众视为接受外界纷繁复杂的信息的渠道中较为权威可靠的信息源。一个媒体要建立公信力可能要花费数十年,通过成千上万篇准确、真实、有深度的新闻报道才行,而一篇"反转新闻"就可能在朝夕之间毁掉这些来之不易的信任。

因为"反转新闻"在网络上的频繁出现,受众出现了一种"期待新闻反转"的心理,即新闻发生后,网友作壁上观,不置可否,等待反转的出现,譬如"罗冠军事件""清华学姐事件"。有人认为这体现了受众的质疑精神。但是,受众的这种心理,实际上表明其已经默认了已报道的新闻是假新闻。这种心理实际上体现的是受众对媒体的不信任,以及受众置身于这样混乱的舆论环境中的焦虑感。相反,持有这种质疑心理的最应该是媒体,对每一篇报道都要怀有质疑之心,不断核实,不随意发表观点。只有对每一篇报道怀有警惕,才能确保发表的报道的真实性。

(三)损害社会信任机制

社会信任是指一定社会成员之间相互认同、信任并进行真诚交往的现象。它存在于人们的共同活动之中,支持着人们之间的交往与合作,并发挥着提高效率的作用。如果社会信任崩塌,整个社会将陷入信任危机,一系列的矛盾就会凸显出来。"广州小学生被体罚吐血"的新闻反转摧毁了网友对受害者的同情、加深了网友对爆料者的愤怒;"罗冠军事件"的新闻反转摧毁了人们对女性受害新闻的信任度。这一个一个的反转蚕食着整个社会的道德体系,即使事实的真相最终得到澄清,信任却已经缺失,想要再重建信任则异常困难。

(四)网络暴力伤害新闻当事人

事实有其复杂性,而情绪往往更简单。自媒体的准入门槛很低,比如微博、豆瓣等平台,只需要简单注册,任何人都可以建立自己的自媒体平台来发声参与社会讨论。这样使得来自不同的社会阶层以及受教育程度差异巨大的信息主体置身于同一信息广场,而理性的声音往往容易被感性情绪掩盖。在这种情况下,哪怕是少数人的非理性也可能煽动最大的集体无意识。在"反转新闻"中,处于风口浪尖的必然是涉事当事人,在情况未明、真相未现的情况下,过多的新闻曝光会给当事人的生活带来巨大的困扰。如"广州小学被体罚吐血"案例中的老师,不少网友认为她是一个狠毒的人,对其进行无尽的诅咒、谩骂与人身攻击,甚至去打扰其日常生活,但事实是该老师并没有做这些事情。该老师在事件前期受到的指责与谩骂,无疑对其心理造成了伤害,但她却只能"哑巴吃黄连——有苦说不出"。类似事件还有"罗冠军事件""清华学姐事件",爆料造成罗冠军与学弟"社会性死亡",甚至某些当事人还有自杀的想法。像这样给当事人带来伤害的事件并不少,但是大家往往都忽视了当事人的感受,网络暴力像恶魔一样"摧残"着当事人的身心。

(五)破坏舆论生态

当新闻一次又一次反转,受众心中会有一种被欺骗的感觉。长此以往,他们面对媒体所传递的信息时会持有怀疑甚至排斥的态度,主流媒体将失去舆论引导力,在这种情况下,整个舆论生态将会呈现出混乱的状态。受众的时间和精力是有限的,媒体的资源空间也是有限的,当"反转新闻"频繁出现占用过多资源吸引社会关注的时候,一些本应该受到公众关注的重大新闻事件却被其覆盖。这是一种非正常现象,是对社会资源的极大消耗与浪费。

二、"后真相"与"反转新闻"出现的原因

(一)政府在网络管理上出现"真空"区域

"反转新闻"的出现,从根本上反映了政府在网络管理这一块出现了问题。首先,政府并没有设立一个专门的舆论管理机构。"反转新闻"案件本身在事实上是存疑的,情况一般比较复杂,应对难度也比较大,政府不仅要进行舆论的引导,还要调查案件事实,这就需要一个专门的机构对其进行统一管理。显然,这是我国现如今所缺少的。其次,政府监督不力。"反转新闻"的出现是由于媒体没有确认新闻的真实性和准确性便对其进行报道,此类新闻的出现从侧面反映出我国对于网络环境的监督有所欠缺。最后,便是我国网络媒体行业准入门槛低以及公众的盲目从众心理。网络媒体行业准入门槛低导致媒体从业者水准参差不齐,这也可以说明为什么"反转新闻"频频出现,再加上经济的发展以及网络的普及,我国公众大多内心浮躁,易于被煽动,这也就导致我国网络环境进一步恶化。

(二)媒介生态环境发生变化,传受关系更加复杂

在传播环境层面,新媒体技术的发展使得新闻传播从时新性走向实时性。在传统媒体时代,由于相关技术和设备的限制以及排版周期等原因,新闻事实的发生与新闻报道存在时间差,所以其实记者是在对已经发展结束的事实进行描述。也因此,受众总是被动地接受新闻媒体传播的信息,无法同大众媒体进行平等交流,媒体与受众的交流模式是一种直线性单向传播模式。而在新媒体时代,传受一体化和社交网络环境的变化使新闻生产主体扩展到社会的各个阶层、各个领域,公众可以任意地在互联网上传播信息,发表自己的观点。这些碎片化信息冲散了公众的认知序列,公众不知道哪些信息是首要的,哪些信息是次要的,他们来不及冷静审慎地思考和判断便匆忙得出片面的结论。这就使得一些专业媒体为了保证新闻的时效性和抢夺公众的注意力,在尚未完全查明事件真相之时就进行报道,导致出现新闻反转。

在"广州小学生被体罚吐血"事件中,很多媒体并没有经过实际的考察,便对事件进行报道,导致公众只看到了这次事件中的表层信息,并没有进行深层次的思考与讨论。公众看到爆料,便轻易得出结论,对事件中的很多细节都没有仔细思考。

(三)技术赋权消弭专业新闻生产边界

技术的发展和自媒体的兴起打破了传统媒体传播的垄断权。新闻工作者缺乏必备的职业素养、以追逐利益为目的等原因导致部分自媒体人缺乏职业道德。再加上新闻专业主义仍然是只属于新闻专业人士的职业道德准则,并没有覆盖延伸到公众之中。因此来自不同社会阶层和受教育水平不同的公众的话语充斥在同一舆论场中,造成一些信息缺乏真实性且少有人进行查证,使舆论环境遭到扰乱。

此外,社交媒体时代的意见领袖呈现出了多重特点,不仅是信息的传播者,也是信息的解读者。这些拥有数以万计粉丝的"网络大V"通过转发公共事件,并发表看似独到的见解,足以让一些粉丝和不明真相的路人失去理智,转向单纯的情感发泄。在很多新闻反转中,由于主流媒体没有及时发声,使得话语权被一些"网络大V"所操控。"网络大V"往往拥有数

以万计的粉丝,一个转发再加上"网络大V"自身"独到"的见解,足够让粉丝情绪激动而失去理智。粉丝的心理就是:连"网络大V"都转发了,绝对错不了。其实一些"网络大V"也只是随手转发而已,并没有去追查事件的真相,他们的转发只会让事态越发严峻,起到推波助澜的作用。

比如"广州小学生被体罚吐血"事件中,许多自媒体人在真相未明的情况下纷纷站队,认为老师是为了泄私愤而对学生进行体罚。

拥有众多关注者的自媒体人显然没有将新闻专业主义作为准则,而是利用粉丝和自身的影响力对媒体报道和社会形成干扰。同时,网络意见领袖也掌握了话语权,通过情绪化的表达带动公众情绪,不仅对相关部门的调查造成干扰,也对涉事人员造成伤害。

(四)刻板印象先行,加深标签化思维

在《公众舆论》一书中,李普曼引用"刻板印象"一词,用以解释人们对特定事物的固定化、简单化观念。刻板印象体现了公众对一个事物或群体的评价,公众容易受到媒体的影响而产生惯性思维。刻板印象可以为人们提供简单的参考标准,但也容易导致人们在认知时先入为主,忽略个体差异,认为整体都具有这个特征。城管、医生、专家、女司机、大妈、老人等标题字眼一出现,受众可能就在心里给这些群体打上了刻板印象的标签,觉得不用看完文章,只是浅阅读就可以知道整个事件的来龙去脉。这其实是缺乏冷静思考、不够理智的表现。

"体罚"在我国的教育语境中一直是一个有争议的词。在看到"老师""体罚"等字眼时,人们通常会先入为主地认为老师是出于泄私愤的目的才会体罚学生,将老师当作"施害者"。这是由于过去媒体在报道有关事件时,通常立足于"老师无师德"等角度,带有一定的偏向性,久而久之受众在头脑中形成了"老师利用职务之便泄私愤"等刻板印象。这就使公众在事情真相还未完全显露时,就根据片面的报道对事情进行定性。

(五)受众缺乏理性,个人思维受到网络趋同心理左右

趋同心理又称遵从性,是人们为了免遭群体的孤立和社会制裁,而希望与社会中的大部分人保持一致的意见,即使这种意见与自己的意见相

悖。趋同心理在网络时代仍存在,当信息通过网络迅速传播,舆论呈现出一边倒的趋势时,即使小部分公众有相反意见,最后也会和大部分人的意见保持统一。在"广州小学生被体罚吐血"事件中,事情传播初期所有人都站在学生以及家长一边,声讨老师素质低下,枉为人师。在舆论一边倒的时候,即使有人站出来为老师说话,认为在事情真相未查明之前应当保持理智,也很快被公众愤怒的谴责所淹没,这使得不一样的声音越来越少。

三、"后真相"与"反转新闻"的舆情应对

(一)政府的应对策略

1.网络监管部门加大审核惩治力度。

网络媒体时代,信息数量庞大,且改动文字和图片的技术手段易用易得,使任何人都可以很轻易地对一些信息进行修改,加大了信息鉴别的难度,使"反转新闻"防不胜防。网络的虚拟性和社交性,在不断激发公众表达欲望的同时,也削弱了公众的社会责任感。部分网络用户钻网络匿名的空子,蓄意制造和传播谣言,成为"反转新闻"的始作俑者。面对复杂多变的网络舆情反转现象,管理者应该采取正确的应对措施。在治理过程中要做到:第一,加大新闻源头管理力度,建立信息的自我审核机制,完善信息公开制度,把好网络新闻生产的第一道关口;第二,制定对新闻的官方鉴定标准和鉴定流程,以避免认定模糊引起的舆论争议;第三,将官方网站、"两微一端"作为辟谣主战场,建立和强化辟谣机制,及时发声、澄清事实,让肇事方及时致歉;第四,建立舆情处置统一战线,设置带有监督举报、辟谣发布、案例曝光等功能的信息平台,并将此类平台长期面向社会公开,使公众监督和官方约束形成一股合力,增强新闻的真实性。

2.政府完善净化网络环境的相关法律措施。

随着社会经济的飞速发展以及网络日新月异的变化,网络媒体以迅猛的势头飞速发展着,其欣欣向荣的背面却滋生着有如"广州小学生被体罚吐血""鲍某某涉嫌性侵"等有失真实的新闻。这些"反转新闻"带来的

社会负面影响不容小觑。作为管理者,政府应当发挥作用。首先,政府应当加强网络管理,净化网络环境,依法对罔顾法律的造谣传谣人员予以处罚。其次,政府应当开展网络法治和道德教育宣传工作,提高媒体的自我道德约束能力,引导网民理性对待网络新闻。"广州小学生被体罚吐血"等新闻之所以出现,显然就是因为媒体在发布新闻时没有追求新闻信息的真实性和准确性,单纯为了吸引群众眼球而罔顾自身的职业道德。政府要加强网络法治和道德教育宣讲工作,以减少诸如此类事件的发生。最后,政府应当构建一个公正、公平、公开、真实的网络环境。从业者可以公平地、实事求是地报道相关新闻,公众可以自由地、理性地发表言论,助推我国全面建设社会主义现代化国家。

(二)媒体的应对策略

1.改进媒体评估机制。

媒体现在之所以求新、求快、求异,新闻之所以朝着故事化、娱乐化、标签化、煽情化发展,都是为了博取更多受众的眼球,以增加关注度、点击量。这与媒体的评估机制是有关联的。对于媒体的评估,既要注重数量,更要注重质量。不能只是一味地追求关注度、浏览量、收视率、评论量等,要提高媒体传播信息的质量,更要注重新闻消息的真实度,发挥媒体的正面影响力。还要建立一套科学合理的负向评价机制,比如因媒体报道失实而产生的"反转新闻"给社会造成不良影响的,该媒体的综合评价就要被扣分。最终要建立一套促进媒体良性发展的评价机制以激励媒体严谨报道。

2.媒体应坚守新闻原则。

新媒体时代,新闻报道需要摒除焦虑的心态,让新闻专业主义精神回归。媒体人应该回归新闻人本位,严格遵守《关于新闻采编人员从业管理的规定(试行)》《中国新闻工作者职业道德准则》等相关规章制度,恪尽职守、兢兢业业地履行职业责任,不要利欲熏心,尤其是为了某种目的策划不良新闻的行为,要坚决杜绝。坚持新闻的客观性、真实性原则,不能因为怕麻烦而当"键盘侠""话务员",不能只通过网络或电话等单一渠道了解新闻的信息,要发扬实事求是的精神,亲自走进新闻案发现场,深入采访涉事者、目击者等相关人群,多方求证,听取各方观点,不偏听偏信,理智思考不盲从。撰写新闻稿要坚持新闻的五要素,客观陈述新闻事实,不要为了吸引眼球而故意放大事件的某一方面或者传递片面信息,更不能抢先报道真相未明的事件。只有坚持新闻自律,切实履行社会责任,严把新闻"出口"关,才能提高媒体的公信力。

(三)公众的应对策略

1.意见领袖正面引导网络舆论。

受众由于素质参差不齐,再加上从众心理、刻板印象等特质,在新闻报道初期容易受片面的信息影响,从而产生一些不良舆论。这个时候不仅需要媒体及有关部门极力查清事情真相,更需要具备较高素养的意见领袖站出来,积极传播正面舆论,与理性网友站在一条线上,使理性网友的理性立场得到强化,使立场不确定的网友避免妄下定论、人云亦云,使原本站在错误立场的网友及时改正错误观点。只有意见领袖与主流媒体齐心协力正面引导网络舆论,才能扭转整个事态。

2.增强受众理性,提高媒介素养。

无论是信息的碎片化传播还是真相调查的未完成性,这些不可逆因素,都增加了公众在获取信息和辨别信息时的负担,公众不仅需要识别微博、微信等社交媒体中的信息,甚至需要辨别相对权威的大众媒体和主流媒体发布的信息。此外,许多新闻反转涉及的都是法律、医疗、食品安全等领域,由于缺乏专业视角,受众往往对问题缺乏理性思考,还容易掺杂一些个人情绪。在这种情况下,受众一要锻炼独立思考能力,不盲目跟风、不偏听偏信,要有质疑精神,对问题有自己的基本认知;二要提高新媒介的使用能力,学会利用媒介获取多方信息,对媒介内容加以辨别,加强抵御不良信息的能力;三要增加知识储备,形成对相关专业知识的基本了解,从而加深对事物的理性认识和培养批判性思维;四要遵循网络用语规范,增强网络道德感和责任感,不要让网络成为暴力和极端情绪的发泄口。

(编写:韩泞泽 石淋翠 孟雪玲 陈彬田 王雨晨 尹丽梅 张琪 指导:吴江)

第三辑

知识点案例

案例十五："不买对的，只买贵的"

案例摘要：我国为了节约政府运行成本，提高政府办事效率，在政府办公用品采购方面进行了改革，采取政府集中采购的方式来合理配置资源。但在实际操作过程中，却存在诸多的问题。案例以 C 市一次政府集中采购的恶劣行为为样本进行分析。本案例反映的问题，在全国各地方政府中都不同程度地存在。

关键词：政府集中采购；招投标；暗箱操作

一、背景

"我是 C 市海韵贸易有限公司（以下简称"海韵公司"）总经理陈荣，我要举报 H 省财政厅、文化厅、省直机关政府采购中心在一次政府采购中，招标过程有猫腻，其内定山寨杂牌中标，原本 1500 万元可以完成的采购，最后却以 3000 万元高价成交。'不买对的，只买贵的'，如此采购损害了社会公共利益，为此，我们将三个厅局单位同时告上了法庭。"2011 年，《法制日报》的记者接到了这样一份实名投诉。

据悉，此案一度被称为"史上最牛的民告官案"。身为投标人的陈荣在这起政府采购案中究竟发现了哪些"猫腻"？ H 省政府在此次政府采购中是否真的进行了暗箱操作，破坏了行业竞争的公平？

二、新闻回放——"买高不买低"

2011 年 7 月，海韵公司总经理陈荣将 H 省财政厅、文化厅、省直机关政府采购中心告上法庭,称这三个部门在2010年的一次政府采购中"买高不买低",原本1500万元可以完成的采购,最后却以3000万元成交,如此采购损害了社会公共利益。

H省文化厅相关负责人在接受记者采访时表示,本次政府采购设置投标产品价格的最低下限的原因,一是法律法规没有禁止性规定;二是为了确保采购的质量;三是预算执行的需要,"因为如今不仅有预算编制,还有预算执行,如果预算没有执行完,财政就要将其收回,必然会影响第二年的预算编制"。

H省财政厅相关负责人同样表示,设立产品价格的最低下限,确实是为了确保采购产品的质量。"这可能不合法,却合情合理。"

三、招标揭秘

这次H省文化厅采购是为乡镇文化站采购一批群众文化活动设备,有小号、二胡、扬琴等,共有15种乐器和音响设备,15000件。业内人士都很清楚,这个政府采购项目总的花费也就1500万元左右,最后的成交价却超过3000万元。

2010年9月29日,受H省文化厅委托,H省直机关政府采购中心对外发布采购公告,当时规定只接受生产厂家的投标。然而H省的三家代理商认为这个规定违反《中华人民共和国政府采购法》,就向省财政厅政府采购监管办投诉。H省直机关政府采购中心于10月22日重新发布招标信息,允许本地代理商参与竞标,但加了一个补充条款,就是报价有一个最低限价。一开始谁也没发现这个最低限价有多大问题,就参加了招投标,当结果出来后才明白,这个规定是采购部门玩的"猫腻",而且玩得太明显了。

此次参加竞标的有40多家企业,其中10多家是H省本地的代理商,结果全军覆没。外地的一些名牌企业比如上海"敦煌"、苏州"虎丘"、北京"星海"都没中标,反而是河北一个县的私营小厂和天津一个村的小作坊中了标。但事实上,这些小厂的生产能力严重不足。其中一个小厂中标了1000多件乐器,却生产不出来,到处收购其他小作坊的产品才交了货。

陈荣表示竞标同样的乐器，自己的竞标产品是山东"泰山"品牌的，"泰山"是驰名商标，报价跟那些小厂的一样，自己的东西明显比他们的好，但自己却没中标。

许多商家也表示招标只是走过场。正常的评标是让商家带个样品去试奏，但在此次招标中，样品都在投标人手里拿着，根本没有试奏，就评出分数了。招投标的试奏一共有七八十件乐器样品，每件乐器试奏两分钟也要两三个小时，结果整个评标试奏只用了20多分钟。再比如管乐长号的招标，文件要求是C调的低音长号，最后中标人的投标产品是B调的中音长号，根本就是不一样的东西，应该是无效投标。还有电子琴招标，文件规定有一项技术参数不达标就要扣6分，但最后中标人的投标产品有两项参数不达标还得了93.28分，排名第一。海韵公司的投标产品和中标人的投标产品是相同品牌的不同型号，只有一项指标不达标，反而以88.9的得分排名第二。H省的好几家企业都对这事提出质疑，最后采购中心把这两个标废掉了，到现在也没有再采购。

四、政府回应，设价格下限是为了"花完预算"

"我们之所以设置投标产品价格的最低下限，一是因为法律法规没有禁止性的规定；二是为了确保采购的质量，毕竟贵一点的东西相对更有质量保证；三是预算执行的需要，如今不仅有预算编制，还有预算执行，如果预算没有执行完，财政就要将其收回，必然会影响第二年的预算编制；四是以前在采购文化流动车时，已经有了类似的做法可供借鉴。"H省文化厅相关负责人认为，海韵公司投诉采购不应该设价格下限是没有道理的，以至于H省财政厅等单位最终都没有采纳海韵公司的意见。

"在产品质量本身参差不齐的情况下，设立产品价格的最低下限，确实是为了确保采购产品的质量。这可能不合法，却合情合理。"H省财政厅相关负责人在接受记者采访时认为，海韵公司的投诉没有在规定期限内提出来，因此不予认定。

2011年9月19日，C市天心区人民法院开庭审理了此案。9月29日，法院下发了一审判决书。

"为保证产品质量,采购人在招标文件中规定产品单价的上下限,法律法规无禁止性规定,并无不妥。"行政判决书认为,海韵公司没有在知道其权利遭受侵害之日起7个工作日内提出质疑,这超出了《中华人民共和国政府采购法》规定的期限,H省财政厅对投诉事项不予认定并无不妥,故此法院驳回了海韵公司的全部诉讼请求。

五、"猫腻"何在?

投诉指出,2010年9月29日,H省文化厅在H省政府采购网上发布的H省文化厅乡镇文化站群众文化活动设备政府采购的公告,在采购内容中标出了一条:投标人投标报价必须在项目采购内容的预算单价范围内,凡超出预算单价上下限的投标报价将被视为采购人不能接受的条件,在符合性检查时被视为不合格,不能进入下轮评标程序。

那么政府规定最低限价有何不妥呢?假如一只号的成本是400元,按正常规则竞争的话,一家代理商报500元,有价格优势,中标的概率就大一点。但政府设置了单价下限,就必须报1000元,报低了就不接受。规定投标产品单价的下限,不仅无法反映产品的真实价格,而且违反了市场竞争的公平性原则,侵害了社会公共利益。

那么H省文化厅为什么规定这么高的底价呢?有传言称,负责此次采购的部门已经跟厂家暗中联系好了,内定了中标单位。其他的代理商参与投标,因为没有给他们回扣,所以报价肯定更便宜些,但是某些人的私利就受损了。相关负责人这么规定,实际上是想掩盖他们的腐败行为。

文化厅还有一个解释,设定价格下限是为了"花完预算"。天心区人民法院在判决书中说:"为保证产品质量,采购人在招标文件中规定产品单价的上下限,法律法规无禁止性规定,并无不妥。"这些说法是站不住脚的。早在2002年,《中华人民共和国政府采购法》第七十二条便明确规定,开标前不能泄露标底。他们规定产品价格下限就等于是透露了标底,这是明显的违法行为。

六、诉讼之路

据陈荣介绍,因认为采购活动侵犯了自己的合法权益,海韵公司在采购结束后立即向H省财政厅提出了质疑和投诉,要求其履行应有的监督职责,作废此前的投标。然而,H省财政厅等单位却以海韵公司没有在知道其权利遭受侵害之日起7个工作日内提出质疑,超出了《中华人民共和国政府采购法》规定的期限为由,对海韵公司的投诉不予认定。在向财政部申请行政复议未果的情况下,海韵公司一纸诉状把三个厅局单位同时告上了法庭。

在行政诉讼一审败诉后陈荣继续上诉。他已经上诉到C市中级人民法院,法院已经受理。现在好多人认为他在干损人不利己的事,打赢官司也得不到什么好处,他知道政府采购这块很少能有人站出来,包括很多同行,他们知道这些潜规则和腐败现象,顾忌以后的经营,只好忍气吞声。但这次他们的"猫腻"太明显了,陈荣不得不站了出来。

面对这起起诉案件,H省高级人民法院认为陈荣等人应该在知道权利遭受侵害之日起7个工作日内提出质疑。那当时为什么没提出来? 他们表示,《中华人民共和国政府采购法》确实规定了提出质疑的7个工作日期限。但招标前参加竞标的公司不知道权利会受到侵害,许多公司认为规定了价格下限利润会更高,没想到会有这么多"猫腻",没想到这个价格下限的规定是为了方便别的厂家来暗箱操作。中标结果出来以后,大家才知道自己的权利受到侵害,这不单造成行业受损,国家权利、公共权利都受到了侵害。在中标结果出来后7个工作日内陈荣就提出质疑,这是合情合理的。

"选择状告三个厅局单位或许是在以卵击石,但如果能让H省文化产品的采购回归透明与公平、公正,如果能更为具体地推动H省法治建设,哪怕是粉身碎骨,我也在所不惜。"陈荣表示,他还要上诉,因为设置产品单价下限的合法性问题,最终还是需要有一个说法的。

七、等待解决

政府采购实际上是对公共资金的使用,在具体操作中,应遵循《中华人民共和国政府采购法》体现的对公共资金有效、合理使用的原则,"只买贵的,不选对的"显然违背了这一原则。并且早在1994年,《中华人民共和国预算法》第三十条就规定,各级预算支出的编制,应当贯彻厉行节约、勤俭建国的方针。而且,《中华人民共和国预算法》对预算结余也做出了规定,如今一些单位抱着"必须用完预算"的心态,容易导致对预算的不合理使用。

政府采购本质上是一种公权行为,其应该遵循的法律原则是法无规定不可为,而不是法无禁止即可为。在预算单价早已确定的情况下,在采购中设定产品单价的下限,确实容易出现"不买对的,只买贵的"等让人不解和气愤的情况。但是,由于目前缺乏相对科学、合理、审慎的预算编制制度,不少地方政府的预算编制大多是粗放式的,预算出来的数字水分很多,人为操作的空间较大,各级人大代表很难在短期内形成真正有效的监督制度。而且,在现有的预算执行体制下,一些政府部门为了预算的资金不被回收,更为了第二年的预算不会被缩减,势必会最大限度、最为积极地去花掉国家已经发放的预算资金,从而导致如今各地政府采购价格居高不下、各种天价采购层出不穷的怪象的出现。

要想有效减少乃至从根本上避免这种怪象,固然需要各级政府在执行采购时遵循基本的政治道德和行政伦理原则,也更需要更多公民的举报和监督,但最为关键和根本的,其实还是在于完善现有的制度程序,尽快堵住制度上的漏洞。有关部门需要理顺《中华人民共和国预算法》和《中华人民共和国政府采购法》等法律制度之间的关系,形成法律上的合力,而不是各行其是。

讨论题

(1)结合材料,试分析政府采购方面存在的问题。

(2)结合实际,请就如何避免权力异化提出自己的建议。

(编写:石炯灿)

案例十六：开心公寓

案例摘要：养老问题是困扰各国政府的世界性难题，如何做到老有所养、老有所乐，甚至老有所为，各国政府也在不断地努力探索。上海市静安区乐宁老年福利院被入住的老人们称为"开心公寓"，抢着入住，其经验做法对我们探索机构养老有一定的借鉴意义。

关键词：社会保障；养老模式；机构养老

一、引言

2014年，位于上海市武定路661号的静安区乐宁老年福利院正式开张。87岁的赵婆婆是首批入住的老人之一。对于乐宁老年福利院崭新的硬件和护工们专业周到的服务，老人乐得合不拢嘴。

2014年，静安区通过收购厂房、酒店，同时推进了三处养老机构的建设项目。新开张的乐宁老年福利院就是其中一处。

在人口深度老龄化以及土地资源紧张的现实背景下，静安区正在探索适合中心城区特点的机构养老服务模式。

二、"开心公寓"老人抢着来

"开心公寓"24小时都有专业护工看护，每餐有三菜一汤，空调全天开放。赵婆婆的女儿就住在公寓对面的一栋楼里，可以经常来看望赵婆婆，比较安心。

"我是自己要求来住养老院的。"赵婆婆自豪地说。她有6个子女，大女儿已经69岁了。她的子女中有做医生的,有在大型国企工作的,小儿子还买了别墅,家庭条件都不错。之前她一直住在子女家,但是时间长了老人觉得还是要给子女多留一些空间,让子女也轻松一些,毕竟有的子女也已经三代同堂。

一次偶然的机会,赵婆婆散步时来到离女儿家不远的乐宁老年福利院。焕然一新的大楼和完善的设施设备,一下子打动了老人。赵婆婆住的6人间,每人每月的床位费、护理费和伙食费等费用总计4500元。老人从退休工资里拿出2000元,剩余的费用和零花钱都由子女们分摊。

住在赵婆婆隔壁的谢婆婆83岁,是一名孤老。之前,谢婆婆独居在常德路的石库门里。白天谢婆婆去街道办的老人日托所,晚上一个人回家。听说武定路上有个新的养老院开张了,谢婆婆赶紧让日托所的工作人员给自己报了名。谢婆婆十分欣慰地说,这家养老院地段好,收费比郊区的养老院还便宜,硬件条件和服务都不错。在这里,腿脚不便的她再也不用担心石库门里那样的陡坡楼梯,再也不用怕独自在家时心脏病发作。更让老人放心的是,即便自己看病住院了,乐宁老年福利院也会给自己保留床位,让她没有后顾之忧。

三、"公建民营"养老服务机构

静安区60岁以上的老年人口超过9万,占户籍人口的30.6%。作为上海市的中心城区,静安区的土地资源紧张,养老床位缺口较大。2012年,静安区未雨绸缪,将区内多处闲置房屋资源锁定为养老机构建设用地。2013年,静安区通过改造酒店完成蝴蝶湾敬老院建设,新增养老床位100张。2014年,静安区进一步发力,通过收购厂房、酒店,同时推进了三处养老机构建设项目。新开张的乐宁老年福利院就是其中一处,其前身是商务酒店用房。另一处项目是位于余姚路和延平路交界口的日月星养老院,于2015年1月底投入使用。

改造后的乐宁老年福利院共有7层楼高,建筑面积为4181平方米,拥有167张床位,其中2—4层以6人全护理房间为主,5—7层以2—3人全自理房间为主,护理床位数量约占总床位数的60%,一定程度上可以满足失能老人的需求。除了生活区域外,还有集体食堂、娱乐空间、空中花园等设施供老人使用。

此外,乐宁养老福利院还探索养老加收住残疾人的功能,在养老院内开辟独立区域,根据不同残疾人的特点,有针对性地融入无障碍设施和康复器材,为今后收住残疾老年人提供了硬件保障,使养老服务与残疾人服务进一步融合。

在开张之前,乐宁老年福利院登记入住的人数就已经超出床位总数。福利院之所以受到老人的青睐,还得益于静安区在养老机构运营模式方面探索时引入社会力量,实现了公建民营。

据介绍,乐宁老年福利院由房屋产权人静工集团按照养老机构建设标准实施土建工作,完成建设后整体租赁给江宁路街道办事处,由街道办事处通过招投标委托第三方社会组织负责后期运营。通过公平竞争的方式,引入优秀管理团队,可以使老年人享受到更加专业的养老服务,同时也能促进机构养老行业的良性发展。

讨论题

(1)结合材料,列举静安区探索的机构养老新模式"新"在何处。

(2)目前的养老模式主要有家庭养老、社区养老、社会养老三种模式。请简述三大养老模式各自的优缺点。

(3)我国已进入老龄社会,养老问题日趋严峻,如果你是分管这方面的管理者,你会采取哪些措施创新我国的养老方式?

(编写:次珍　欧书阳)

案例十七:"三位一体"基层社会治理创新

案例摘要:浙江省宁波市北仑区以区域性党组织建设为先导,积极构建跨单位、跨组织的基层组织建设格局,形成以区域性党组织为核心,区域协商议事会为基础,区域公共服务中心为依托的"三位一体"的基层治理模式。这一做法得到了基层广大群众的普遍欢迎,也为基层政府进行社会治理创新提供了一个有益的范本。

关键词:基层社会;社会治理;"三位一体"

一、引言

随着我国经济社会的发展,一些不和谐现象日益凸显,加强社会治理模式创新,通过体制、机制设计,实现政府对社会的管理及社会的自我管理,成为地方政府作为中的一项重要内容。如何创新基层治理模式,怎样进行具体的体制、机制设计,使政党、政府和社会三者的良性互动制度化,成为当前必须要解决的一个问题。

二、北仑区"三位一体"基层治理模式

浙江省宁波市北仑区根据"党委领导是根本、政府负责是前提、社会协同是依托、公众参与是基础"这一当前构建新型社会治理体制战略框架的总要求,形成以区域性党组织为核心,区域协商议事会为基础,区域公共服务中心为依托的"三位一体"的基层治理模式,并取得了较好的治理绩效。

(一)背景及发展历程

宁波市北仑区是浙江省港口建设的核心区、改革开放的龙头区、产业发展的先行区和城乡统筹的示范区。随着区域综合实力的快速提升,北仑区在新形势下呈现出的外资、国企、民营等经济主体多元并存,农村、社区、企业交织分布,城市居民、农村居民、流动人口混合居住,各社会群体经济、政治、文化等利益诉求同步增多的基层社会格局,使得基层党组织、公共服务体系与社会结构之间的契合关系出现松动迹象,传统基层组织建设和社会治理模式已难以适应发展需要。在此背景下,北仑区提出了"区域化党建"的理念,将经济学中的块状管理理论引入党建领域,以区域性党组织建设为先导,积极构建跨单位、跨组织的基层组织建设格局,形成以区域性党组织为核心,区域协商议事会为基础,区域公共服务中心为依托的"三位一体"的基层治理模式。这是北仑区在构建城乡统筹的区域化基层党建的基础上,进一步推进社会治理模式创新的又一举措。

北仑区自开始城乡一体化党建,至形成较为完善的"三位一体"的基层治理模式主要经历了以下三个阶段。

(1)零散党员和流动党员区域化管理阶段:针对北仑区零散党员和流动党员较多的状况,以开发区人才交流中心为依托设立零散党员综合党总支,配备专职党务工作者加强管理。

(2)设置融合型的区域性党组织阶段:突破了单位党建的单一模式,探索建立各种类型的组合形式的区域性党组织,推进城乡基层党建全覆盖。

(3)构建"三位一体"基层组织体系阶段:在进一步推进区域化党建的进程中,构建了区域协商议事会和区域公共服务中心"两大平台",形成了"三位一体"的基层组织体系,并形成了相对完善的运作机制。

(二)"三位一体"基层组织体系

北仑区"三位一体"的基层治理模式以区域性党组织、区域协商议事会、区域公共服务中心为组织依托,形成了职责明确、边界清晰、功能互补的基层组织体系(如图1所示)。

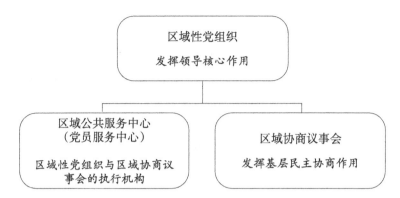

图1　城乡统筹的区域化基层组织示意图

区域性党组织:区域联合党委是街道(乡镇)党工委(党委)领导下的非建制性的区域党建工作协调机构(不是党组织垂直链条中的一级实体性组织),是区域性党组织统筹党建工作的平台,与区域各单位党组织之间是组织、指导、协调关系。其主要职能在于:统筹本区域党的建设、经济建设、社会治理、社会服务等方面的重大事项,对地区性、社会性、群众性、公益性的工作进行组织、协调、沟通;调查了解区域内党的建设情况,认真研究存在的问题,指导各单位党组织做好党的建设工作,组织、协调各单位党组织和党员参与区域建设等。

区域协商议事会:构建区域协商议事会是为了满足区域内各群体参与社会治理的需求,而设置的吸引区域内村(居)委会、群团组织、经济组织、社会组织以及社会贤达人士代表参与议事的平台和载体。其主要职能在于:就辖区内的重大事项,在决策之前听取基层社会力量的利益诉求,实现利益整合;就辖区内的各主体之间的利益纠纷进行协调解决,化解矛盾;将区域性党组织和区域协商议事会的工作及时通报给各类群团组织,使得区域各项工作可以依托群团组织很好地落实。

区域公共服务中心:区域公共服务中心以专职化管理人员为主体,归并了农村专职工作人员、城市社区专职工作人员以及大学生村官三支队伍,整合了党员服务中心,实现了治理资源的合理配置、集中使用。其主要职能在于:承接了原村(居)委会行使的各项公共管理服务职能,及原各部门、乡镇街道面向城乡基层的社会治理职能和公共管理职能,提供"一站式"服务,同时执行区域性党组织与区域协商议事会对区域内相关问题的决策。区域公共服务中心是区域性党组织和区域协商议事会的执行机构。

(三)运作机制及绩效

基层组织体系的运作有赖于一定的工作制度与机制,四大机制建设支撑着整个基层治理模式的运作。一是区域性党组织的领导机制;二是区域协商议事会的和谐共建机制;三是各群团组织的联系协同机制;四是上下联系沟通机制。这些制度、机制的设置不仅实现了"三位一体"的基层治理模式的有效运作,也实现了政党、政府与社会的有机对接。

从当前的实践效果看,北仑区的"三位一体"基层治理模式,通过构建区域协商议事会和区域公共服务中心"两大平台",以党组织资源的整合带动行政资源和社会资源的整合,以党的基层组织建设带动其他组织建设,提升了基层党组织的战斗力、凝聚力,公共行政服务效能和社会组织服务基层的能力,形成了"党委领导、政府负责、社会协同、公众参与"的社会治理格局。

三、"政党—政府—社会"三维视角下的考察

"政党—政府—社会"的三维视角突破了"国家—社会"分析框架下的国家与社会理论预设,强调三者之间具有内在机理的一致性和良性互动的可能性。北仑"三位一体"的基层治理模式无疑是一项具有重要意义的探索。

(一)政党建设:从内部整合走向对社会的外部整合

就现阶段政治发展而言,北仑区在推进区域化党建实现内部整合的同时,凭借一定的组织机制实现了对社会的外部整合,奠定了区域性党组织作为政治核心的领导地位。

首先,区域化党建实现了党的内部整合。北仑区将经济学中的块状管理理论引入党建领域,因地制宜采取村企融合、联村推进、村居联合、居

企联合、城市社区、工业园区等多种形式的城乡基层党组织融合模式,创新了党建的组织体系。其次,政党借助区域协商议事会实现了对社会的外部整合。随着社会结构的变迁,政党需要不断调整自身执政方式和动员、整合社会力量的方式。北仑区通过"三位一体"的基层治理模式的构建找到了一种体制化的整合社会力量的方式,即通过区域协商议事会来实现对民众利益的整合。最后,服务型政党建设夯实了政党的社会基础。北仑"三位一体"的基层治理模式,要求基层党组织通过基层党建工作的创新,牢牢把握区域经济社会转型变化的基本特征,强化基层党组织"三服务"的要求,提升基层党组织服务群众的能力。

(二)政府转型:政党与社会良性互动的中介环节

北仑区"三位一体"的基层治理模式,契合当前政府行政方式的转型及党的领导体制和机制的完善要求。

首先,服务型政府建设是党执政方式转型的重要内容。北仑区"三位一体"的基层治理模式中,区域性党组织通过区域公共服务中心实现了对行政资源的整合,通过区域协商议事会实现了对社会资源的整合、组织和管理。其本身运作的四大机制设置,无疑契合于当前党领导国家和领导社会的方式的调整,是政党执政方略转变的外在显现。

其次,服务型政府是政党与社会构建良性互动的中介。北仑区根据"一区域一中心"的要求,构建了区域公共服务中心,形成了区、乡镇(街道)、区域的三级政府公共服务格局。区域公共服务中心与区域协商议事会的互动,又凸显了服务型政府对民众诉求回应的本质,成为政党与社会良性互动的中间环节。

最后,服务型政府契合了社会自主性的发育要求。服务型政府与社会自主性发育有其内在机理的一致性,是基层治理的两个面向。

(三)社会自主性:社会自主性与服务型政府互为前提

社会自主性发育是当前社会的一个重要特征,其与服务型政府构建具有逻辑上的内在一致性。在北仑"三位一体"的基层治理模式中,政党运用健全的组织网络体系和工作体系来实现对社会的整合,但同时又能充分发挥社会自主性,实现政党、政府、社会三者的良性互动。

首先,社会自主性的发育是社会的一个重要特征。随着体制转型与社会转轨,社会自主性得到了进一步的发育。在宁波市北仑区现阶段的发展过程中,人口流动性的增强、新经济组织的大量涌现、社会组织在基层治理中的作用不断加强等,无不显示出社会自主性发育的特征。

其次,政党与政府对社会自主性发育的回应。在北仑区"三位一体"基层治理模式的设计中,社会自主性的增强成为政党领导核心地位的巩固和政府向服务型转型的基础,所有问题的解决均以此为基点和出发点。区域协商议事会成为社会表达自身价值、利益的渠道,从而使国家的目标与社会的目标进一步走向一致。

最后,回应社会自主性的最终路径在于加强社会自治。而北仑区"三位一体"基层治理模式无疑是从制度结构上为国家或政府寻到了其存在的合理性基础,或者更明确地说是在研究如何使社会得以自主性发展的问题,以求通过社会自主性的发展来重塑和重构"政党—政府—社会"良性互动的基本路径。北仑区"三位一体"的基层治理模式构建了"社区党总支—社会组织综合管理指导协调委员会—社会组织"的组织工作架构,并将民族宗教团体、文化团体、个体商户自律协会等社会组织整合到区域协商议事会中。这就表明了社会自治能力在逐渐增强。

讨论题

(1)结合材料,分析宁波市北仑区基层管理模式对我国社会治理模式创新的借鉴意义。

(2)基层社会治理如何才能更好地发挥党组织的领导作用?

(编写:张磊 欧书阳)

案例十八："网络舆论场"如何管控?

案例摘要：在网络极其发达的今天,对各级政府来说,如何管控好网络舆论是一个非常严峻的考验。本案例反映的多个事例,都表明地方政府在面对汹涌而来的网络舆情大潮时,思想准备不足,行动迟缓,面对网络舆情,普遍存在回应不足、不及时、不充分现象。

关键词：互联网;网络舆情;群体极化现象;舆情管控

一、网络上的"一呼百万应"现象

群体性事件不仅发生在现实世界中,也同样发生在网络上。而其中的一些负面"网上群体性事件",可以在很短时间内损害百万群众心中的党政机关形象。对此,许多地方党政干部还缺乏足够明确的认识,对网络舆情回应不足、不及时、不充分的现象普遍存在。因此,应提高干部对"两个舆论场"的敏感度,认真回应多形式的群众诉求。

在网络上,一个普通人就可能做到"一呼百万应"。如"干部出国旅游清单"事件,在网上搜索,仅"温州赴美考察团"一项,相关网页数量就高达数万个。仅新浪网上一条相关新闻的网页里,网民评论数就高达几千条。"这一事件的网上点击数至少在百万人次以上。"中国科学技术大学党委宣传部部长说。在对事件相关干部做出免职等处分后,这一网上群体性事件才告一段落。近年来,百万级点击率的网上群体性事件屡见不鲜。如"南京天价烟房产局长事件""张家港官太太团出国事件""贫困县县委书记戴52万元名表事件""云南躲猫猫事件"等。同样,另一种网上群体性事件也是"一呼百万应"：汶川大地震时，网民对参与救援的干部的好评铺天盖地；中国向索马里派出护航舰队，相关新闻在网上也有百万级的点击率。

公权力大、公益性强、公众关注度高的"三公部门"和其中的公职人员，极容易成为网络新闻炒作的焦点。例如以"史上最牛""天价"等为关键词进行搜索，就会发现"史上最牛的中部地区处级官员别墅群""史上最牛的官腔"等话题，无一例外都是网上热点，而且总是呈现为"滚动散发型"热点。过一段时间总能出现一个类似的帖子引发网民热议。"史上最牛"加"三公部门"型的网络事件，溯其本源其实就是公共部门和公职人员"涉腐""涉富""涉权"等三类事件。在当前社会转型期背景下，人民对于公权力如何参与社会利益的调整非常敏感，因此才会对这些网络事件如此关注。一位互联网专家指出，多元性是网络意见表达的突出特征，但是在涉及"三公部门"的负面新闻时，我们往往看到的是一边倒的批判浪潮。

二、网上群体性事件

有关专家对近几年发生的多起互联网内外的群体性事件进行分析后发现，这些事件有三种类型，并呈现出网上、网下群体性事件联动的特点。

一是"现实与虚拟并存型网上群体性事件"。如重庆、三亚等地发生的出租车司机罢运，先是出租车司机小规模群体性抗议，同时一些人把相关情况散布到互联网上引起更多人的关注，随后形成了两个更大规模的群体性事件，即现实中全城出租车司机罢运，与网上以出租车和司机为主要话题的群体性讨论。这两个事件互相"感染"，增加了事件对抗性。

二是"现实诱发型网上群体性事件"。如"周久耕事件"，直接诱因是南京江宁区房产局原局长周久耕发言反对房地产商降价。他的言行引发了网上的持续热议，网民将矛头集中到官员的职务消费上。现实社会并没有发生群体性对抗，而网民在网上则形成了强大的"表达对抗"。

三是"现实诱发网内网外变异型群体性事件"。一些基层干部分析，网民行为有所变化。一是"从说到做"。网民开始对干部的违法违规行为动真格。过去,网民也多次在网上曝光某些党政干部的违法违规行为,但多是"说说就罢"。而在近期,网民表现出了"不处理当官的就绝不罢手"的态度。二是政治意识、参与意识的增强。如干部出国消费清单公开后,有关干部就受到了处分,随后,一些网民主动曝光了一个个清单。"曝光—查处—免职"这样的"定律",大大增强了网民的政治意识、参与意识。

三、基层干部应对无方

记者在采访中了解到,一些基层干部认为,近期网上群体性事件频发,暴露了基层党委政府处理这类网络事件的手段薄弱问题,而在这背后潜藏的问题,是一些地方党政领导对网上群体性事件缺乏清醒认识。受访的基层干部将应对网上群体性事件的手段缺乏概括为"三个进不去":对网络,基层党组织"进不去",思想政治工作"进不去",公安、武警等国家强制力"进不去"。更关键的是,一些基层干部反映,部分基层党委政府目前依然认为网上群体性事件仅是百姓闲暇之余的聊天,而对这些事件造成的心理情绪影响,以及进而可能导致的人心向背的政治影响缺乏正确认识。因此,当一些负面消息甚至不实消息扩散,网络民意沸腾时,地方党委、政府仅仅依靠公安网络警察、地方宣传部门去应对处理。

但上述两个部门在处理网上群体性事件时都有很大的局限。公安网络警察的力量受到现行体制、技术的限制。安徽省一位公安网监主管干警说,网络没有属地划分,可在现实中各地公安遵循属地管理原则。网上出现群体性事件时,往往是天南海北的网民就某一地的某件事形成聚集。如何对有限的处理手段进行整合,在紧急时能够做到快速联合反应,并进行有效应对,目前尚无良方。

而地方宣传部门则缺乏法律手段。目前,我国每天新增3000家网站,其中90%为体制外的商业网站。政府应依法管理他们,而现在缺乏相应的法律法规。此外,由于外资大量进入中国互联网关键企业,一些网站的倾向明显受到外资影响。

因此,基层干部提高自身对网上群体性事件的及时识别、及时反应的能力,还是目前最有必要的解决方法。有的基层干部对互联网存在明显的对立情绪,认为网络热点事件大多是"炒作",不足为信,没什么大不了的。中国浦东干部学院王石泉博士认为,过去许多基层领导干部对媒体存在着"不敢说,不会说,不能说"的禁忌心理。还有许多领导干部对当前网络传播的规律理解程度不深,还习惯于将其交给宣传部"把关",结果导致"小问题引发大热点",最终损害了党和政府的形象。

一些干部教育培训专家指出,"勿以恶小而为之",我国传统文化就非常强调个人细节,加上网络的高倍"放大器"、快速"传播器"等特点,互联网时代领导干部的一言一行都在"聚光灯"下。专家建议,今后对领导干部的培训,要特别增加"互联网时代中,领导干部应当如何提高党性修养和执行能力"的内容,通过深入分析近年来网上多起涉公案例,总结出其中的规律和教训,教育领导干部树立更加健康正确的财富观、权力观,维护好党和政府在互联网上的公共形象。

四、两个"网络舆论场"

在涉及公共权力的互联网舆论中,存在着两个舆论场:一个是各级党和政府通过权威发布和权威解读等方式,自上而下主动形成的"官方网络舆论场",报纸、电视、广播等传统媒体是信息的主要来源,网络等新媒体只是传播载体;另一个是依靠网民自下而上的"发帖、灌水、加精、置顶"而形成的"民间网络舆论场","草根网民"和论坛版主是这种传播模式的主体。

目前,这两个舆论场在关注点和写作形式等方面都存在着明显的差距。"官方网络舆论场"在涉及国家大政方针等重大题材时占据主导地位,而"民间网络舆论场"在贪污腐败、贫富差距、行业垄断、社会保障、城乡差距等民众关心的话题上,更容易被民众认可。如何处理好两个"网络舆论场"的关系,让党和政府的声音以老百姓更好理解、更能接受的方式传播,成为互联网时代"网络护牌"的另一项重点工作。

近年来,中央各部门及省市领导主动上网与民众互动交流,民众对此持非常正面的评价态度。与领导干部在线"网聊",一问一答,一下子拉近了决策者和群众的心理距离,增强了民众对权利的亲切感。此外,许多法律法规和行政决策上网征求意见的做法,也得到群众的普遍好评。而对于过去几年中各地逐渐建立起来的新闻发布制度,其虽然能够第一时间将政府的决策通报给社会,但有时因为发布内容文件化倾向太严重,基层群众又无法互动交流,传播效果反而偏弱。现在看来,只有一些针对突发事件和热点领域的新闻发布,才能最终成为网络传播的热点事件。因此,网络时代政府信息新闻发布的方式仍有待于进一步完善。

互联网时代下,每个公职人员都是党和政府的"形象代言人",传播是政府行政的一个重要组成部分,但目前还有许多基层干部对此认识不清。培训干部在互联网时代中主动设置议题,提高政府传播效果,在当前具有非常重要的现实意义。

讨论题

(1)网络上的"一呼百万应"现象说明了什么?

(2)网络时代政府应如何应对"网络舆论场"?

(3)政府官员应当如何充分利用新媒体有效开展公共关系活动?

(编写:王倩茹 吴江)

案例十九:"夺命快递"

案例摘要:家住山东东营广饶县大王镇的刘某在收到其妻焦某网购的一双鞋子几小时后出现呕吐、腹痛等症状,因抢救无效死亡。医院诊断显示,死因是有毒化学液体氟乙酸甲酯中毒。死者接触到的有毒液体来源于快件投递过程中发生的泄漏。本案例呈现了事件起因、事件调查以及事件处理的全部过程。

关键词:邮政管理;快递行业;氟乙酸甲酯

一、"快递夺命"

2013年11月29日,家住山东东营广饶县大王镇的刘某在收到其妻焦某网购的一双鞋子几小时后出现呕吐、腹痛等症状,因抢救无效死亡,之后其妻焦某报案,广饶县警方逮捕了相关责任人。据医院诊断,刘某的死因是有毒化学液体氟乙酸甲酯中毒。此事起因是氟乙酸甲酯在快件投递过程中发生泄漏,污染了其他快件。

死者刘某的家属表示,在死者住院、死亡、出院的整个过程中都没有见过圆通速递(以下简称"圆通")的人,直到2013年12月18日才见到圆通的代表。圆通方面来了四个人,其中有两个律师,还有一个自称是圆通方面负责人的朋友。见面后他们称没有赔偿方案,也没有主动道歉。在刘某的家属的追问下,对方才说了一句道歉的话。

"他们要我们提出赔偿要求,我们还没有考虑该问题,而且没有见到圆通方面的正式代表,所以会面就没有结果。"刘某的家属表示,后来他与圆通方面的律师通话,对方一直要他"提出条件"。"双方还没有认真谈,我就说了300万元,就是个气话。"此后,圆通方面就再没有和刘某的家属联系过。家属认为,"圆通的人在县城待了10多天而不和家属联系"是一件奇怪的事,事实上他们从"中间人"那里得到的信息是,圆通方面可能在县城做了不少"公关工作",试图将此事压下来。家属称,他们几次追问警方鞋上的化学品是什么,但警方一直称还没有结果,"直到我们找了电视台的记者去找县警方采访,才知道是有毒的氟乙酸甲酯"。

2013年12月20日,圆通公布的调查结果显示,圆通收件人员曾对该物品进行验视。"圆通速递谨对在该事件中遭受伤害的消费者及其家属,以及圆通公司员工表示深深的歉意。我们尊重邮政管理部门对圆通速递相关加盟公司的行政处罚决定。我们正在配合警方调查并同时在全网范围内积极整改。"圆通在声明中表示,不会回避责任,已经与家属进行接触,并当面表达了歉意。圆通方面还表示:"鉴于寄件方在寄件时并未如实告知所寄物品的性质及恰当的处置方法,圆通速递将通过法律途径,维护自身合法权益。"

二、调查结果

物品发生泄漏后,潍坊捷顺通快递有限公司(圆通加盟店,简称捷顺通公司)2名员工有不适反应。2013年11月29日工作人员与发件企业联系,对方称该物品为氯乙腈,无毒无害,只需进行通风晾晒处理。当日又有3名员工胸闷。

2013年11月30日,工作人员再次致电发件企业询问寄递物品是何物时,湖北方面寄件人称为氟乙酸甲酯。捷顺通公司立即报警,联系消防对污染源进行处理。

山东省邮政管理局于2013年12月20日召开新闻发布会,称这是一起"偶发的违规寄递禁限物品造成的责任事故",致1死9中毒。死者妻子和女儿分别住院3天和5天。山东省邮政管理局市场监管处副处长称,2013年11月28日,在捷顺通公司工作人员卸载由武汉发往潍坊的快件时,快件发生化学品泄漏,48小时内导致5名工作人员中毒。1844件快件中,包括污染源在内共154件快件沾上氟乙酸甲酯。该车在武汉出发后的第一站是潍坊。除造成广饶一例死亡之外,还造成寿光、胶州两例身体不适,受害者已接受治疗,黄岛一收件人发现异味后,将快件退回。

湖北省邮政管理局成立了事件处理领导小组,对事发地进行实地调查和处置。氟乙酸甲酯虽然不属于《危险化学品名录》(2002版)中的危险化学品,但具有易燃特性,会刺激人的眼睛、呼吸系统和皮肤,出现过致人死亡的极端案例。该化学品由湖北某化工厂寄往潍坊市某制药厂。国家邮政局《禁寄物品指导目录及处理办法(试行)》第一条第四项中提到各类易腐蚀性物品(如有机溶剂)不得寄递。圆通一位负责人表示,圆通并无危险品承运资质。

三、处理结果

潍坊市寒亭区警方透露,涉事的捷顺通公司中转中心负责人12月已被广饶警方刑拘。

湖北沙洋县熊兴化工精细化工分厂负责人杨某已被山东警方刑事拘留,并被带回山东接受调查。圆通也在官网发布关于此事的声明,并召开安全整顿会议。

收寄快件的沙洋运通物流公司由于收寄验视不规范被依法吊销快递业务经营许可证。

捷顺通公司没有按照有关规定和程序向当地邮政管理部门报告,而是对疑似快件自行进行了隔离,并于2013年11月29日将同一车次的其他快件先后投出。对捷顺通公司在责任事故发生后的迟报行为,山东省邮政管理部门对其做出经济处罚,并在山东省通报批评,同时责令山东圆通速递有限公司在全省开展安全整顿行动。

四、相关评论

这起"夺命快递"事件令人震惊。谁都没想到,一次平常的网购,竟然招来杀身之祸。这场悲剧并非偶然,它是快递业混乱现状的投射,警醒着我们。

"夺命快递"首先暴露的问题是,快递验视制度几乎是一纸空文。《中华人民共和国邮政法》《快递市场管理办法》等法律法规明确列出了禁止邮寄的违禁物品种类以及规定了必须实行严格的验视制度。可在现实中,快递公司为保证收寄效率,往往忽视这一环节,而监管部门对此也不够重视。在东营"夺命快递"一案中,寄件方是一家化工厂,其实当时的快递收件人员,若稍微敏感一点,也不至于稀里糊涂收下那包致命的化工毒液。

"夺命快递"案中,涉事快递公司明明发现了问题邮件,却依然照常投递,这反映出快递公司对安全的漠视。据报道,2013年11月28日,快递公司人员在卸载快件时,嗅到刺激性气味,两名员工呕吐。对此,公司的措施只是疏散员工,并将员工送医,并与发件企业联系,对方一句谎话就把这件事轻易遮掩过去。紧接着第二天,"夺命快递"悲剧不幸发生。试想,如果快递公司对疑似污染的邮包的处置稍微谨慎一些,及时上报管理部门,这场悲剧是不是完全可以避免呢?

另外,装有化工毒液的邮包是如何泄漏的,是否与快递公司暴力分拣有关?因为,如果在交寄时就泄漏,那么快递员很容易发现。这两年,快递业的暴力分拣,一直为舆论所诟病。人们一方面是质疑快件验视制度形同虚设,另一方面是对大量违禁品因暴力分拣可能产生的安全风险感到担心。

2010年以来,快递业的高速发展,降低了国内物流成本,给消费者带来了极大的便利和实惠。但以加盟为主要形式的扩张发展太快、员工流动性大且素质堪忧,快递企业内部管理粗放,政府监管与现实脱节……这些发展的后遗症,也使得攸关公共安全的快递业,埋下了太多的隐患。"夺命快递"事件之前,一些地方曾发生多起快递包裹爆炸事件。

快递业要发展,同时更要规范。出了问题,不能因噎废食,一下将快递业管死,而是应针对快递业暴露出的问题,通过完善行业内部自我管理机制,加强政府监管,拿出务实的举措。例如,更多利用安检设备来保障快递的安全性,对大规模的快递加盟"喊停",等等。在立法上,需要建立更明晰的快递业的管理规范,若有快递企业管理不善,造成安全事件,应让企业承担巨额代价,从而倒逼企业加强安全管理,让"夺命快递"事件不再重演。

讨论题

(1)请从法治的角度谈谈如何规范我国快递业的发展。

(2)政府应如何加强对快递业的行业监管?

(编写:张扬 吴江)

案例二十:天价乌木之争

案例摘要:四川彭州市通济镇麻柳村的吴高亮以为发了一笔横财,他在他家附近发现了一批埋藏于地下的乌木,经鉴定,估计市场价值上千万。但正在他挖掘时,镇政府干预了进来,宣称此地属于国家财产,并接手挖掘。吴高亮将镇政府告上法庭,要求归还乌木。案件审理时却回避所有权,乌木仍由政府存放。这一案例反映了我国法律在此类问题上的空白,有较强的探讨价值。

关键词:地下宝藏;民事诉讼;公权与民权

一、发现"天价乌木"

2012年春节,四川彭州市通济镇麻柳村的吴高亮在家附近发现了一批埋藏于地下的乌木,经鉴定,估计市场价值上千万。吴高亮自称是发现者,并雇来挖掘机挖掘。

2012年2月9日,通济镇政府接到举报,当夜赶往监控保护。随后在成都考古队专家的指导下,镇政府挖掘出7件大型乌木,并运到当地客运站暂存。

2012年7月,彭州市国资办正式答复:乌木归国家,奖励发现者吴高亮7万元。而吴高亮提出这批乌木价值在2000万元左右,按照相关法规应该奖励自己400万元。

2012年7月26日,吴高亮和姐姐吴高惠起诉通济镇政府,请求法院确认7件乌木为自己所有。

2012年11月28日，成都市中级人民法院审理此案，双方就乌木是谁发掘、是否在吴高亮的承包地下和通济镇政府是否有非法行政行为三大焦点问题进行了举证。鉴于诉讼双方在焦点问题上存在重大分歧，此案择日开庭审理。

二、乌木之争

2012年11月第一次开庭审理时，吴高亮和通济镇政府，就乌木发掘地是否在吴高亮和吴高惠的承包地下发生了争议。第一次开庭后，吴高亮又提起了土地确权诉讼。法院也在第一次庭审后，组织了两次现场勘验。

2013年1月16日的法院裁定显示：吴高亮的承包地与乌木发掘地相隔较远，而其姐姐吴高惠名下的承包地虽与发掘6件乌木的河道相邻，但该承包地与河道间有自然河岸相隔，且河岸与河道之间有明显落差，该6件乌木的发掘地位于河道管辖范围内。

而对于上游河道内发掘出的1件乌木，当事人双方均认可不在二原告承包地范围内。

2013年1月16日，持续近一年的"彭州天价乌木案"在成都市中级人民法院第二次开庭审理，虽然法院作出了裁定，但"乌木归谁所有"仍是一个谜。法院作出裁定，驳回了吴高亮关于确定7件乌木为他所有的起诉，和其姐姐吴高惠的全部起诉，但对吴高亮提请的其他三项诉讼请求，仍将继续审理。

庭审时，吴高亮和吴高惠的代理律师，对法院两次勘验的程序提出质疑。他说，法院在第一次勘验时，并未邀请承包土地的直接发包人到场，而第二次勘验时，并未邀请他或他的委托人吴高亮和吴高惠参加，在程序上并不合法，并当庭提出重新勘验。同时，他也当庭提出中止审理此案。

2013年1月16日，法院对案件作出了裁定，驳回了吴高亮的第二项关于确认乌木埋藏地为二原告承包地并由原告发现发掘的7件乌木为原告所有的起诉，和吴高惠的全部起诉。法院认为，吴高亮请求确认7件乌木为他所有的诉讼请求,是确认权属纠纷,不属于行政审判的权限范围。同时,对于吴高惠和吴高亮提起的另外三项诉讼请求,即确认通济镇政府运走并扣押乌木的行政行为违法,要求镇政府返还乌木,要求镇政府赔偿不当保管导致乌木损毁的损失,还将继续审理。

2013年1月16日下午,吴高亮出现在成都市中级人民法院大门外,他说:"如果没有按事实判决,不承认乌木是我发现、挖掘,更不承认是从我的地里发现的,我不会放弃上诉的权利。"在庭审中,双方争论的焦点依旧是发现乌木的地点是在河道还是在承包地等问题。

吴高亮指出,在之前的勘验中,彭州市水务局及国土局并未给出河道具体的长度、宽度,以及历史最高洪水位等详细说明,无法确定河道的范围。

被告通济镇政府辩称,该案所涉乌木发掘于河道内,镇政府只是挖掘、保护,并且出示了吴高亮承包地以及河道的示意图来证明,请求驳回原告的起诉。

三、各方回应

吴高亮

2013年1月16日庭审结束后,吴高亮在法庭里又待了1个多小时,逐字逐句核对庭审笔录,直到晚上才在律师的陪同下走出法院。

在吴高亮看来,法院的裁定回避了案件的关键问题:"乌木到底归谁所有没说,我对裁定不服,官司我还要继续打下去,预计打到40岁看会不会有结果。"他说,他2013年37岁,还有3年时间,虽然结果并不符合预期,但不会就此放弃。

乌木事件之前,吴高亮是一名货车司机。为争夺乌木所有权,他已近一年没跑货运生意了。

镇政府

2013年1月16日开庭后,通济镇镇长表示,政府是在接到举报后,赶赴乌木发掘现场的。

当时他们请专家对乌木进行了鉴定,专家认为这批乌木具有科学研究价值。他们在获得彭州水务局等相关部门的批准后,才进行了保护性挖掘和转运。挖出后,大件乌木都暂存在当地客运站的空地上。

镇政府的代理律师说,镇政府挖掘和运走乌木,是为了更好地保护乌木,并非行政行为,而是行政事实行为,与吴高亮和吴高惠在行政法意义上并不存在利害关系,也没有影响到他们的合法权益,因此并不具有可诉性。

四、最终裁决

2013年6月15日,四川省高级人民法院作出终审判决,维持成都市中级人民法院一审裁定,驳回吴高惠、吴高亮上诉。

讨论题

(1)结合材料,谈谈建设法治中国的必要性。

(2)结合案例,讨论怎样才能保证司法程序的合法性和公正性。

(3)根据《中华人民共和国物权法》规定,讨论天价乌木应该归属于谁。

(编写:谭周琴 欧书阳)

案例二十一:致命的"灯光秀"

案例摘要:白天,外滩的景色与平时没有区别,但是,到了晚上,所有的灯光像在听谁指挥,一声令下,都齐刷刷地闪亮登场,眨眼间,灯光都争先恐后地亮了起来。上海外滩的灯光秀,是上海一张极具影响力的名片,吸引着全国乃至世界各地成千上万的人,尤其是在重大节日里,外滩更是人山人海。但2014年外滩的跨年灯光秀却酿成了一场悲剧,36条鲜活的生命在人流的踩踏中逝去了。这一以生命为代价悲剧具有重要的警示意义。

关键词:应急管理;城市管理;安全管理;旅游管理

一、悲剧发生

2015年1月2日,深夜的外滩依旧灯火通明,中外游客在寒风中游览、拍照,主干道旁边警车密布,陈毅广场安保最多,游客过马路会有三排警察手拉手筑起人墙。但是2014年12月31日这天晚上,这样的人墙保障没有出现,36个游客随着汹涌的人流挤过了马路,挤进了陈毅广场,在距离观看灯光秀的最佳位置——观景平台还有几步路的楼梯上,他们被挤压、踩踏,最后停止了呼吸。元旦一早,上海本地电视台报道了这个消息:"上海外滩昨夜发生意外,警方紧急出动全力处置。"而上海卫计委在1月1日的新闻通稿里称,急救车8分钟内就赶到了现场。不过,36人死亡的悲剧,仍旧让公众难以释怀。

外滩历年跨年庆祝都人满为患,安全无虞,为何偏偏2015年元旦跨年出了问题?上海作为一个举办过世博会和亚信峰会的国际城市,面对这么大的人流量,究竟有没有应急预案?究竟是什么地方出现了纰漏?灯光秀早已明确在外滩停办,为何汹涌的人流还是不期而至……

二、原因分析

首先是举办地点已改在外滩源,却没有及时通知。

其次是警方对外滩人流量预估不足,安排的警力不足以控制现场人流车流。

最后是没有提前制定应急方案和应急措施。

三、善后处置

事件发生后,市委、市政府主要领导迅速赶赴现场指挥应急处置工作,并分别赶往各医院看望、慰问受伤人员和伤亡人员家属。同时,连夜召开紧急会议,成立医疗救治、善后处置等专项工作组和联合调查组,各组当即开展工作。

政府还调动全市优质医疗资源全力以赴救治伤员,在专家会诊评估的基础上,按照"一人一方案、一人一专家"的要求,逐一明确医疗方案,尽一切可能挽救生命。截至2015年1月20日,49名伤者中已有46人经诊治后出院(包括13名重伤员中的11人),3名伤员(2名重伤、1名轻伤)仍在院治疗。政府通过多种途径尽快确认伤亡人员身份,及时向社会公布遇难者名单,并对出院伤者进行随访。指派专人全力做好伤亡人员家属的接待、安抚工作,组织专业人士对受伤人员和伤亡人员家属进行心理疏导。通过组织集体采访、书面发布、"上海发布"政务微博及微信发布等形式,及时向媒体和社会发布相关信息。

1月1日,市委、市政府召开全市党政负责干部紧急会议,全面部署各项善后工作和全市层面上的安全防范工作,并在会议开始前向遇难者表示深切哀悼。1月7日,市委、市政府召开全市安全工作会议,要求全面开展各类安全隐患排查,针对薄弱环节和短板,一个一个认真梳理,一件一件细致解决,切实做好人员密集场所的安全管理工作。

讨论题

(1)上海外滩踩踏事件为何会发生?

(2)该案例反映出我国公共危机应急体制存在哪些问题?

(3)如何完善公共危机应急系统,避免此类事件的再度发生?

（编写:张磊 欧书阳）

后 记

公共管理硕士（Master of Public Administration，以下简称"MPA"）教育面向在职的政府及公共部门工作人员，目标是为政府和公共部门培养德才兼备、适应新时代中国特色社会主义建设需要的高层次、应用型、复合型管理人才。因此，MPA的培养方式也必然有别于学术型研究生。全国公共管理专业学位研究生教育指导委员会（以下简称"全国MPA教指委"）十分重视MPA案例教学，明确提出"MPA教学应采取理论讲授与案例分析相结合的教学形式，适应案例教学的课程应尽量采用案例教学法；适应案例教学的核心课程教学中使用案例数不少于20个"。可以说，案例的编写和教学是支撑MPA教育培养质量的基础和核心。为此，全国MPA教指委每年都会举办多门MPA课程案例教学的研讨与培训。本书的编辑出版正是为了满足西南大学，乃至重庆市相关办学高校课程案例教学的需要。

西南大学MPA教育从2011年招收第一届学生至今，一直都非常重视MPA研究生的培养质量，不断强化MPA课程案例教学。2018年，时任西南大学政治与公共管理学院院长、现任西南大学国家治理学院党委书记的吴江教授领衔申报的重庆市专业学位研究生教学案例库建设项目"公共管理（MPA）专业学位研究生教学案例库建设"（项目号：JXAL06）获得批准立项。2019年6月项目研究建设工作正式启动，历经一年多的努力，项目于2020年11月经专家审核顺利结题。本书就是以该项目建设成果为基础，并集合本学院公共管理专业研究生、本科生参加各级各类案例大赛以及平时课程教学中教师组织指导学生编写的有关案例，从中优选、修改后辑集出版。

本书在体例上主要依据MPA研究生课程教学需要来编写，辑集的案例力求能实现对专业性平台课、专业必修课、专业方向选修课的全覆盖。因此，本书分为三辑：第一辑为综合教学案例，该辑案例可在MPA研究生多门课程教学中使用,该辑案例完全按照全国MPA教指委征集入库案例的体例格式来编写,包括案例正文和案例教学使用说明两大部分;第二辑为单一课程案例,该辑案例可为MPA研究生某一门课程教学使用,该辑案例的编写针对某一类热点问题展开,也较完整全面,包括案例正文和案例分析两部分;第三辑为知识点案例,该辑案例可为MPA研究生各类课程教学中知识讲解举例使用,该辑案例只呈现了案例事实,附列若干讨论问题。三辑案例相辅相成,互为补充,能够很好地满足西南大学以及重庆市MPA办学学校课程教学中案例之需要。MPA研究生课程教师在使用本书案例时可不拘形式,灵活运用,以适应教学需要。

本书所辑集的优选案例包括这几方面:一是近年来已经被中国专业学位案例中心遴选入库的案例;二是"公共管理(MPA)专业学位研究生教学案例库建设"项目结项的案例;三是公共管理专业的研究生以及本科生参加各类全国公共管理案例大赛的案例;四是从学院每年举办一届的"西南大学公共管理案例大赛"获奖案例中优选的案例;五是2018级行政管理专业本科学生"行政管理案例分析"课程考核中学生编写的案例。

本书由吴江教授动议编撰,由欧书阳副教授负责案例统稿及体例修改,成稿后由副主编分别审读,最后由吴江教授审定定稿。在本书编写过程中,我们得到了西南大学研究生院专业学位培养办公室、西南大学公共管理硕士(MPA)教育管理中心的大力支持和帮助,在本书辑集出版之时,对他们的热心帮助和辛勤付出表示衷心的感谢!

本书大多数案例是根据媒体公开报道的案例素材编撰而成,没有这些公开报道的案例素材,无以成本书。本着文责自负的原则,在案例编写时引用的媒体案例素材,若有错漏或曲解之处,责任由我们承担。本书也有少部分案例是实地调研之后编撰而成的,在案例编写中引用了部分调研对象的话语,若有错漏或曲解的地方,责任同样由我们承担。本书的编写虽然已是竭心尽力,但由于水平所限,结果可能不尽如人意,敬请读者见谅并指正。

本书编写组

2022年6月18日